G

JOURS

DE

SOLITUDE

OCTAVE PIRMEZ

JOURS

DE

SOLITUDE

..... *Esser conviene*
« *Amor sementa in voi d'ogni virtute.* »
DANTE

DEUXIÈME ÉDITION

PARIS	**BRUXELLES**
J. HETZEL & Cie	Ve PARENT & FILS
18, rue Jacob, 18	17, montagne de Sion, 17

LEIPZIG ET GAND

C. MUQUARDT

HENRY MERZBACH, SUCCESSEUR,

1869

"Ἄξιον ἑαυτὸν κρίνε παντὸς λόγου καὶ
ἔργου τοῦ κατὰ Φύσιν καὶ μὴ σε παρειπάτω
ἡ ἐπακολουθοῦσα τινων μέμψις ἤ λόγος.
Ἀλλά εἰ καλὸν πεπρᾶχθαι, ἤ εἰρῆσθαι,
μὴ σεχυτὸν ἀπαξίου. Ἐκεῖνοι μὲν γάρ,
ἴδιον ἡγεμονικὸν ἔχουσι, καὶ ἰδία ὁρμῇ
χρῶνται · ἃ συ μὴ περιβλέπου, ἀλλ'
εὐθεῖαν πέραινε, ακολουθῶν τῇ Φύσει τῇ
ἰδία και τῇ κοινῇ · μία δὲ αμφοτέρων
τούτων ἡ ὁδός.

Marc Aurèle.

JOURS

DE

SOLITUDE.

Vaucluse, le 7 mars.

Il y a peu de jours, j'étais dans la région des frimas ; je parcourais les collines vêtues de bruyères que je foulai si souvent aux heures du passé, alors que ma solitude ne s'emplissait que de paroles d'espérance ; je contemplais une dernière fois les grands arbres, les rochers, les chapelles isolées. Le ciel était tendu d'un voile de brume, et la neige blanchissait encore le pied des hautes berges, où nul oiseau ne se montrait. Je m'éloignais sans compagnon, mais un doux cortége m'environnait : celui des souvenirs. Les ombres amies peuplent les lieux les plus déserts et nous parlent en présence de Dieu. Je n'étais donc pas seul lorsque je traversai le vaste pays qui me séparait de Vaucluse. J'y

1

arrive à la nuit tombante. Une chaîne de montagnes dessine vaguement sa courbe sévère sur le ciel constellé ; le bruit d'un torrent contraste avec le silence des astres.

Le 8 mars.

A mon réveil, j'ai pu voir l'obscure vallée où l'amant de Laure vint ensevelir son amour. La nature a formé ce cloître, dont les murs d'enceinte sont des monts escarpés qui ne laissent qu'une étroite échappée de vue sur le beau ciel de la Provence. J'ai suivi le sentier qui longe le torrent et mène à la fontaine. Les eaux rapides tombaient des roches en blanches cascades, et, divisant leurs cours, allaient former des îles, où des enfants coupaient les premières pousses des saules. Le long des rives, des mûriers creusés par les feux des pâtres, tordaient leurs rameaux au-dessus de larges pierres que des passants avaient prises pour confidentes en y gravant des lettres aimées. En vain voulais-je m'élever en mes pensées, je me penchais aux formes de la terre : un alizier, une touffe de souchets, l'écume des eaux, un merle s'envolant d'une ronce, un cyprès dressant sa flèche sur le redan d'un roc, prenaient mon regard et, avec lui, mon âme. J'arrivai bientôt au pied d'un rocher dont la crête brisée se rouille aux pluies d'hiver ; il surplombe un bassin limpide où s'abreuve l'oiseau voyageur. De cette source paisible tombe bruyamment le torrent qui emplit le val. Que de regards aujourd'hui éteints ont parcouru ces rives et se sont arrêtés sur ces deux figuiers dont les racines s'entre-croisent à la voûte de la fontaine et se réfléchissent au même miroir. Un seul courant emporte leurs feuilles tombées, et, les baignant à sa fraîcheur, fait reverdir leurs bourgeons.

J'ai passé de belles heures dans le jardin du poëte, près

de son antique demeure, qu'abrite un roc verdi par le lierre. Le murmure de la Sorgue y berce la pensée ; ses flots d'émeraude disparaissent au tournant de la colline pour courir vers la plaine et s'y épandre à une lumière plus vive. La fuite de ces eaux à travers un vallon recueilli, leur tumulte au pied de rochers mornes, cette vie dans cette immobilité, alimentent les rêveries de mort et d'amour. Rien ne peut y distraire l'âme qui se livre à ses espérances ou à ses regrets. C'est ici qu'un amant chrétien, égaré par sa tendresse, devait trouver un refuge pour y célébrer sa passion. La nature semble encore redire ses soupirs en demeurant fidèle à sa mémoire.

Le 10 mars.

En gravissant la colline que couronnent les ruines du château féodal de Vaucluse, je mettais le pied sur bien des traces effacées. La vie était autrefois répandue sur ce coteau désert. Des hommes d'armes venaient y guetter l'ennemi, et de joyeux troubadours y montaient raconter les merveilleuses et royales aventures. Les chevaliers, visière baissée, se plaisaient à ouïr leurs douces cantilènes. Nous voudrions en vain ressusciter les formes et les voix disparues : la nature se tait sur les hommes. Je n'entendais que les complaintes du vent dans les décombres ; je ne voyais que de larges pierres verdies par le gouet et l'euphorbe. Je m'arrêtai sous l'arche croulante d'une voûte, regardant la fumée monter du toit des chaumières. Ici résidèrent les évêques de Cavaillon ; ici songeait et priait le cardinal de Cabassole ; ici l'exilé d'Arezzo promenait sa rêverie et portait avec chagrin sa pensée vers le palais d'Avignon. Ce qui nous reste des poëtes n'est encore qu'une pâle étincelle de leur cœur : la terre se referme sur la multitude de leurs fiers désirs, les saisons se renouvellent avec l'herbe de leur tombe, et les années qui les éloignent de nous achèvent paisiblement leur cours. Je laissai venir le soir. Le vallon sembla sombrer en un gouffre de ténèbres, pendant que montaient les rochers, en prenant des formes aériennes. Les uns, percés de cavernes, apparaissaient comme de vastes cathédrales à fenêtres béantes; les autres, découpés en longs blocs, figuraient des fantômes pénétrés de nos plus graves pensées. Le bruit plaintif du torrent ajoutait à leur prestige. La nuit, qui fait évanouir les détails des formes, ravive en nous le sentiment de l'infini. Elle est peuplée d'ombres inconnues et de voix profondes, qui nous font pressentir la vie par delà la mort. J'ai regagné la petite place de Vaucluse. Ma chambre est ornée d'une image d'amour et de piété : Némorin rencontre Estelle sur la tombe de Méril. De ma croisée, je vois, au bord d'un vivier, l'église romane où dort saint Véran, dans sa tombe de pierre, jonchée des fleurs flétries du dernier pèlerinage. La lune se lève au-dessus de la montagne de Bondelon, qu'elle inonde de sa pâle clarté, pendant qu'un tintement de cloche envoie les pensées de résignation aux pauvres gens des montagnes.

Le 17 mars.

Je m'éloignais avec regret de Vaucluse. Les heures de paix que j'y avais passées m'y retenaient encore. Les voix du monde n'allaient-elles pas me tirer de mon recueillement? Je craignais d'éperonner mon cheval, qui marchait somnolent sur les rives de la Sorgue, dont les eaux limpides réverbèrent les roches arrondies qui, comme des tours, ferment le vallon. J'étais déjà loin dans la plaine que je n'avais pas encore porté les regards vers Avignon. Je suivais une belle allée d'ormes et d'érables qui traverse la ville d'Isle; de jeunes ouvrières étaient penchées au lavoir, et des enfants pauvres, rassemblés sous les grands arbres, se montraient les nids de l'autre année, suspendus aux rameaux effeuillés. Lorsque je fus au sommet de la colline, où s'étagent les maisons de Letor, je pus embrasser d'une seule vue la vallée que j'abandonnais. De sévères montagnes entourent la plaine, dont les pentes sont mouchetées de myrtes et de chênes. Au nord se dresse la crête neigeuse du mont Ventoux, qui se relie aux rochers du Lubéron. Des nues légères pressaient les tours du château de Sade, et des volées de bruants, cherchant un abri, fendaient l'air au-dessus des landes pierreuses. Cette contrée est morte aujourd'hui; le temps a fait disparaître les bons rois de Provence, les courageux albigeois et les pontifes d'Avignon, emportant de la même aile les douleurs et les jeux. Au delà de Châteauneuf-de-Gadagne, je vis reluire le Rhône, qui m'annonçait la vieille cité. Elle reposait déjà dans les vapeurs de la nuit, et l'on ne distinguait que le fier contour du palais des papes se profilant sur un ciel embrasé. Nulle lumière n'annonçait la vie en ce spectre endormi depuis cinq siècles.

Le 19 mars.

Du parc des Rochers, qui domine les murs crénelés de la ville, la vue s'étend sur l'île de la Bartelaze, la tour isolée de Philippe le Bel, et la forteresse de Villeneuve. J'ai parcouru les nefs obscures de Notre-Dame du Doms, et, au palais de l'Académie, des galeries de tombes mutilées. Me voici sur la voie de Marseille, côtoyant des collines d'où s'élèvent, comme de sombres coupoles, les têtes massives des chênes verts. Je vois fuir la cime neigeuse du mont Ventoux, que les marins interrogent ; je traverse des enceintes désolées, hérissées d'ajoncs ; çà et là, d'une eau dormante, s'envole le héron solitaire. Le soleil, s'éparpillant sur la crête des monts, accidente le pays déjà pittoresque, lui donnant de nouveaux et fugitifs reliefs. Des genévriers, qui élèvent côte à côte leurs sombres flèches, donnent de la majesté aux plus pauvres métairies. Quelle variété en ces paysages ! mais quelle monotonie en cette variété ! On croit cheminer sur des vagues pétrifiées, toujours nouvelles, toujours les mêmes. Bientôt la contrée s'aplanit ; j'entre dans la Crau, lande stérile où les brebis cherchent l'herbe sous la pierre, et je descends vers le beau golfe où le Rhône élargi va mêler ses eaux à celles de la Méditerranée.

Marseille, le 21 mars.

Une sombre forêt de mâts qui ne sont effleurés que par des oiseaux de tempêtes, dérobe la vue du golfe. Leurs ombres droites se découpent sur les dalles des quais où circule la foule laborieuse. Aux Français alertes se mêlent les graves Arméniens et les Turcs paisibles, qui n'ont point dépouillé leur costume national. Des Génoises, à la stature virile, participent à leurs rudes travaux, et de pauvres enfants, venus des montagnes de l'Auvergne, se pressent sur les pas des promeneurs pour essuyer la poussière de leurs pieds. Mais, au-dessus de ces fatigues, la paix règne. J'ai gagné le sommet de la colline où s'élève d'un groupe de mûriers battus des vents la chapelle de Notre-Dame de la Garde. Des marins y étaient agenouillés. Je les avais vus gravir lentement le chemin de pierres blanches qui monte au sanctuaire. Ils tenaient à la main un cierge qu'ils allaient déposer dans la crypte obscure, aux pieds de la statue d'argent qui figure la Vierge. Là, une sœur pleurait un frère perdu aux mers lointaines, pendant qu'un jeune mousse gravait sur un pilier ses vœux pour un ami. Des *ex-voto* ornent les murs. Ils représentent les scènes tragiques de l'Océan, des vaisseaux assaillis par la tempête, des malades qui échappèrent à la mort par les élévations de leur âme. J'ai contemplé du seuil, si souvent franchi par les pèlerins, le splendide panorama qu'enferme l'horizon. La ville semble un vaste amphithéâtre, et le golfe un large saphir où viennent s'ancrer au nord la chaine de montagnes qui le sépare de l'étang de Berre, et au sud les pittoresques collines de l'Oriol. Les îles stériles de Frioul et du Château-d'If percent de leur rude contour la surface polie des eaux. A l'est, on aperçoit le mont Étoile et le pays de Roquefavour. Au nord, les bateaux en pêche du corail glissent leurs voiles blanches sous les falaises de la Madrague.

Le 22 mars.

J'ai pris la voie de Nice. Les montagnes semblaient flotter dans les vapeurs du matin. Elles forment de gigantesques labyrinthes, émaillés de maisonnettes. Leurs rapides versants, dénudés par les pluies, semés de pierres roulantes, sont noircis par des groupes d'ifs et d'yeuses. Vers la côte, les roches s'isolent, s'arrondissent à leur sommet, au choc des ouragans. Je traverse Cassis, La Ciotat, Saint-Nazaire et sa vallée de vignes submergées. Un fort, dressé sur la cime d'un roc, observe la mer. Voici Toulon, La Garde, Hyères, Gonfaron et la forêt des Maures. Les oliviers, qu'on prendrait dans l'éloignement pour du lichen, bleuissent les collines. Des troupeaux de vaches au poil fauve vont, à travers des champs de cannes, à quelque maigre pâture. Je vois Fréjus, blotti au pied des monts de l'Esterel, et je passe près de l'arc de triomphe qui fut élevé à Octave, après la bataille d'Actium. Autrefois, les vagues venaient battre au vieux phare qui plonge aujourd'hui dans les romarins. La Méditerranée apparaît au fond des gorges boisées; elle est comme de bitume et ne s'argente qu'autour des récifs. J'approche de Cannes, d'Antibes, et, à mesure, le pays, bien que gardant sa sauvagerie, perd de sa stérilité; les fleurs, les pins pignons et les lauriers font pressentir l'Italie.

Nice, le 24 mars.

La matinée est sereine. Je m'arrête longtemps au rocher des Ponchettes. La vue embrasse un vaste horizon. Au sud, la presqu'île de Villefranche et son grand phare; au nord-ouest, vers l'embouchure du Var, les côtes de Fréjus et d'Antibes, s'avançant au loin dans la mer; au nord, le mont Viso et la chaîne morne des Alpes maritimes, dont les cimes arides sont sillonnées de noirs ravins. Les vagues creusent de profondes cavernes sous la falaise. Elles s'y engouffrent avec un bruit rauque, qui rappelle le mugissement des volcans: Deux barques de pêche, le Saint-Pierre et le Saint-Paul, flottent à quelque distance. La pêche est abondante, et je vois reluire le poisson dans les filets bruns.

De retour à Nice, par la Marine, j'admire son heureuse position, à l'abri de la tramontane, sur une côte étrangement dentelée, qui offre des sites inattendus. Promenade publique, admirable aussi, bordée de lauriers, d'églantiers en fleurs, d'aloës, et de palmiers à la tige élancée. Un torrent, le Paillon, descend des montagnes de Saint-Pons, et roule ses eaux à la mer, divisant la ville en deux parties. Sur de grandes places plantées d'érables, la foule afflue : promeneurs, acheteurs, vendeurs ; les luxueux et les pauvres. La ville se transforme et partout s'élèvent d'élégantes métairies et de spacieuses villas. Pour celui qui viendra, comme je l'ai fait, rêver sur la terrasse des Ponchettes, la rivière de Nice n'aura pas changé : les Alpes seront toujours là près, sévères et silencieuses ; les arbres garderont la même verdure ; les plantes, les mêmes fleurs ; les falaises ne discontinueront point leur plainte, et la mer ne perdra pas son mystère pour quelques palais de plus qui s'élèveraient sur ses bords.

Le 28 mars.

Au sortir de Nice, notre voiture s'est engagée dans un labyrinthe de montagnes désertes, souvent franchies par les aventuriers. J'ai vu le roc d'Eza, autrefois repaire de Sarrasins ; Monaco, qui s'étale au-dessus des flots ; Rocca-Bruna, bâtie sur des roches croulantes ; Mentone et ses jolies villas ; Ventimiglia, que divise un torrent ; San Remo et ses bois de palmiers qu'on dépouille chaque année pour orner de leurs palmes les églises de Rome et de Naples. Nous avons traversé Porto Maurizio, dont la cathédrale reluit sur un promontoire, puis Oneglia, Diana-Marina, d'où l'on remonte au flanc des montagnes. La voie ondule sur les escarpements, en suivant les dentelures de la côte ; des oliviers séculaires se tordent à la tourmente près de tours en ruine ; le lichen frange de ses traînées blanches des murailles noircies à la vapeur des eaux. Par des sites sauvages, nous avons atteint Cervo, pour descendre vers Andora, et, quelques heures plus tard, entrer dans Alassio, bourg d'une seule rue étroite et prolongée. Les flots viennent se briser au seuil des maisons. Là se tenaient des pêcheurs taciturnes, le regard tourné vers la haute mer. Nous passons à Albenga et à Final sous le château Gavone, d'où s'élançaient à la proie les seigneurs corsaires. Les rocs perpendiculaires se dressent dans le prestige du soir. Des prêtres, accompagnés d'enfants dociles, se promènent sur la plage pendant qu'une sonnerie de cloches va mourir dans le murmure des vagues. Bientôt nous sommes à Noli. La mer y est bruyante. Au fond d'une anse, des pêcheurs élargissent leurs filets dont on voit flotter les bouées ; des femmes et des vieillards, coiffés de capuchons bruns, halent les cordes en froissant leurs pieds nus aux pierres du rivage. Les mouettes, qui pressentent un orage, se laissent porter vers la côte avec les flots d'écume. Lorsque nous dépassons l'ile dei Bergeggi et le fort San Stefano, la tempête et la nuit règnent autour de nous ; des avalanches de pierres roulent devant nos chevaux et la confuse rumeur des vagues se mêle au mugissement des rafales. Tantôt j'observais la mer ténébreuse, çà et là éclairée de la clarté fugitive d'une lame se brisant à un écueil ; tantôt je contemplais la grande paix du ciel semé d'étoiles ; mais plus souvent mes regards se portaient sur les phares allumés au fond des anses ou au sommet des promontoires, et décrivant un cercle immense de feux rouges qui allaient se perdant à l'horizon. Ils me révélaient les drames de la mer, les luttes et les agonies de l'homme, son ardeur à vivre en un monde malheureux. Je croyais voir les hardis marins, à cette heure balancés sur des gouffres ; je me pénétrais de leurs angoisses ; j'entendais leurs voix dans le choc affreux des flots sans merci. Parfois, en une maison isolée, à une fenêtre tremblante au vent de la nuit, je distinguais un groupe anxieux : une pauvre femme entourée de ses jeunes enfants implorant Dieu pour l'heureux retour du père. Nous avons dormi à Savone, pour repartir vers le milieu du jour. Les paysages de la veille ont reparu : mêmes rochers, mêmes détours, mêmes précipices; bourgs blottis aux rampes de la montagne ou régulièrement alignés aux falaises. Nous longeons Albissola, pour gagner Voragine par des collines égayées par la verdure des pins. A Cogoleto, on me montre l'humble maison où naquit Colomb. Le soir tombe sur la vallée d'Arenzano, et nous allons atteindre Voltri, lorsque nous sommes arrêtés par l'écroulement d'un rocher qui a fermé la voie. En un instant, des travailleurs hélés par notre voiturin sont descendus des carrières. Armés de pieux de fer, ils soulèvent et déplacent la roche énorme; ils l'approchent de l'abîme où elle va s'engloutir avec un bruit sourd. Plusieurs heures ont été perdues à ce travail. Nous devons retarder notre arrivée à Gênes, passer la nuit à Voltri.

Voltri, le 31 mars.

Je me suis arrêté deux jours ici, craignant de me détourner trop tôt de la féerie du littoral. Le vif éclat de la mer, du ciel, des montagnes, occupe tant le regard, que les pensées s'évanouissent en songes. L'esprit s'éteint parmi ces rudes profils de pierre qui, au soleil levant, s'enfoncent comme du granit dans la mer lactescente, et, à la tombée du jour, se découpent en blocs de saphir sur le ciel embrasé. Rarement ces falaises se dessinent en vaporeux contours et se posent légèrement sur les flots; elles ont bientôt repris leur muette vigueur. Je me suis avancé jusqu'à Cornigliano. Un palais dormait sur la bruyère rouge de la Coronata. Les nues abaissées formaient à l'horizon une forêt de brume, et les bateaux à voile latine, qui fendaient les eaux, semblaient des charrues d'argent labourant des steppes ondoyantes. De hautes carènes étaient sur le chantier ; la branche de buis, arborée aux grands mâts, indiquait que bientôt elles seraient lancées aux aventures. J'ai gravi une pente pastorale, où les citronniers et les câpriers mêlaient leurs branches au-dessus des herbes aromatiques. Un vieillard y faisait paître ses chèvres. A mes pieds, des roches aiguës, à demi submergées, figuraient des champs druidiques. La mer léchait avec rage ces pierres informes. Je regardai une croix de bois plantée dans les galets, en souvenir d'un naufrage, et alors j'oubliai le beau spectacle de la contrée et le mutisme de la nature me sembla plus profond ; seuls, quelques marins se rappellent les existences dont cette pauvre croix témoigne.

Gênes, le 4 avril.

Quel peuple laborieux anime encore l'antique cité des Ligures ! La plupart travaillent en silence, ployés sous des fardeaux, et ce fourmillement de travailleurs s'étend hors la ville, au loin, le long des côtes. Ce n'est pas sans charme que je me perds dans cette foule que l'étroitesse des rues oblige à l'intimité. Ces visages allongés, ces fronts durs, n'ont rien d'expansif cependant, et chacun chemine songeant à quelque entreprise ; mais cela même est un signe de liberté : une harmonie s'établit entre des gens qui connaissent l'instabilité de la fortune et apprécient la valeur du travail. J'erre à ma fantaisie, pressé par les flots d'un peuple qui marche avec d'autres pensées que moi, n'en recevant néanmoins qu'une impression heureuse. Si le jour est plein d'intérêt pour celui qui, attentif au peuple aussi bien qu'aux édifices, parcourt la vieille cité, la nuit est semée d'étonnements, surtout dans ce dédale de rues tortueuses qui avoisinent le vieux Môle et le Port-Franc. Au bruit de la mer qui se brise aux falaises, on lit des histoires dramatiques sur les murs des palais croulants. Des inconnus, aventuriers, hommes des pays lointains, passent rapidement, et disparaissent sous d'obscurs portiques. Le silence des carrefours et la rumeur incessante des flots augmentent le mystère. Mais une voix a murmuré : *Cara margarita...* On se retourne, et l'on aperçoit un petit pêcheur discrètement penché vers une profonde fenêtre, et, à travers les croisillons, la *ragazzina* montrant le doigt d'un air grondeur à son jeune *innamorato*. Les tristes visions ont disparu ; on se retrouve dans le riant golfe de Gênes, sous le ciel d'Italie.

Le 5 avril.

Je me suis longtemps promené, au soleil de midi, par le parc de l'Acqua Sola, sous les dômes des pins et des chênes, contemplant les montagnes rougeâtres qui enserrent la ville. Des moines gravissaient, en murmurant des litanies, le rapide escalier qui mène au couvent del Monte. Les allées étaient désertes ; des enfants pauvres, au profil anguleux, se récréaient autour de bassins où bruissent des jets d'eau. J'entendais sonner, dans l'air pur, les cloches qui annonçaient un jour de fête. Au loin, vers le midi, le ciel coupait la mer d'une ligne bleue et horizontale. La solitude me ramena, par une pente insensible, au souvenir des joies passées, et soudain, je vis une grande pâleur se répandre sur la réalité. Les souvenirs nous trompent. Nous voyons les objets du passé plus beaux ou plus grands qu'ils ne furent. Comme un Doria qui se promènerait en la salle de ses ancêtres, peints en une stature démesurée, nous contemplons avec révérence les formes évanouies, nous sentant chétifs en leur présence. L'expérience ne peut nous apprendre à mesurer nos sentiments ; le regret d'un temps qui a fui leur donne des proportions chimériques.

Le 9 avril.

Il y a plusieurs années, attentif alors, bien plus qu'aujourd'hui, aux accidents du chemin, je faisais ce même trajet de Gênes à Nervi. Je revois le cimetière de Quinto, endormi sur un roc battu des vagues. Je reconnais les moindres ondulations de ces tertres gazonneux tondus par la dent des chèvres, et jusqu'à cette pierre où je m'assis, songeant aux morts, silencieux voisins de la mer tumultueuse. Autour d'eux, les buis chétifs continuent de croître. Les maisons du bourg sont ornées de fresques : l'une d'elles représente une jeune fille éplorée et le sein découvert, abordée par deux hommes vêtus de noir ; on y lit la suscription étrange : *Tenebris exorta sunt monstra similia.* J'ai atteint Nervi. Un drame venait de s'y accomplir. Un jeune marin s'y était suicidé avec sa fiancée, je n'ose dire pour une infortune irréparable, car tout est réparable tant que dure cette vie. On ne s'aveugle dans le désespoir que par amour excessif de soi. Quelque misérables que nous soyons, nous gardons toujours une étincelle d'espoir, que des circonstances heureuses peuvent rallumer en feu de joie. Ceux qui allaient mourir aux plus belles années de leur jeunesse ont-ils choisi le bourg de Nervi pour y passer ensemble leurs derniers moments, parce qu'ils le trouvaient en harmonie avec leur destinée, ou cette remarque n'est-elle qu'un jeu de l'imagination qui se plaît à pénétrer la nature des sentiments qui nous occupent? Je ne sais ; mais cette plage écartée et couverte d'orangers qui balancent leurs fruits d'or à la brise printanière, cette mer d'un bleu sombre venant baigner le pied de mornes rochers, cette anse à la courbe sévère qui va se terminer aux gigantesques promontoires de Saint-Roc et de Saint-Hilaire, tout le paysage enfin, pénétré de majesté et de mélancolie, fait de ce lieu un cadre vraiment digne d'un drame d'amour et de mort.

Quinto, le 11 avril.

J'écris du sommet de noires falaises taillées à pic et déchiquetées par les orages. Le soleil y darde des rayons perpendiculaires et transforme les rochers en blocs de métal dont la réverbération éblouit. A distance de la côte, de hautes pierres ont roulé pêle-mêle ; les vagues rageuses leur font des collerettes d'écume. Des pêcheurs, debout sur ces brisants, y apprennent à leurs enfants à se jouer des flots. Montés sur des barques étroites, les jeunes marins manœuvrent parmi les écueils, au commandement de leurs pères. Dans le lit desséché d'un torrent, d'autres enfants, toujours friands de détails, fouillent aux curiosités en remuant le gravier sablonneux. Je m'avance le long de la mer qui tremble, toute lumineuse, et où voguent quelques grandes voiles, les unes vers le nord, d'autres vers le midi, toutes se dirigeant au pays des espérances. C'est de rocher en rocher que je suis arrivé au cimetière de Quinto. Un cimetière au bord de la mer ! est-il rien de plus navrant que ce repos de plomb près de la vie perpétuelle des flots, que ces sépulcres muets et sombres devant le miroitement rapide et l'orageuse rumeur des vagues ! Quand le goëland tournoie sur ses longues ailes et jette son glapissement au-dessus du sillage des navires ; quand les voiles des bateaux marchands passent et repassent sur la haute mer, et, qu'amarrée à la côte, se balance la barque du pêcheur, est-il rien de triste comme la vue de ce noir rocher qui récèle tant de morts sans défense, et au flanc duquel vient rebondir le flot tour à tour irrité et joyeux ! Pauvres morts ! sourds et aveugles en présence de la vie la plus vivante et du tableau féerique de cette riante splendeur d'une mer jouant avec le soleil ! Aux champs, du moins, tout est plein de recueillement : le cimetière y est le jardin où les morts vont dormir. Ils sont à peine éloignés du chaume paternel ; ils peuvent encore entendre leurs amis devisant d'eux sur le seuil de leur porte, et, par les matinées d'avril, ils sentent neiger sur leur poitrine les fleurs du verger prochain. O pasteurs, que n'êtes-vous poëtes ! Le presbytère n'est-il point la vraie maison du poëte ? N'y êtes-vous pas comme au seuil de deux vies ? Par delà le vieux mur, c'est la fête joyeuse sur la place du village, et sous vos fenêtres, c'est la paisible prairie où se penchent, en ouvrant leurs bras noirs, les pauvres croix de bois. Çà et là germent le buis et l'ortie, et sur la gouttière de la modeste église s'ébouriffe le moineau familier. Comme vous aimeriez vos morts, ô pasteurs ! Le soir, quand la jeunesse est en fête, qu'on entend le cliquetis des verres, et que partout règne l'oubli, c'est sur le banc de pierre, sous votre espalier en fleurs, que vous viendriez songer, pour ne point abandonner ceux que chacun fuit. Sans la voix et les pas des survivants, tout est triste pour les morts : le ciel est sans étoiles, la lune rase d'une lumière sinistre les ardoises des toits, et les hautes herbes frissonnent au vent de la nuit, pendant que la bizarre chauve-souris apparaît à l'angle du mur en ruine. Pauvres morts de Quinto, que je voudrais vous voir abrités aux maisons villageoises ; que je voudrais voir croître un peu d'herbe sur vos tombes, où les pas de ceux qui vous aiment puissent laisser une trace, pendant que la mer se tairait et s'étendrait tranquille, par respect pour vos cendres !

Gênes, le 12 avril.

A mesure que je m'élevais sur les rampes ardues qui mènent au sommet de San Pier d'Arena, les images du passé m'apparaissaient à l'appel de la solitude, et lorsque j'eus à mes pieds le sombre demi-cercle des falaises, où le bondissement des flots ne me semblait plus qu'un tressaillement de lumière, je pensai à la vieille cité républicaine. J'entendais monter de ses places publiques les clameurs du peuple ; j'assistais aux trahisons et aux luttes sanglantes des puissantes familles qui se disputaient le pouvoir ; je voyais la rivale de Pise et de Venise sillonner les mers de ses vaisseaux marchands et envoyer ses audacieux aventuriers aux contrées les plus lointaines. Je rapprochais de ces époques la cité d'aujourd'hui, et dans le cadre ancien je retrouvais la vie moderne. Les palais bardés de fer sont encore ceux qu'assaillirent des populaces qui ne sont plus, le golfe est toujours celui que les Doria et les Spinola couvraient de leurs galères, les montagnes arides n'ont point changé, et les descendants des Ligures ont gardé leurs figures énergiques. Mais, avec le progrès des siècles, la paix s'est établie, et, dans les labyrinthes de rues où s'accomplissaient de basses vengeances, chemine une foule heureuse. Le rapprochement des maisons, désormais inoffensives, les dalles silencieuses sous les pas, les beaux étalages de fruits aux carrefours, l'abord familier de gens inconnus, donnent à la ville une expression de vie intime ; on se croit dans un vaste édifice qui appartiendrait à tous, et les étrangers y deviennent des compagnons.

Le 15 avril.

Aux dernières lueurs du jour, j'ai pris place dans la calèche qui devait me conduire à Pise. La place San Domenico était encombrée de maraîchers étalant leur verte marchandise sur des branches de laurier et criant à tue-tête, en apostrophant les acheteurs. Des moines mendiants, le bissac sur l'épaule, fendaient la foule affairée. On les saluait familièrement, en leur offrant des fruits. Nous avons traversé Recco, laissant Porto-Fino au sud, pour pénétrer dans la chaîne de montagnes. Cette rivière, plus variée que celle du Ponant, est moins périlleuse ; la voie ne se rapproche par moments des abîmes que pour bientôt s'en écarter. Il y a là des sites étranges, des entonnoirs de roche, où l'on tournoie parmi les tertres gazonneux et les pierres éboulées. Nous arrivons à Rapallo, demi-cercle de maisons de pêcheurs endormies au fond d'une anse. Le paysage est féerique. Devant nous se dresse une tour énorme, percée de meurtrières ; les vagues viennent, de leurs plis noirs, en ébrécher la base. Quelques enfants jouent de la musette et se bercent dans une barque amarrée. Des contadines, en compagnie de jeunes garçons coiffés du béret rouge, descendent du faîte des collines. A mesure que le soleil déclinant s'enfonce dans les flots, la mer noircit, et les pins parasol qui s'y penchent semblent de grands oiseaux de nuit, arrêtés dans leur vol. Le moyen âge et le présent, la fière mélancolie et l'indépendance heureuse, tout est là. Se reportant par la pensée aux siècles de l'héroïsme aveugle, on bénit le présent, la jeunesse. La nuit est descendue lorsque nous passons à la Spezia. Le vent souffle sur la mer bleuâtre et mystérieuse; de longues plaintes s'en échappent... Pauvres navigateurs engloutis, je prie pour vous ! Quatre heures sonnent au clocher de Sarzane. Rien n'est délabré comme cette place étroite et son vieux puits autour duquel sommeillent des mendiants transis par le brouillard. Les chevaux piaffent, les grelots résonnent et nous repartons pour Carrare. Le jour se lève sur les carrières de marbre. La montagne est marquée de sillons blancs : on croit voir des torrents pétrifiés dans leur chute. Le blé, cultivé en gradins, zèbre de ses bandes vertes les rampes pierreuses, et, vers la plage, sous les mûriers, croissent les larges agaves. Au bruit des cascades se mêlent le chant des merles et le cri des ciseaux travaillant la pierre. Çà et là des marbres sont couchés dans les mousses. Les pluies y ont empreint leurs meurtrissures : ainsi de certaines âmes qui, privées d'une atmosphère sereine, exposées à l'averse des déceptions, perdent leur candeur. De pauvres femmes cheminent, chargées de bois mort. Que la montée est dure par ces plants d'oliviers ! Nous traversons Massa et sa belle place plantée d'orangers. Une petite fille, la tête couverte du *mezzaro,* cueille l'herbe qui verdoie au pied d'un obélisque. Au moment où nous nous éloignons de la ville, le son de la trompette militaire retentit au sommet de la citadelle et se répercute au loin en échos prolongés. Nous relayons à Pietra-Santa, extrême frontière du duché de Modène. La langue toscane, aux syllabes chantées, a remplacé le rude dialecte génois. La route se peuple de campagnards à la démarche nonchalante et au profil égyptien. Le paysage s'empreint d'une grâce recueillie; les

viornes entremêlent leurs rameaux pliants ; les vignes, montant aux troncs des mûriers, semblent heureuses de leur
appui, et les mûriers glorieux de l'étreinte des pampres ; les
ruisseaux, où tremble l'herbe brillante, serpentent avec lenteur sous les charmilles, et de belles contadines montent en
souriant, légères comme des gazelles, les degrés de leur
chaumière. Nous arrivons à Pise par la plaine submergée de
Viareggio ; des troupeaux, sous la garde de leurs bergers,
broutent la pointe des herbes qui émergent de l'eau.

Livourne, le 16 avril.

Les gens d'affaires et les chercheurs d'aventures formaient des groupes dans la strada Ferdinanda ; je songeais
à Gênes, ancrée sur ses rochers, à son peuple énergique et
patient. Combien son site est plus fier d'aspect ! Ici, sur une
plage basse, trafique une race dont la finesse d'esprit, em-
ployée au lucre, n'enfante sur les visages qu'une expression
de ruse. La cité, ouverte à tous les vents, est riche et
animée ; je me suis assis au bord de la mer : la nuit s'avançait ; des voiles inclinées paraissaient à l'horizon, et le grand
phare, s'élevant du milieu des vagues, commençait à jeter ses
feux. Je n'emporterai de Livourne que cette image d'espérance.

Le 18 avril.

La voie que j'ai choisie est celle des Maremmes. On se
rapproche et l'on s'éloigne tour à tour de la mer qui miroite
à fleur de terre ; les voiles des bateaux pêcheurs y brillent
comme de blanches pyramides. La plaine est stérile, trouée
de marécages. Des meules de joncs s'élèvent au bord des

eaux dormantes qui répandent la fièvre : alentour, des chevaux noirs, à la queue traînante, pâturent. Nulle âme. Vers Rosignano, on pénètre dans un défilé de montagnes dénudées, pour entrer bientôt, par delà Bambolo et San Vicenzo, dans une vaste plaine hérissée de buissons rougis au souffle du dernier hiver. On passe à Cornia. Les côteaux sont couverts de lentisques et de bruyères. Nous nous arrêtons à l'auberge de Grilli. Des bourgs reluisent au sommet des monts. Ce cimetière dans les champs, c'est celui de Grosseto, capitale de la Maremme toscane. Le soir tombant, nous traversons en bac le torrent de l'Ombrone, très-large à son embouchure. On distingue, du côté de la mer, la flaque livide du lac de Burano ; de puissantes cités étrusques florissaient sur ces grèves où maintenant végète l'algue marine. Orbetello, Montalto, Corneto, sont dans la nuit. Bientôt le jour éclaire le triste paysage du Latium. De Civita-Vecchia à Rome, c'est une succession de vallons bordés de romarins, de fourrés de myrtes, et mouchetés de jonquilles et d'asphodèles. La route noirâtre serpente par des sites désolés. Le bruit des chevaux secouant leur collier de cuivre, et les cris du postillon cambré sur sa monture rompent seuls le silence. Aussi loin que la vue s'étend, elle ne découvre qu'abandon. La crécerelle plane dans l'air brumeux, et tombe comme une pierre sur sa proie. Des femmes à la figure énergique se tiennent debout et immobiles sur le seuil de leur porte. Partout l'expression de la fermeté et de la volonté sombre. Un pauvre, au regard obscur, vous tend froidement son chapeau. Il reçoit votre aumône sans remerciment : vous la deviez au mendiant romain. La route morose continue à s'enfoncer au travers des tertres gazonneux. On croit parcourir des retranchements abandonnés. Des buffles, l'œil en feu, traînent un long char de bois rempli d'herbages. Un bouvier taciturne s'efforce de les maîtriser ; il les guide vers une fontaine antique où des pâtres, drapés dans leurs manteaux bleus, s'appuient avec gravité. Parvenu enfin au sommet de la dernière colline, on aperçoit vers l'est, en deçà d'une plaine immense, la large coupole de la basilique Saint-Pierre ; sa croix étincelle dans les brouillards du Tibre.

Rome, le 22 avril.

La semaine sainte finissait à mon arrivée ici. La foule étrangère, prête à se disperser, remplissait encore le Corso et la place d'Espagne. Rome ne redeviendra elle-même qu'au départ d'un monde qui l'anime d'une vie qui ne lui appartient pas. Néanmoins, son caractère est assez profond pour qu'il se dégage du cérémonial de ces jours de fête ; sa sévérité absorbe les paroles et les formes d'emprunt ; ses édifices aux lourdes murailles qui noircissent aux vapeurs d'un fleuve bourbeux, ses rues obscures et prolongées, semblent conseiller le recueillement en exhalant leur morne chagrin. L'architecture a cette lourdeur qu'exprime la puissance matérielle, l'âme ne se joue nulle part, et les élégances de style, que la Renaissance a produites çà et là, y paraissent dépaysées ; c'est tantôt le monument de la splendeur césarienne, tantôt la maison irrégulière du moyen âge. Si l'on s'éloigne du centre de la ville, on gravit, sur un pavement humide, des rues désertes. A peine, de loin en loin, y rencontre-t-on un *pifferare* ou un groupe de désœuvrés jouant à la *morra*. Des jardins étroits, plantés d'orangers qui fleurissent dans l'ombre, espacent des celliers et des ruines ; et l'on peut s'arrêter sur de vastes places où dorment dans l'herbe d'antiques palais. La place de Saint-Jean de Latran offre la plus noble solitude. La vue s'étend jusqu'au demi-cercle des monts Albains et de la Sabine. Vers l'ouest, on distingue les marais d'Ostie et les périlleux parages de l'antique forêt de Laurentum. La place Montanara, le Campo-Vaccino et les alentours du Palatin ont aussi leur solitude, mais d'un charme plus tourmenté, par tous les souvenirs tragiques qu'évoquent leurs ruines. Parfois, des campagnards et des gens de la montagne, escortant des chars ou pressant des troupeaux de bœufs, viennent s'y reposer. Pendant que leurs bêtes sommeillent et que le soleil, traversant de ses rayons perpendiculaires l'air stagnant, fait fumer le sable brun, ils s'avancent vers la prochaine église pour s'asseoir sur les degrés du péristyle. Ils y restent longtemps, dans un sombre ennui, comme fixant le vide et plongés en des pensées uniformes. Leur regard a l'éclat du glaive. On songe à l'origine de Rome, cette Carthage du continent, au sang qui teignit sa première pierre. Les descendants de la horde qui jeta le fondement du Capitole sont demeurés prompts à donner le coup mortel. Aujourd'hui encore on pourrait retrouver les instincts des enfants de la Louve dans les habitants incultes des montagnes. La race du Latium a vécu recluse aux lieux témoins de sa gloire et de ses forfaits, perpétuant les vertus et les vices originels. L'expression du courage tranquille règne encore sur ces fronts sourds que l'idéalisme chrétien n'a pu pénétrer. Si les pensées délicates ne s'y lisent point, du moins sent-on que jamais la vanité ne pourra s'implanter en ces têtes graves. On rencontrerait difficilement dans le pays romain de ces figures pitoyables où l'arrogance se mêle au scepticisme. Le mutisme farouche dont le peuple s'enveloppe est comme une protestation contre la subtilité des esprits et la frivolité des cœurs. C'est surtout hors de l'enceinte de la ville que le caractère du Latin peut s'observer. Il y reste livré à ses instincts de race, tandis que dans les quartiers populeux, tels que celui de la place Navone, il ne se montre que sous son aspect de trafiquant. Il est curieux, cependant, de se promener, un jour de marché, sur cette place évasée, autour de ses fontaines de bronze, et d'écouter les clameurs qui l'emplissent. On y est bientôt si assourdi qu'on a hâte de gagner des lieux plus tranquilles. Par un escalier monumental, on monte au Pincio, *collis hortulorum,* le centre de la vie artistique, et l'on peut rêver à l'ombre des chênes verts, en embrassant d'un regard le vaste panorama de la cité des papes.

Le 23 avril.

Que de grands objets à revoir : églises, palais, obélisques, arcs de triomphe! Je n'y apporte plus le même désir qu'il y a trois années. Combien d'heures je passai tour à tour à la Farnésine, au Vatican, entre les hautes cloisons du Musée-Capitolin, étudiant les formes de tant de chefs-d'œuvre pour en pénétrer le sentiment ! Qu'allais-je y faire après tant de grands critiques? Ma vie s'écoulerait en ces analyses, et nulle beauté décrite par moi n'en vaudrait davantage. Cependant, je reparcours ces temples, ces palais, ces galeries, en simple promeneur, heureux de reconnaître que les œuvres d'art qui me charmèrent sont encore celles qui aujourd'hui me plaisent.

Le 27 avril.

Du bord du lac d'Albano, entouré d'un cercle de montagnes verdoyantes, où sont groupés les pittoresques villages

de Marino, l'Ariccia, Rocca di Papa, Castel Gandolfo, Pallazuolo. — J'ai quitté Rome depuis trois jours, pour venir jouir
ici de la vivante solitude des champs. A l'appel du printemps, je m'éloigne des ruines; je laisse dormir en leurs palais déserts les chefs-d'œuvre de tant de génies disparus; je
vais à travers les monts et les plaines, recueillant les pensées
que le vent du Midi enlève aux arbres et aux nues. Aussi
bien, le séjour de la ville est-il pour moi sans attrait. Quand
je parcours ses vastes places et ses carrefours populeux, je
suis la proie de pensers désenchanteurs; je devine, ou je crois
deviner, le mobile qui fait mouvoir la foule inquiète; je
m'attriste de me sentir perdu dans une multitude ardente aux
intrigues; tandis qu'aux champs, recueilli en ma pensée, je
me charme librement au spectacle qui m'environne. En cette
matinée de printemps, tout est calme, solitaire; une odeur
de marjolaine est répandue dans l'air. Le lac brille comme
un miroir bleu au plus profond du val; sa glace est tranquille, moirée, çà et là brillante de lames métalliques. Des
merles se poursuivent de buisson en buisson, en claquant du
bec, pendant qu'un épervier tournoie sur le paysage endormi. Dans l'allée qui mène à Castel Gandolfo, le soleil du
matin luisarne à travers les branches, découpant vivement les
ombres et les jours. Les chênes verts sont ancrés dans les
hautes berges; leurs rameaux ploient sous le poids des
ans et leurs racines dénudées courent à découvert sur la
pierre, comme des serres d'aigle se cramponnant au roc; le
chèvrefeuille monte en spirale autour de leurs troncs
rugueux. Au pied de ces arbres séculaires, c'est toute
l'histoire du monde : des feuilles sèches, d'autres bien vertes,
que le vent agite gaîment à la branche; des herbes étouffées, des plantes protégées; — les morts et les vivants ne

formant qu'une même famille. Les fleurs disséminées envoient leur parfum au ciel sur l'aile du vent ; les gourmandes
abeilles bourdonnent alentour ; les boutons d'or balancent
leur tête légère, pendant que des marguerites, étalant leur
collerette, semblent dire : « C'est aujourd'hui jour de fête ! »
Vous dites vrai, fleurs des champs, tous les jours où le soleil brille, sont pour vous jours de fête ! D'un côté du chemin se prolonge une haute muraille plongée dans les pâles
orties ; de l'autre décline brusquement le rapide versant du
lac, où poussent pêle-mêle des buissons de coudriers. Je
m'assieds sur le gazon et seul dans la nature en fête, je de-
viens attentif aux formes qui me pénètrent et aux bruits qui
m'arrivent. J'écoute la discrète musique des feuilles qui
jasent entre elles sur le plaisir de vivre. De longs silences
succèdent aux chants du bouvreuil et au cri entrecoupé des
ânes qui descendent la colline de Marino. La pente orientale
du Monte Cavo se perd dans la forêt de la Molara. Par delà
Castel Gandolfo, s'étend la plaine qui me sépare de Rome.
L'atmosphère épaissie fait, à l'horizon, une bordure bleue,
qu'on prendrait pour la mer. Je regarde les fourmis besoi-
gneuses qui travaillent à mes pieds, éclairées d'un doux
rayon de soleil, et je me prends à envier leur sort. Des
lézards, rassurés par mon silence, s'approchent curieuse-
ment, s'arrêtent au bord de la berge, agitent leur col tenu
et, prestement, rentrent sous la pierre. Un moine est venu
s'agenouiller devant une chapelle qu'ombrage un large olivier ; il souffre de la fièvre et tient son capuchon abaissé
sur sa face pâle. La vie et la mort sont deux sœurs qu'il
nous faut épouser ; nous étions venu joyeux, nous reparti-
rons triste, écoutant distraitement le brouement des moineaux s'envolant de la haie et voyant passer à nos côtés, sans

y prendre garde, quelque sombre campagnard chevauchant
sur sa fière cavale noire.

Le 28 avril.

A l'heure où le soleil brille dans tout son éclat, je m'arrête sur le gigantesque viaduc qui relie Albano à l'Ariccia.
Ma vue plonge dans un taillis ; les grands arbres que la brise
fait trembler, vus en raccourci, paraissent des arbrisseaux ;
il s'en élève mille joyeux cris d'oiseaux, qui chantent leur
hymne au printemps. Vers l'ouest, au-dessus du Monte
Giove, au-dessus d'une plaine que la culture marque de
taches brunes et vertes, je distingue les voiles de bateaux
qui semblent voguer dans les nues, la mer s'effaçant dans les
vapeurs de l'horizon. Ariccia, légère, noire, sauvage, se
penche sur le vert précipice. Passant sous les murs du palais Chigi, je m'engage, guidé par un enfant, dans une gorge
profonde ; je chemine sous des érables ; l'ombre de leur feuillage se joue sur leurs troncs pâles et sur le sentier brillant
de sève matinale. Les mésanges effrayées tournoient aux
basses branches, en jetant leurs cris aigus. L'air, la senteur,
les bruits, tout est enivrant. Les lupins et les anémones se
pressent sur la berge ; les fougères se balancent à la brise ;
un ruisseau glisse sous la coudraie et s'évanouit dans les joncs
tremblants. Le sentier continue à serpenter autour du Monte
Cavo, jusqu'à la chapelle del Tuffo, adossée à l'escarpement.
On entend le bruit strident des mouches bleues, qui s'étalent sur les feuilles luisantes des lauriers. De l'endroit élevé
où je suis parvenu, je revois le beau lac d'Albano, où se
mire Pallazuolo, et dans l'éloignement Rome, le Soracte, et
la chaîne de la Sabine. Par des ruelles montantes, j'ai
atteint Rocca di Papa, rivale de Marino. Les façades de ses

maisons sont lézardées à hauteur d'homme ; elles n'ont pour fenêtre qu'une lucarne à treillage de fer, percée au-dessus d'une porte arrondie. Le bourg semble appartenir aux mulets et aux chèvres qui sommeillent agenouillées au pied des murs noircis de vétusté. Aux carrefours sont groupés des paysans latins ; ils observent l'étranger d'un air indifférent et grave, pendant que les vieilles mères tressent en silence la chevelure de leurs filles. J'ai reparcouru la chaîne des monts Albains. Une vallée hérissée de genêts, me sépare de Nemi. Des milliers de couleuvres, à la scintillante cuirasse, font un bruissement continu dans les herbes sèches et les feuilles mortes : elles glissent comme les esprits de ces solitudes. Autour des buissons, les papillons fauves des bruyères volent capricieusement ; on dirait les âmes des fleurs, errantes dans l'air. Je me charmais à la puissante mélancolie de ce lieu désert, quand une jeune mendiante, accompagnée de deux vieilles au profil d'aigle s'est approchée de moi, me demandant une *elemosina*. Je lui donnai quelques baioques, « per la sua bellezza. »

Nemi, le 29 avril.

Une chaîne de roches circulaires plonge sa base dans les eaux limpides du lac. La bourgade, sorte de forteresse naturelle, groupe ses maisons au bord du précipice. Sur les dalles bombées des ruelles, retentit le sabot de mules que des bûcherons ont surchargées. Des enfants, à peine vêtus, et armés de gaules, frappent sans pitié les misérables bêtes. Gensano semble menacer Nemi, par-dessus le lac. La déclivité des montagnes est vertigineuse ; on dirait, qu'entraînées par des mouvements volcaniques, elles s'affaissent encore en tournoyant. Ici, dans l'obscurité de la grande forêt, s'élevait le temple de Diane, dont les prêtres meurtriers marchaient toujours armés d'une épée. Le paysage a gardé sa sauvage grandeur. A cette heure, des nuages ont envahi le ciel ; l'ombre des arbustes s'allonge sur les pierres ; de la vallée prochaine, monte la chanson monotone d'un bouvier. Je crois entendre le bruit du vent dans les créneaux d'une tour. Un orage qui se prépare et amoncelle les nuées fait trembler les eaux du lac. Si je descendais jusqu'à ses rives, je serais étonné de la hauteur des vagues qui, de l'endroit où je suis, ne paraissent que des rides légères. Un grand cyprès appelle le regard. Pourquoi semble-t-il rêver à la mort, lui qui pourra braver les siècles, tandis que la pauvre fleur du gazon, qui sera flétrie demain, se montre riante sur la colline ?

Le 30 avril.

Dans ces montagnes incultes, qui se succèdent jusqu'à la Terre de Labour, les mœurs du peuple sont barbares. L'isolement des bourgades, la monotonie et l'âpreté des sites, les vestiges d'une gloire anéantie, l'oisiveté et l'ignorance, rendent l'homme chagrin et ombrageux. Abandonné à la contemplation d'une nature sauvage, où il n'agit que d'un travail solitaire, il se concentre en sa passion ; son amour est taciturne, et sa constance est le fruit d'une immobilité d'esprit. Mais cet amour si contenu, où fermente la jalousie, ne s'élève point à l'enthousiasme ; il est muet, impétueux, tourné vers le seul but de posséder : de là, le sang qui rougit souvent les mornes collines du Latium. Aimer pour le plaisir d'aimer n'appartient guère qu'à la race germanique, chez laquelle l'âme ardente et mobile se replie dans la réflexion. Hier soir, des pâtres formaient un groupe sur la place de Gensano. Debout et les bras croisés dans une attitude indif-

.férente, ils parlaient du meurtre d'une contadine, poignardée par son amant sous les chênes de Velletri. Leurs discours étaient entrecoupés de silences. Je m'approchai. Ils me racontèrent brièvement l'aventure, et l'un d'eux, se tournant avec tranquillité vers ses compagnons, s'éloigna en disant : « Cio si vede. Il sangue é salito alla testa. »

Le 1er mai.

C'est dans la poussière des morts, au bord de la voie Appienne, près du mausolée de Cecilia Metella, que j'ai relu les chants d'amour des jeunes Romains qui s'immortali- sèrent en célébrant les voluptés et les tourments de la pas- sion. Que j'étais bien, parmi les tertres tumulaires, où l'herbe se dessèche aux premières ardeurs de l'été, pour écouter les soupirs du doux chantre de Délie. *Hei mihi! dif- ficile est imitari gaudia falsa!* La joie frivole, le tendre poëte ne pouvait la feindre, tant palpitait douloureusement en son cœur le sentiment de la beauté ; son amour s'exhalait de son âme exquise en élégies embrasées, car la réalité oppressait d'une indicible étreinte son immense désir de perpétuer la passion heureuse. D'autres poëtes, ses compa- gnons, furent percés des flèches du même Dieu et surent faire resplendir les blessures de leur sein ; mais nul mieux que lui n'enveloppa ses aspirations d'un voile de tristesse plus légèrement tissé. Il évoque, par son élégance native, tous les charmants fantômes des fugitives amours ; ils volti- gent dans l'air muet, pâlis par les pressentiments et enve- loppés d'une lueur vespérale, qui semble une caresse de l'ombre. Que de fois, aux confins de la verte campagne, où se répandait la foule joyeuse, aux tièdes heures de la soirée, Tibulle, Ovide, Horace, Properce et tant de poëtes qui excellèrent dans l'art d'exprimer l'amour, durent porter leurs pas, cherchant à fixer sur leurs tablettes, en caractères impérissables, les belles créatures qui les troublaient. Il s'est à jamais évanoui, le cortége des formes heureuses qui parurent ici aux jours de la splendeur romaine, alors que la liberté expirante modulait son chant de funérailles en plaintes voluptueuses. Vous ne vous lèverez plus de vos couches d'argile, ô beautés jalouses, qui agitiez de divins tourments la jeunesse instruite aux écoles d'Athènes; couronnées de verveines et vêtues de tuniques légères, vous ne traînerez plus vos pas nonchalants sous les portiques somptueux de la Rome d'Auguste; vous n'irez plus, orgueilleuses de vos charmes, et captivant la foule oisive, du palais d'Octavie à la porte Capène; vous ne serez plus portées en vos litières par des esclaves orientaux; vous n'entendrez plus les paroles ioniennes des jeunes chantres qui vous dressaient des autels ! Vos jours de joie ont passé, Lydie, Délie, Corinne, Pyrrha, Cynthie, blonde Lycoris, Chloé, esclave Néère, et vous toutes dont les charmes semèrent des ferments de gloire; mais vous vivrez toujours dans les accents que votre beauté fit naître : la beauté célébrée par le génie ne peut périr. L'atmosphère muette semble encore retentir aux accords des lyres qui bercèrent vos rêves, pendant que le glas des cloches chrétiennes jette ses ombres sur le souvenir des félicités que le temps vous a ravies.

Rome, le 2 mai.

La journée était calme et l'air parcouru de vagues senteurs qui arrivaient des campagnes. Je suis demeuré longtemps appuyé aux parapets du Ponte-Rotto. Je regardais, vers l'île Tibérine, les maisons terreuses qui se pressent sur les rives du fleuve, dont les eaux mêlées de tourbe font mouvoir les roues de nombreux moulins. A travers le brouillard qui couvrait le port de Ripa-Grande et voilait l'Aventin, je distinguais des pêcheurs couchés en des barques qui tournaient lentement sur leur remous. Les petits monuments antiques de la place Montanara dormaient comme au désert. J'ai revu la maison de Rienzi et j'ai passé le Tibre au Ponte-Sisto. Par des rues blanchâtres et irrégulières, j'ai gravi jusqu'au couvent San Pietro in Montorio. J'étais au sommet du Janicule et j'avais à mes pieds le Transtevere. Avec quelle patience je fis la topographie de la ville, m'attachant aux moindres détails du vaste panorama! Le temps consacré à décrire ce qui avait été mille fois exprimé, ne me semblait pas perdu. Vers le soir, j'étais dans un jardin du Campo-Vaccino qui avoisine l'arc de Titus ; ses murailles, faites de décombres, où les pierres sculptées se mêlent aux moëllons grossiers, étaient assombries par le feuillage noirâtre des lauriers. Là se passèrent les scènes les plus glorieuses et les plus tragiques. Environné de temples en ruine et de colonnes mutilées témoins de tant d'exploits et de forfaits, je pouvais, oublieux de l'heure présente, me laisser entraîner par le poids du passé. Près de la Meta Sudans, se dressait, comme un trône de la Mort, le Colysée énorme. A mesure que les ténèbres croissaient, les souvenirs s'éveillaient en moi plus vivement ; l'effrayante solitude se peuplait ; je voyais monter les flots des générations, et je les voyais tour à tour s'ensevelir dans la nuit des âges. Sur la voie sacrée, où il n'y a nulle trace de pas, des empereurs s'avançaient aux acclamations de la plèbe, entourés d'une armée sombre et suivis de captifs enchaînés. Puis, d'affreux bruits s'échappaient du cirque monstrueux, et les hurlements de douleur et les cris de joie se confondaient en une seule clameur. Bientôt ces voix s'éteignirent dans le roulement monotone de murs croulants : les hordes vengeresses étaient là, sur la crête des édifices, pendant que de religieux cantiques montaient de dessous terre, et l'empire cruel de la force s'écroulait sous le marteau et la prière. Dix coups de cloche, qui retentissaient en ce moment à la petite église d'Ara Cœli, interrompirent ce rêve. La nuit était pleine de pensées ; une brume marécageuse s'avançait comme une chaîne de nuages et venait envelopper le Colysée et les formes vagues des édifices. On entendait le pas lourd des campagnards attardés qui se parlaient d'une voix brève. Les seuls mots : *Danaro...* *Madonna... mio conto...* arrivaient jusqu'à moi. Mais le ciel était serein, et des myriades d'étoiles jetaient leur inaltérable lueur au-dessus des noirs travaux des hommes.

Le 3 mai.

Quatre cents églises élèvent leurs clochers au-dessus des groupes des maisons et jettent leur voix d'alarme à travers les formes fuyantes de la terre ; quatre cents lieux d'appel qui rassemblent les cœurs que les chagrins surchargent ou que les plaisirs du monde ne peuvent combler. Quel triomphe pour les âmes simples, et quel enseignement pour les esprits orgueilleux ! Il y a bien les champs, les bois, le désert, où le religieux, agenouillé sous le dôme du ciel, s'incline devant les formes abstraites de l'amour infini ; mais la solitude répugne aux hommes ; leur faiblesse les oblige à se réunir, pour prier en commun, fraternellement. Je me suis souvent promené dans des églises resplendissantes de marbres précieux ; je songeais aux sévères cathédrales du Nord, y trouvant mieux le sentiment chrétien. Mais ceux qui prient sont insensibles à la beauté d'un vain décor, et ceux qui ne peuvent prier, y arrêtant les regards, n'en reçoivent que des impressions heureuses.

Le 4 mai.

Je n'entre guère aux musées que pour me charmer quelques instants et recueillir de ce charme des pensées générales. J'admire ou j'aime au passage les œuvres des maîtres, mais je laisse à un autre temps le soin de les décrire. En ouvrant mon esprit aux détails, j'appellerais l'analyse qui fermerait mon cœur. Ne voulant point posséder, connaître ; cherchant à m'abandonner à l'objet de mon attention, je laisse mon âme s'élargir, pour jouir de la poésie de l'art et m'instruire à sa philosophie. Je m'ouvre à toutes ces belles formes ; je les regarde tranquillement me pénétrer, s'établir en moi, comme en un asile, toujours heureux de pouvoir les abriter. A peine leur beauté ou leur vérité ont-elles frappé mes regards, qu'elles tombent dans la nuit, comme de beaux oiseaux qui ont fendu l'air et qu'on ne doit plus revoir. Mais elles ne se sont pas évanouies : elles se sont mêlées à mon âme, en ce seul instant où je les ai aperçues, en les admirant ou les aimant. Où sont-elles ? Quelles régions de mon esprit hantent-elles ? Je ne le puis dire. Bien que la souvenance de leur image ne me soit point demeurée, elles sont là, je le sens, comme des semences toujours vivantes et opérant au fond du cœur leurs mystérieuses métamorphoses.

Le 5 mai.

Comme la statue équestre de Marc-Aurèle couronne dignement le Capitole ! On oublie les tyrans qui y furent acclamés, la plèbe servile qui se pressait sur cette place, aujourd'hui gardée par les statues de Castor et de Pollux, paisibles au sommet du grand escalier. Monté sur son cheval de bronze, le sage et illustre empereur étend la main d'un geste pacifique, comme pour enseigner au peuple les sentiments d'humanité qui l'animent. Il ne fut puissant que pour montrer que la puissance doit s'allier à la justice ; il ne fut brave que pour apprendre que le premier devoir du triomphateur est la pitié ; il ne fut le plus savant de son siècle que pour dire que la science n'est divine que si elle s'appuie sur les qualités du cœur ; il ne s'éleva dans la philosophie que pour faire taire l'orgueil de l'homme. Avec tant de vertu et de génie, il ne pouvait se laisser éblouir par la pourpre ; aussi fut-il le plus laborieux et le plus modeste des hommes, et si sincère, que son père adoptif, Adrien, se plaisait à l'appeler du nom de *Verissimus*. Marc-Aurèle nous a laissé dans ses tablettes, dont quelques-unes furent écrites dans le tumulte des camps, des maximes qui font de son œuvre un des plus nobles monuments de la pensée. L'empereur a-t-il réalisé tous les préceptes du philosophe ! Quel est le règne parfait ! D'autres que lui, victimes des circonstances, n'ont pas produit tout le bien qu'ils désiraient. Écoutons cette parole, qui ne vieillira point, et qui nous parle au travers des siècles :
« O univers, tout ce qui te convient, m'accommode. Tout ce qui est de saison pour toi, ne peut être pour moi ni prématuré, ni tardif. »

Tivoli, le 7 mai.

Ma matinée s'est passée à visiter les antiques débris qui se pressent au bord des Cascatelles. Le Teverone, sortant brusquement du rocher, bondit en grondant dans l'abîme. Penché sur le tourbillon d'écumes, un enfant pêchait aux hirondelles. Armé d'une ligne faite d'un fil d'aloës, terminé par un nœud coulant et amorcé d'une plume, il trompait l'oiseau en recherche de duvet pour son nid et le ramenait prisonnier dans ses mains ; sa sœur s'en emparait alors pour lui attacher un billet à l'aile et lui rendre la liberté. J'ai cueilli des fleurs sur les ruines de la Villa de Mécène et sur les sentiers où Catulle et Properce imprimèrent leurs pas. Peut-être devrait-on contempler ces lieux en présence des œuvres des poëtes qui vinrent y rêver ; mais j'ai voulu revoir Tivoli, dépouillé de ses souvenirs, et je me suis abandonné à l'heure présente. Tous ces versants pierreux, hérissés de cyprès et d'arbousiers qui se penchent sur des sources et des eaux transparentes, invitent au recueillement. On ne peut y retrouver l'inspiration de tant de vers légers et joyeux : au siècle d'Horace, les gorges incultes de la Sabine s'illuminaient à l'auréole d'une cité florissante. J'ai pris un guide pour pénétrer aux monts Catilli ; c'était un enfant des Abruzzes, au front dur et fermé. Le silence régnait dans les vallons solitaires. J'entendais ce léger frémissement d'un bois qui bourgeonne et se déplisse aux premières chaleurs de l'année. Assis au pied d'une colline où se tordaient de grands érables, je vis s'avancer une vieille contadine qui m'offrit des limons. L'enfant qui m'accompagnait se hâta de tirer de sa veste un poignard pour enlever l'écorce des fruits ; voyant que je l'observais, il me dit : « Quello del mio padre è piu grande ! » La sévère solitude du lieu ne fut plus troublée que par une bande de jeunes anglais, dont la curiosité banale et les éclats de joie contrastaient avec la muette sauvagerie du site ; un ermite chevauchant sur un âne, et portant un panier sous le bras, discourait avec eux. Le soleil déclinait lorsque je repris le chemin de Tivoli. Dans une clairière qui bordait la campagne, et qui n'en était séparée que par une haie de viornes, je vis deux agneaux mourants balancés aux branches d'un frêne. Le berger venait de les égorger de son couteau, et pendant qu'un sang pâle pleuvait sur les mousses, les brebis bêlaient se pressant tête basse les unes aux autres. Telle fut pour moi la pastorale de la Sabine.

Rome, le 11 mai.

Quel charme de s'enfoncer dans les solitudes, quand on y emporte des images de beauté ! On se sent sollicité aux pensées généreuses : l'âme, dépouillée d'amers souvenirs, est portée comme par un souffle divin vers une patrie oubliée. Je me heurtais, sans m'en apercevoir, aux pierres tumulaires de la voie Appienne, accompagné de l'ombre du Sanzio et du cortége des belles formes que j'avais contemplées au palais de la Farnésine. La beauté a cela de puissant qu'elle comble l'âme qui lui offre un asile, et ne permet plus aux sentiments frivoles d'y pénétrer. Je revoyais l'adorable légende de Psyché, une pensée de sacrifice exprimée par de beaux corps païens, l'âme transfigurée par son essor irrésistible vers la beauté pure. Je revoyais Galatée dans son triomphe : la blonde Néréide naviguant dans sa conque marine traînée par des dauphins dociles que guide l'Amour ailé. La chevelure et le voile de pourpre flottant à la brise de mer, et les pieds caressés par l'écume des vagues, elle tourne la tête avec langueur vers le rivage aimé, pendant que les Tritons et les Néréides font onduler leurs formes en folâtrant dans les flots. Ces images profanes, si éloignées des madones de l'école de Pérouse, n'étaient point en désharmonie avec elles cependant, pas plus que ne le seraient de jeunes amants avec la pierre tombale où ils viendraient s'asseoir pour rêver. Tout se lie dans la vie, et les beautés heureuses ont leur sévérité. Les madones aux formes grêles et virginales du peintre d'Urbino furent enfantées par le même pinceau qui créa plus tard des vénus altières et des éphèbes indifférents. Rome aujourd'hui dans les pariétaires, aujourd'hui résonnante des cloches catholiques, donne un plus grand charme aux formes grecques qu'on y revoit. L'esprit avivé par des sentiments de tristesse et des espérances irréalisables admire religieusement le style des grands maitres dont la vie s'écoula à tracer un idéal sur la toile ou à le graver dans le marbre. L'élève du Pérugin dut éprouver ce sentiment lorsqu'il vit pour la première fois le groupe des Grâces dans la *Libreria* de Sienne. Moins réfléchi que son maitre, dont les œuvres reflètent l'abandon douloureux de la vie, moins attaché à un passé où les esprits s'isolaient dans la méditation, il fut sans doute profondément touché des pensées sereines qui se dégagent des harmonieux contours des corps. Le pieux adolescent se faisait homme sans renier un passé mystique, s'y éclairant plutôt, pour répandre désormais, dans les formes de déesses et de jeunes dieux, le chaste amour qu'il avait jusqu'alors enfermé au sein de ses vierges. Qu'elle était admirable cette âme qui pouvait unir deux mondes, les pénétrer avec tranquillité ! Jeune, beau, élégant, modeste, calmé par l'étude de l'antiquité, inspiré par l'amour chrétien, mais dépouillé de sa mélancolie, il produisait ses chefs-d'œuvre dans la sérénité et la confiance. Après avoir vécu du songe religieux, il retrouvait un idéal de beauté plastique et arrivait à une perfection jusqu'alors inconnue. Aux ferventes années de la jeunesse, il demeure ainsi dans l'auréole de sa gloire paisible, encore fidèle aux préceptes de son maître, mais animant déjà ses toiles du sentiment de la nature qui se réveille au monde nouveau. Toutes ses œuvres décèlent la vie charmante et méditative, où les grâces de la pensée sont comme le fruit de la délicatesse des sens. Rien ne peut le distraire de son idéal : ni le sombre duel du moyen-âge avec l'esprit moderne, ni les rivalités jalouses de ses contemporains, ni les coups de ciseau du terrible athlète de la sculpture, qui jetait son âme effervescente dans des blocs de marbre et les semait par l'Italie. Raphaël était dans cette paix profonde où vivent ceux qui travaillent avec le céleste désir d'exprimer la beauté. Trois siècles ont passé sur lui sans pâlir sa gloire, et il règnera toujours aux lieux témoins de ses travaux.

Le 13 mai.

Aujourd'hui, 13 mai, je me suis longtemps promené par la ville, jetant un regard d'adieu à ses rues étroites, à son fleuve aux eaux tournoyantes, à ses murs croulants que l'ombre a verdis, à ses jardins effondrés dans les catacombes, à ses obélisques dépaysés, à ses lourdes fontaines de bronze, à ses places désertes environnées de colonnes tronquées au pied desquelles le peuple vient trafiquer. J'ai longé les murs d'enceinte, vers la porte Majeure, écoutant les voix du passé qui me parlaient par tant de pierres écroulées, et m'arrêtant volontiers aux inscriptions profondes. Je me suis aventuré hors la ville, à la chanson d'un oiseau qui chantait un air bref dans les jardins abandonnés. Des collégiens, vêtus de robes longues, marchaient sur les chemins verts ; la candeur se lisait sur leurs traits recueillis ; parfois, une troupe de campagnards, presque voilés par leur épaisse chevelure, passaient à leurs côtés, d'un air farouche, comme une réalité misérable devant un grand rêve d'avenir. J'ai reparcouru les collines gazonneuses qui entourent la ville et que traversent les énormes aqueducs des Césars, arcs de triomphe de la mort, sous lesquels passe en meuglant le buffle égaré cherchant son troupeau. La nuit s'avançait lorsque je revins à la place d'Espagne. Le jeune enfant de mon hôte m'attendait sur l'escalier pour me faire ses adieux. Se souviendra-t-il de l'étranger ? — Age heureux où l'on oublie !

Le 16 mai.

Nous sommes sortis de Rome par la porte San Giovanni, laissant à notre droite les mausolées de la voie Appienne. La matinée était belle, tout inondée de la riante lueur du soleil de mai. Le regard pouvait s'étendre sur la vaste campagne. Le silence des ruines n'était troublé que par la joyeuse alouette qui s'élevait des décombres et par le cliquetis de grands chars de bois, pareil au glapissement des grues désunies aux vents d'équinoxe. Ces chars, traînés par des bœufs blancs, au fanon épais, apparaissaient çà et là sur de sombres tertres, faisant envoler le farouche épervier. Au loin, on voyait blanchir les aqueducs, immenses, effondrés, et comme dispersés par les siècles. Nous les perdîmes bientôt de vue pour nous enfoncer dans les détours des monts Albains. Nous arrivâmes le soir à Cisterna, après avoir admiré Velletri, fière bourgade blottie sur la pente du mont Artemisio. Au relai de Tre Ponti, la lune s'étant levée, nous montra la vallée des marais pontins, où nous étions descendus par un versant rapide. Un froid brouillard, tout pénétré de l'odeur des joncs, nous enveloppait. Cette solitude est emplie d'effroi : l'imagination la peuple de dangers. Des chênes isolés fuyaient comme des fantômes, le long de la voie, et vers la mer, des courlis faisaient entendre leur triste rappel. Nous traversâmes un petit bois peuplé de mouches luisantes : les feuillages en étaient éclairés. Voltigeant d'une aile mourante, elles montaient vers la cime des arbustes et retombaient se poser sur les mousses. Le soleil éclaira bientôt les marais, faisant saillir les avant-chaînes de l'Apennin et glissant ses rayons sur les dunes basses hérissées de broussailles. A l'endroit où s'élevaient des cités florissantes, on voit errer les bêtes sauvages. Des buffles s'arrêtaient à notre approche, le col tendu et les oreilles couchées. Ils cheminent à travers les joncs et les canaux, mettent la tête au vent pour écouter, et reprennent leur marche balancée sur leurs genoux difformes. Parfois, ils s'enfoncent brusquement en des fourrés d'yeuses, leurs cornes renversées ne les entravant point. Par une voie toujours déserte, nous passâmes à Terracine, sous la roche pyramidale où les vagues viennent déferler, et nous nous engageâmes dans un défilé tortueux. Nous avions vu, dominant la Méditerranée, les ruines du palais de Théodoric, de ce grand prince barbare, qui disait après la victoire : « Nous traiterons les vaincus de manière qu'ils regrettent de n'avoir pas été vaincus plus tôt... » et en parlant de la liberté : « Nous n'avons aucun empire sur la religion, parce qu'on ne peut forcer la croyance. » Les précipices, les gorges profondes, les ravins commandés par des tours crénelées, se succèdent. Nous sommes dans la contrée la plus mal famée de l'Italie. Les

passants ont un air sinistre : ce sont les perfides montagnards de Fondi et d'Itri. Couverts de manteaux bruns à
plis écartés, chaussés de guêtres de toile blanche, et armés
de poignards, ils bravent la fièvre et les périls. Un chapeau,
de feutre noir, orné de fleurs et de rubans rouges, dérobe
sous ses bords tombants le haut de leur visage, ne laissant
apercevoir qu'une bouche étroite et un menton anguleux.
Une chevelure, noire comme l'ébène, tombe en deux longues
mèches sur leurs joues amaigries. Leur parole est brève et
stridente. Nous en vîmes un grand nombre chevauchant sur
des ânes. Ils étaient suivis de jeunes enfants à la figure
accentuée, dont quelques-uns nous firent des gestes hostiles,
après avoir gagné le sommet des côteaux escarpés où ils se
croyaient hors de notre atteinte. Des jeunes filles, aux
cheveux roussâtres, s'arrêtaient pour nous observer d'un air
sombre. C'est avec bonheur que nous nous éloignâmes de
ce repaire de bandits pour traverser la Terre de Labour,
Campania felix. Lorsque nous approchâmes de Gaëte, nous
vîmes l'Italie telle que les poëtes l'ont chantée : des collines
boisées, des pâturages, des ruisseaux coulant avec lenteur
sous des saules, des orangers en fleurs et en fruits, des maisons voilées de vignes, et la Méditerranée qui ne vient plus
mourir dans des marécages, mais qui bat de ses flots bleus
une côte ferme et dentelée. Les champs étaient égayés par
des groupes de jeunes filles ; elles passaient dans les blés,
vêtues d'une soubreveste jaune et d'un jupon écarlate ; leur
coiffure blanche faisait ressortir la distinction de leurs traits
et l'éclat de leur regard. Sur le chemin poudreux, nous ren-
contrions de petits pâtres, les uns jouant du chalumeau et
poussant devant eux leurs chèvres, les autres portant des
gerbes de joncs à tresser. Le soir, j'étais à Naples, enchanté

par le déploiement inattendu de son beau golfe. J'y suis descendu au quai Sainte-Lucie. De ma croisée, qui s'ouvre sur le couchant, je vois, en deçà de Chiatamone, le roc de Pizzo Falcone et le Castel dell' Ovo s'avançant au loin dans la mer. L'espace compris entre le château et ma chambre est couvert de bateaux qu'on radoube. Ce travail intéresse la foule oisive qui va et vient sur les quais, pendant que des enfants font manœuvrer des barques, en poussant de joyeuses clameurs. Tout cela resplendit aux rayons d'un soleil d'été.

Naples, le 20 mai.

Que de sentiments généreux s'éveillent en nous à l'aspect de la vie expansive ! La joie, aussi bien que la douleur, franchement exprimée par des créatures inconnues, efface la distance qui nous séparait d'elles. Nous ne sommes tous que des étincelles d'un même foyer, et nous répandons autour de nous notre lumière, joyeuse ou triste, selon le milieu où le sort nous a jetés. Je longeais la strada di Porto et le largo del Mercato. La foule bruyante, et heureuse malgré sa pauvreté, se pressait autour de petits étalages, où des marchands vendaient des limons, des pastèques et des fruits de mer. Les lazzarones, qui avaient travaillé sous le soleil ardent, à la Marinella, faisaient en plein air leur repas frugal ; des femmes et des enfants à peine vêtus apportaient, dans de grands paniers, le poisson que des pêcheurs avaient pris sous les rochers du Pausilippe ; des jeunes filles, qui voulaient envoyer de doux messages, s'adressaient à un écrivain public gravement assis sous un large parasol qui lui servait de tente. Pendant qu'un marchand de sculptures offrait aux étrangers de petites statuettes et des camées taillés dans la lave du Vésuve, et qu'un vieillard pinçait de la guitare en s'accompagnant de la voix, des marins et des gens de la campagne, rassemblés autour de longues tables, mangeaient de la pâte qui sortait fumante de fourneaux dressés dans la rue. Partout se formaient des groupes animés : moines, soldats, mendiants, bourgeois, qui, bien qu'inconnus entre eux, babillaient familièrement. Lorsque les premières étoiles percent le ciel et que la tiède brise du soir se répand dans la ville, l'animation des rues s'accroît encore. C'est une harmonie confuse de bruits et de voix ; les cris des voiturins se mêlent aux chansons des enfants, aux bêlements des troupeaux et aux sons nasillards des musettes sous les images de la Madone. Aux balcons superposés et festonnés de plantes, maintes beautés se penchent pour adresser des saluts à des personnes aimées et échanger avec elles de gais propos. J'ai suivi l'allée de la Villa Reale, que décorent des statues de dieux mouchetées de l'ombre des palmiers, et j'ai achevé la soirée au petit cimetière de Pausilippe, près du tombeau de Virgile. Des images champêtres se sont perpétuées autour de la paisible sépulture du chantre de la vie pastorale : les églantiers répandent leur léger parfum au-dessus du colombaire qui renferma ses cendres ; les bergers de Pouzzoles passent et repassent chaque jour sous le rocher désert ; les pêcheurs de la Margellina déploient leurs filets sur la plage voisine. Parfois le bruit du tambourin retentit sous les treilles qui ombragent la côte : ce sont de jeunes Napolitaines ou des filles de la vallée de Bagnoli qui dansent la tarentelle avec leurs fiancés, en agitant des castagnettes et frappant du talon le sable du rivage. Pausilippe, παῦσις τῆς λύπης, quel site était plus digne d'un nom aussi charmant ? Au sein de cette nature clémente, je sentais s'évanouir toutes mes pensées de tristesse ; la mort ne me semblait plus qu'un sommeil rempli d'aimables songes, et la vie qu'une courte traversée vers un bonheur inévitable. Le ciel était blanchi par les étoiles, et la mer assombrie, rayée des lumières de la ville : elles y allongeaient en serpents de feu leurs sillons brisés par la mobilité des flots. La brise nocturne venait mourir dans le feuillage des arbustes, et le murmure des vagues, qui s'approchaient et se retiraient tour à tour de la côte, m'arrivait comme la respiration légère d'un être endormi.

Le 21 mai.

De la terrasse du couvent des camaldules, on peut long-temps admirer le golfe enfermé dans ses hautes rives. Nul spectacle n'est plus splendide. La mer, tour à tour vermeille et azurée, s'enfonce dans le creux demi-circulaire, y jetant ses franges d'écume en une bordure argentée. Le ciel, qui abaisse son arc pur sur la croupe des montagnes, les trans-forme en presqu'îles, en reproduisant sur l'horizon les cou-leurs de la Méditerranée. On voit d'ensemble ce vaste paysage, et cependant on ne perd aucun de ses détails. Ses formes sont moelleuses, bien que vivement éclairées; toute la contrée semble mobile, bien que nul nuage, nul arbre ne remue; et cette mobilité, elle est produite par un miroite-ment de lumière qui noie les moindres objets et les fait pal-piter dans des clartés rayonnantes. Salvator Rosa avait bien étudié ce ciel et cette mer; il savait comment le soleil répand des teintes embrasées et chatoyantes sur les formes les plus sévères, les amollit et les anime. Je voyais s'étendre à mes pieds ces campagnes ardentes, campi Phlegræi, qui furent immortalisées par le génie de Virgile. Le sol bosselé porte les marques des éruptions volcaniques; sa couleur de cendre n'est rompue que par des touffes de châtaigniers et de romarins. On aperçoit le lac d'Agnano, Pouzzoles, Baïa, le monte Nuovo, les collines de Cumes, et, au sud, la pointe du cap Misène qui s'avance vers la belle île de Procida. Évoquant les antiques souvenirs, on retrouverait dans la Mer-Morte le Tartare, dans l'Averne l'Achéron, dans les eaux du lac de Fusaro le Léthé, et dans les stériles parages qui l'entourent, les Champs-Élysées. S'il est vrai que les âmes des morts se plaisent aux lieux qui leur furent chers, que d'ombres illustres errent encore sur cette terre jadis fortunée qui n'est plus qu'une vaste nécropole ! Cicéron, Pollion, Sénèque, Pompée, Marius, tant de philosophes, de poëtes et de guerriers, s'y entretiennent encore de leurs travaux et pleurent ensemble sur les débris de leur patrie. Tout ce qui charma leur vie est maintenant en poussière : thermes, villas, théâtres, et jusqu'à leurs mausolées. Les ronces et les genêts croissent sur les gradins des cirques ; le limon et les roseaux ont comblé les viviers limpides ; le sanctuaire des Nymphes s'est englouti dans la mer ; le noir serpent des ruines glisse dans les marbres disjoints du temple de Diane ; une vapeur délétère circule dans l'antre Sibyllin, et les murs dispersés du temple de Dédale demeurent sans mystère. Parfois des ouvriers cherchant une source font sortir de la nuit la statue d'une Néréide, et la redressent mutilée aux yeux d'une génération qui n'y attache plus un culte ; mais il est une œuvre que les siècles ne peuvent renverser, ronger ni ensevelir : l'histoire. Les hommes qu'elle proclame feront toujours retentir dans l'humanité les actes ou les paroles qui firent leur renommée.

Le 23 mai.

Deux guides de Resina m'ont amené un cheval dans les ruines de Pompéï pour faire l'ascension du Vésuve. L'heure était favorable : les ombres du soir commençaient à envelopper les montagnes. Nous avons franchi des collines de scories, où les sarments des vignes se tordent aux branches de chétifs mûriers. Après avoir laissé nos chevaux dans la dernière ravine, nous avons gravi perpendiculairement pour abréger le trajet. Aux endroits difficiles, le guide qui me précédait me tendait une corde noueuse de laquelle je m'aidais. Des vapeurs épaisses ondoyaient autour de nous. Il nous a fallu une heure de fatigue pour atteindre le sommet du volcan. Nous sommes bientôt descendus dans une large enceinte, bassin de lave durcie et fendillée ; mille fumerolles y exhalaient leur odeur sulfureuse, et nos bâtons s'enflammaient lorsque nous les plongions dans les fissures du sol. A de courts intervalles, la lave jaillissait du cratère avec un bruit de mousqueterie, s'élançait dans les airs en une gerbe lumineuse et retombait en pluie de feu. Nous avons remonté jusqu'au bord septentrional du bassin embrasé ; nous avions alors derrière nous la vallée de l'Atrio del Cavallo, et devant nos yeux, le plus merveilleux des spectacles : celui d'un ciel scintillant d'étoiles, d'une mer blémie par la clarté de la lune et d'une montagne en feu jetant sa sinistre lueur aux ténèbres de la terre. Les belles villes du littoral s'étaient effacées ; à peine étaient-elles indiquées par quelques lueurs brillant aux vitres des maisons ; le vent frais de la nuit courait sur les collines et m'apportait la mélodie languissante des vagues qui se brisaient au rivage de Portici. Tout semblait dormir, mais la nature ne cessait de s'élaborer mystérieusement. Je me crus pour un instant séparé du monde, seul témoin de la création, et je songeai au mutisme d'un globe qui serait privé de ses créatures.

Naples, le 25 mai.

A travers des décombres hérissés de capriers et d'arbousiers, j'avais gravi des rampes brûlantes où bruit l'herbe sèche et j'étais arrivé au penchant d'un large rocher qui regarde vers Gaëte, lorsque de grands cris s'élevèrent des bords du lac de Fusaro. Au même instant, je vis les chevriers des alentours descendre en courant vers des pêcheurs rassemblés autour d'une forme blanche qui se profilait sur les eaux sombres du lac. Je me hâtai de les suivre et nous arrivâmes ensemble près du corps inanimé d'un jeune enfant. Il se détachait du rivage comme un marbre, les bras reployés par la dernière agonie, et la chevelure mêlée d'herbes marines. Chacun le reconnaissait : « E Beppo ! » et les sanglots redoublaient. Une petite fille se souvenait de l'avoir vu avec son jeune frère dans la chapelle de Pouzzoles, à la fête de la Madone. « E nel cielo, il poverino ! » dirent les femmes. En ce moment accourait éperdue la mère de l'enfant ; de ses deux mains levées, elle écarta vivement le groupe des pêcheurs, se précipita sur le corps de son fils, et, se relevant par un mouvement tragique, elle s'écria d'une voix déchirante : « Misericordia ! il padre, il figlio, tutti due, morti ! » Puis elle se prosterna, lui souleva sa tête pâle, l'appela, le couvrit de baisers et lui parla comme s'il eût pu l'entendre. Cependant, de jeunes garçons avaient formé une civière de joncs et de feuillages ; ils y déposèrent l'enfant, au bruit des sanglots et des plaintes ; la pauvre mère seule, égarée par son désespoir, ne répandait pas une larme. Le cortége se mit lentement en marche, se dirigeant vers la bourgade prochaine. Je le suivis longtemps des yeux, et je le vis disparaître dans les ombres d'un ravin. L'image de deuil s'était évanouie, et le soleil de mai semblait laisser tomber une lueur indifférente sur les rives abandonnées du lac. Que la nature est oublieuse ! Déjà il ne reste plus rien de cette scène de douleur que nul ne doit célébrer. Je songeai alors au destin du fils d'Eole, que la poésie a perpétué à travers les âges. C'est au pied de ces mêmes montagnes que l'infortuné Misène, provoquant Triton de sa conque guerrière, fut plongé sous les vagues. Le fils d'Anchise et les jeunes Troyens descendent au rivage de la mer. Ils se rassemblent en poussant de grands cris de douleur autour du corps insensible, étendu sur la plage ; ils l'emportent en leurs bras au sommet du promontoire, le déposent sur le bûcher funéraire, et, détournant la tête, ils en approchent la torche allumée qui doit consumer le héros :

> ... qui nunc Misenus ab illo
> Dicitur œternumque tenet per sæcula nomen.

Le 26 mai.

J'ai dirigé ma promenade vers le fort de Baïa, foulant le sable fin de la côte. En face de moi, Ischia et Capri s'élèvent, triomphantes, de la Méditerranée. Les anguleux contours de Capri s'effacent dans la vapeur du matin, et le haut rocher de Tibère paraît un nuage suspendu au-dessus des flots. En deçà, l'île d'Ischia, dominée par le mont Epomée, descend à la mer ses vertes rampes de figuiers ; plus loin, les falaises de Misène, à demi écroulées, jettent leurs ombres vers l'île de Procida, tandis qu'à l'horizon oriental du golfe, les cônes jumeaux du Vésuve se dressent comme deux témoins impassibles. Le ciel semble une mer de flots roses et fumants ; la mer, un ciel de nues blanches et bleues ; elle est sillonnée de grandes chaloupes qui naviguent à la brise ; celle-ci va aborder à la marine de Massa-Lubrense, où les maisons sont ancrées dans le roc ; cette autre vogue, les voiles enflées, vers Sorrente : elle s'arrêtera au ravin de Persali, à l'ombre des châtaigniers ; cette autre encore, qui s'incline à la brise de l'est, se dirige vers le promontoire Campanella, et peut-être sortira-t-elle du golfe pour entrer dans la grande mer... Je laisse dériver ma pensée en songes et j'accompagne de mes vœux les esquifs incertains qui, comme notre âme, cherchent la sécurité du port.

Le 28 mai.

Dans la rue de Tolède, nom d'outre-mer qui rappelle la tyrannie, une foule d'enfants faisaient cortége à la fanfare militaire, — écoliers pâles mêlés aux petits mendiants échevelés. Le plus brillant éclair de l'âme resplendissait en leur regard. Ils allaient joyeusement, réglant leurs pas sur celui de la troupe, insouciants et ceints d'une auréole de jeunesse. Ce spectacle de la vie ardente et fugitive me charmait en jetant toute ma pensée à l'heure présente. J'étais parvenu au Musée-Bourbon, et bientôt je me trouvai dans le royaume de l'immobilité, parmi les chefs-d'œuvre de la statuaire antique. Les marbres retrouvés sous la cendre et la lave du Vésuve font reparaître l'Olympe oublié. Les impératrices, en costume de prêtresse, et les césars qui furent introduits par la servilité du peuple dans la céleste assemblée, montrent encore leur expression de ruse et de dureté. Le doux abandon des jeunes divinités qui les entourent fait mieux ressortir l'impériale laideur. Les Faunes, les Bacchantes, les Égipans, par leurs danses et l'enjouement de leurs attitudes, semblent railler les tyrans dont il ne reste plus que des masques. Je remarquai une statue de Caïus Caligula, ce fou féroce. La boue où elle demeura plongée la sauva de la destruction. Elle fut trouvée à Minturnes, la tête sortant de la vase. Les bateliers du Garigliano y amarraient leurs barques. On voudrait, près de la sculpture antique, pouvoir admirer les œuvres des premiers peintres ; on saisirait ainsi le passé dans ses moindres nuances ; mais la peinture, produite sur des matériaux fragiles, s'est vite effacée. C'est par la plume des historiens, des philosophes et des poëtes que sont venus jusqu'à nous les noms d'Apollodore, de Zeuxis, d'Appelle, de Parrhasius et de Protogène. Qu'il faut peu pour anéantir des noms glorieux, et qu'il faut peu aussi pour perpétuer des noms obscurs ! Les pensées de Philodème sur les vertus et les vices, et les écrits de Polystrate sur les critiques injustes furent retirés à demi consumés des décombres de Pompéï ! et l'on trouva un jour, dans les souterrains de Memphis, un papyrus contenant les noms des ouvriers employés aux travaux du Nil ! J'ai visité la galerie des bronzes et la salle des gemmes. Mille objets élégants reparlent aux yeux après dix-huit siècles de mutisme : anneaux, bracelets, lampes ciselées, boucles d'or, trépieds, coupes de libation, urnes lacrymatoires, camées, amphores et diadèmes qui aujourd'hui couronnent le vide. Elle ne coule plus la clepsydre qui mesurait les heures de patience consacrées à ces charmants travaux ! C'est par l'effort de sa volonté que l'homme affirme sa grandeur. Combien ne fallait-il pas de résolution à ces artistes anciens qui surent, en empreignant dans le bronze et dans le marbre leurs pensées les plus délicates, les perpétuer jusqu'à nous. Nous sommes enclins à oublier l'ouvrier en admirant son œuvre. Nous ne cherchons pas l'ombre humaine et douloureuse qui, armée du ciseau, se tenait penchée sur ces figurines dont nous contemplons les gracieux linéaments. Nous ne découvrons point l'activité fiévreuse au fond de ces contours immobiles. La nature elle-même nous enseigne cet oubli. Elle est montante, aspirante, progressive, ensevelissante, ne montrant que sa fleur et cachant sous terre sa racine laborieuse. On aime le rejeton plus que la souche, et nul ne remercie le ver terne et rampant d'avoir enfanté le papillon, joyeux et diapré. La nature changeante est la remuante esclave de l'Immuable et ne réclame point reconnaissance. Notre cœur ne peut s'y appuyer sans sombrer en des profondeurs infinies. Il n'y a que Dieu au fond des nues, des monts et des océans ; il n'y a point de frères de peine que nous puissions aimer fraternellement. Les chefs-d'œuvre de l'humanité sont comme des passerelles jetées sur un abîme de nuit et qui nous relient à la Divinité. Quel droit à notre admiration n'ont point ces créatures qui sacrifièrent tant de jours à se recueillir dans le sentiment de la Perfection et qui purent refléter en leurs œuvres l'idéal qui les fascinait ! Quelle tension cruelle de tous les sentiments tendres ! Quel sublime suicide d'amour ! Je ne puis te voir, ô Psyché marmoréenne, sans chérir l'interprète qui te donna la plus noble forme de son génie ; sous ta poitrine de marbre, je sens palpiter ce cœur d'artiste qui fut assez vivement épris d'un rêve de beauté pour le faire durer jusqu'à nous.

Sorrente, le 29 mai.

J'ai suivi la voie qui se prolonge à travers Resina, Torre del Greco et Torre del Annunziata, villes qui se baignent aux petites vagues au bas de cette pente du Vésuve qui semble les avoir coulées à la mer. A partir de Castellamare et du cap d'Orlando, les montagnes se couvrent de châtaigniers que les flots réverbèrent ; des viaducs sont jetés sur les ravins ; de petites maisons sans toiture, couvertes de treilles, sont à demi cachées dans les oliviers. J'ai longé Vico Equense, bâtie en escalier sur le roc où les vagues retentissent, et, d'oranger en oranger, je suis parvenu à la pointe de Scutolo, puis à Meta. De là, j'ai pu contempler le golfe. La chaîne des monts volcaniques ondule à l'horizon ; du château Saint-Elme à la Somma, la crête des montagnes décrit une courbe si molle qu'on dirait d'une étoffe légère tendue d'une cime à l'autre et qui fléchirait vers son milieu. Au nord-ouest, s'allongent les côtes grises de Baïa et de Pouzzoles. Après avoir tourné une colline émaillée des fleurs des églantiers, j'ai vu s'étendre la plaine de Sorrente, verdoyante terrasse portée sur des falaises qui plongent dans une mer de cristal. Elle sommeille dans sa verdure, protégée des vents. Toute cette plaine du littoral n'est qu'un verger coupé de haies et de murs blancs. Je suis descendu à la villa***. Elle est entourée d'une galerie et surmontée d'un belvéder ou astrico. J'y passe des moments heureux à contempler la mer, le ciel, les montagnes. Au loin les îles de Capri, de Procida et d'Ischia semblent balancées dans la vapeur marine. Enivré par les pénétrants parfums des fleurs, je ne recueille que les sourires de la solitude. Je sens mes joies se multiplier aux impressions de mes sens ; mon âme se mêle à l'arôme des plantes, elle respire dans la brise de mer, elle résonne avec les cloches des villages ; les oiseaux des vergers y chantent ; leurs chants deviennent les miens, et ma vie ne cesse de s'épandre dans toute la nature. Ma chambre reflète la beauté de la contrée ; les tables, les murs, les chaises, sont illuminés de lueurs violettes ; les rayons du soleil se jouent sur les rideaux

roses, et par la croisée entr'ouverte, les moucherons de la prairie vont et viennent avec des murmures de joie. Des arabesques dessinent leurs fleurs autour des portes, et, sur l'élégant chevet d'un lit de fer, qui semble un nid d'hirondelle suspendu au plafond, l'artiste a gravé un bon souhait pour le dormeur. Les cloisons peintes, où voltigent des oiseaux chimériques, réjouissent la vue et s'harmonisent avec les fruits d'or du jardin, coiffés d'un luisant feuillage. Que ne puis-je toujours vivre en ce site paisible, si fertile en songes de bonheur ; mais l'heure ne viendra-t-elle pas où je devrai m'écrier :
Dulcia linquimus arva !

Le 30 mai.

Du haut de l'*astrico*, qu'entoure un treillage de vignes, je vois, entre les pins de la rive, dormir les eaux bleues du golfe. Le soleil, déclinant avec majesté, plonge son disque ardent dans les flots, entre les îles de Capri et d'Ischia. Mon regard se plait à errer tour à tour sur la mer, les montagnes et les vergers de Sorrente. Nul bruit que le cri des mouettes et le chuchotement discret des vagues au pied des falaises. Au loin, la maison de Torquato Tasso, suspendue sur son rocher, s'enveloppe de brume. Je me reporte à cette heure où le noble exilé, accablé par les années et le chagrin, vint se jeter dans les bras de sa sœur : « Ils passèrent le jour à » pleurer, sans se rien dire, en regardant la mer et en se » souvenant de leur enfance. »

Le 1er juin.

Je voudrais garder un long souvenir de cette belle contrée et voir revivre un jour mes rêves et mes joies dans les lignes que je trace aujourd'hui. D'autres peut-être, amis inconnus, les partageraient. Mais que font aux autres un ciel bleu et de vertes collines que reproduit une encre obscure? Que leur font mes joies et mes larmes! Je ne suis pas venu ici pour raconter et décrire, mais pour rêver hautement au milieu du plus enivrant pays de l'Italie. Tout entier à la beauté du climat, je laisse voguer mon âme aux vapeurs de l'horizon. Que d'heures passées à écouter le gazouillement des bec-figues et le long murmure des vagues! Les orangers qui mêlent leurs fleurs et leurs fruits, les mouches murmurantes qui se posent aux feuilles des vignes, les troupeaux qui bêlent derrière la montagne et les tièdes feuillages qui frémissent aux moindres brises sont autant d'expressions d'une nature aimante. Une réalité aussi sereine me semble un rêve ; j'oublie les autres mondes, et mes espérances infinies viennent, pour un instant, s'endormir sur cette terre fragile. O prairies, sera-ce dans vos fleurs que je revivrai? O ruisseaux, sera-ce dans vos flots brillants? O pauvres herbes, cachées au monde, et qui vous balancez éperdûment au vent du soir, sera-ce parmi vous?

Le 2 juin.

Je m'effraie des grands loisirs où s'écoule ma vie. Mes heures tombent sans bruit dans la nuit des siècles. Je me rassure si je songe que l'action apparente n'est pas la seule, et que j'accomplis ma destinée toutes les fois que j'élève mon âme par des sentiments d'humanité. Qu'ai-je fait en cette journée? Rien aux yeux des hommes. Je me suis lentement promené par les bois, m'arrêtant à contempler les ramées légères que remuait la brise ; néanmoins, je pensais, et mes pensers n'étaient pas enfermés dans le cadre de ma vue ; j'étais ailleurs qu'aux branches avoisinantes ; mon esprit errait au loin, parmi les infortunés qui peuplent la terre, et ma compassion pour eux était comme une prière muette qui montait d'elle-même vers un Dieu secourable.

Le 3 juin.

Avant le jour, j'étais au cap Campanella, qui avance sa pointe rocheuse entre le golfe de Naples et celui de Salerne. Je vis la lueur naissante fondre insensiblement les vapeurs de la nuit et envahir l'étendue liquide. Les îles prominèrent sur les flots, faisant saillir leurs angles à mesure que la clarté croissait. Vers le couchant, la mer demeura longtemps obscure, formant une succession de tertres mouvants et ténébreux, aux crêtes argentées. Dans le ciel encore crépus-culaire, des goëlands tournoyaient d'un vol endormi ; le mou-vement de leurs ailes se mesurait sur celui des vagues, qui venaient s'aplanir à l'entrée du golfe. La solitude était pro-fonde. Parfois une barque portant quelques pêcheurs se déta-chait du rivage. Je percevais le chevrotement éloigné de la cornemuse des bergers de Marciano qui paissent leurs trou-peaux sur les falaises. Nul oiseau ne chantait dans les carou-biers. La rumeur invariable et prolongée de la mer semble hostile aux chansons libres de l'éphémère, et les notes de la joie s'éteignent dans la lamentable monodie d'un monde en travail. Bientôt Caprée découpa distinctement ses flancs noirs sur l'horizon. A distance, cette antique citadelle du crime ne montre que sa masse décharnée. Les citronniers, les figuiers, les vignes sauvages, qui verdissent ses rampes et charment la vue du Capriote, ne se distinguent point. On n'a devant soi qu'un sphinx de pierre observant ses alentours. Au nord de la Punta Tragara, on aperçoit le pic del Salto, d'où Tibère faisait précipiter ses victimes, *post longa et exquisita tor-*

menta. C'est de là qu'elles jetaient au ciel inaltérable leur dernier cri de désespoir. La belle mer azurée a lavé les taches de sang qui rougirent ces rivages. Ces ombres cruelles, animées aux meurtres, qui tenaient le monde en leur main sans pitié, ont à peine laissé sur la terre quelques traces. C'est sur les tablettes de l'histoire qu'elles ont produit leur effroyable marque. O justice éternelle, il ne se peut que tu demeures indifférente aux douleurs imméritées et aux crimes impunis de ce monde! La pondération exercée dans l'ordre naturel, je dois la reconnaître dans le monde spirituel. Les vies innocentes indignement retranchées, je les vois refleurir aux régions d'outre-tombe, en même temps que j'y vois descendre, sur la pente ténébreuse, les esprits injustes qui ont eu ici-bas leur triomphe. Déjà, sur la terre, l'œuvre d'équité a son commencement. Pendant que les Césars donnaient au monde le spectacle de leur cruauté, deux hommes amassaient en leur cœur toutes les indignations de leurs contemporains et devaient inspirer à la postérité la haine de la tyrannie. Tacite et Suétone se levèrent du sein d'un peuple adulateur, chez lequel le silence était déjà du courage; ils parlèrent, donnant une voix à d'innombrables victimes qui seraient demeurées dans l'oubli. Quels historiens, quels psychologues et quels peintres! Comme ils enfoncent froidement et sûrement leurs traits! Comme ils sont sobres de réflexions hasardées, mais quelle éloquence ils savent donner au moindre événement! Les détails intimes abondent, jetant une vive clarté autour des personnages. J'ai achevé la lecture de Suétone au bord de ce golfe où se reflétèrent tant d'images fastueuses, et où ne se mirent plus que des rocs déserts. J'ai relu le règne de Caligula et celui de Domitien. Avec quelles couleurs étranges ils sont dépeints! Il n'est pas un seul de leurs pas qui ne semble tragique ; on devine le drame au fond de leurs moindres gestes. L'historien, armé du stylet vengeur, fait remuer avec lenteur l'empereur chargé de crimes, tel qu'un dompteur la bête fauve enchaînée. Rien ne lui échappe : ni le port, ni la voix, ni l'accent, ni certaines marques naturelles qui sont comme des stigmates de la perversité ; par le seul portrait de l'homme extérieur, il nous donne l'intuition de son âme. Nous sommes devenus inhabiles à tracer des caractères avec cette vigueur tranquille, propre aux écrivains latins. Si nous avons agrandi notre champ d'observation, nous y marchons d'un pas moins ferme, portant notre vue sur deux mondes à la fois. L'esprit oriental nous a pénétrés par le christianisme, faisant miroiter au fond de nos âmes inquiètes mille sentiments subtils. Le Latin arrêtait son regard au monde apparent ; son esprit lucide l'éloignait du monde théorique où nous aimons à vivre ; il ne cherchait point à sonder le mystère infini, voulant circonscrire son action à cette terre. Néanmoins , l'antiquité païenne , malgré sa raison pratique , est superstitieuse. Tacite et Suétone, ces esprits fermes , croient aux avertissements du ciel. La mort de Caïus, dit ce dernier, fut annoncée par un grand nombre de présages : *Futuræ cædis multa prodigia exstiterunt.* L'empereur, au moment où il sacrifiait, fut couvert du sang de sa victime. Les sorts d'Antium lui révélèrent le nom de son meurtrier. A Olympie, la statue de Jupiter, qu'il voulait enlever pour la transporter à Rome, fit tout à coup un si grand éclat de rire que les ouvriers laissèrent tomber leurs machines et s'enfuirent.

Le 4 juin.

Il n'est rien de plus agreste que l'étroit ravin de Persali, promenade perdue entre deux collines boisées, où ruisselle un mince filet d'eau qui va tomber à la mer. Deux prêtres cheminaient sur l'étroite pelouse étoilée de marguerites. Des chèvres, secouant leurs campanelles, mordaient à belles dents aux fleurs des viornes, et sur l'herbe courte, autour de hauts châtaigniers, erraient des brebis rayées de l'ombre des branches. J'ai suivi des falaises qui plongent leur base en une mer si limpide, que je distinguais les herbes marines qui en voilent la profondeur. Un jeune homme était là, assis sur les galets et fixant du regard l'horizon bleuâtre. Me voyant remuer les graviers à la recherche de coquillages, il vint avec courtoisie m'offrir quelques coraux qu'il avait recueillis. Il m'apprit qu'il était le seul survivant d'une nombreuse famille, et que lui-même avait failli périr ; mais, grâce à un long pèlerinage, sa santé s'était rétablie. Nous achevâmes la journée ensemble. Il me conduisit sur le plateau d'une colline qui domine le golfe. La mer immobile était enveloppée de vapeurs, et, se confondant à la côte grisâtre de Pouzzoles et de Misène, s'étendait à perte de vue dans la direction de Gaëte. Je crus pour un instant me retrouver au sommet des monts Albains, ayant à mes pieds la campagne romaine, nue et déserte. Le ciel semblait un océan pétrifié, et quelques nues, lentement descendues dans les gorges du mont Sant'Angelo, s'y étaient amoncelées, laissant se profiler leur rougeâtre contour. Dans le lointain, une pâle fumée roulait de la cime du Vésuve et allait en rampant se perdre dans les ruines de Pompéi. Des volées de mouettes jouaient entre elles, non loin de la marine de Meta, frappant de leurs ailes la pointe des vagues : paysage dormant qui me berçait entre le songe et la réalité. Nous rentrâmes à Sorrente, en passant sous une porte ornée de sculptures tombales ; ce sont des trophées d'armes, des cuirasses sans poitrine, des casques sans tête, le vide représentant la mort. Nous vîmes entrer, joyeuses, sous la porte funèbre, deux filles de la montagne ; l'une portait sur la tête une corbeille d'oranges ; l'autre, un de ces vases en terre, dont les anses recourbées avec art, rappellent la forme antique. Elles souriaient en passant devant les tombes des chevaliers, et le soleil éclairant leurs joues et faisant resplendir leurs gracieux fardeaux, semblait sourire avec elles. Mais l'ombre des piliers qui nous abritaient se reflétait sur leurs jeunes fronts : la lumière et l'ombre sont deux rivales qui se partagent le monde, échangeant sans cesse leurs positions et se disputant les amours de la terre. Nous commençons par adorer l'éclat du jour, mais nous finissons par reconnaître que les joies frivoles sont sans relief dans l'infini et que les plaisirs du moment sont faibles et sans appui. Il faut que nous nous abritions au demi-jour des songes, pour transporter nos affections aux régions inaltérables.

Le 5 juin.

Parfois, du sein de cette nature charmante, je vois se reformer à mes yeux les paysages sévères du Septentrion. Je songe au grand bruit des forêts secouées par le vent, aux lourdes pluies d'orage qui font fumer la terre, aux chaînes de nuées qui roulent rapidement au ciel, au cri sonore des oiseaux de proie, au repos sur l'herbe, à l'abri des buissons, aux soirs fantastiques de novembre, et alors je me prends à regretter la contrée dont je me suis éloigné. Au souffle du souvenir, mon bonheur présent s'envole en étincelles. C'est en contemplant une pâle fleur d'églantier, épanouie sur une large pierre inondée de lumière, que je me suis transporté en esprit dans les sombres forêts. J'ai revu les arbres géants à l'écorce grisonnante, les genévriers groupés aux carrefours, grandes ombres immobiles, les plaines de basses fougères où reluisent les rocs verdâtres, les nobles taillis de hêtres et les fières futaies de chênes. Que le sol du Midi me semble pauvre ! Les plantes languissent sous leurs fleurs et les arbres ploient sous leurs fruits, floraison d'une terre qui se pulvérise. J'aime l'épaisseur, l'humidité, le demi-jour d'une forêt vigoureuse ; les chemins glissants qui se bronzent, les formes bizarres des fonges et des morilles, le ruisseau contournant la racine, les corbeaux qui bataillent sur la cime des chênes, l'impatience du pic-vert interrogeant une écorce vermoulue, et tous les cris indistincts qui éclatent dans la solitude. Quel arôme dans la fraîcheur d'une ombreuse forêt ; quelle puissance dans ses rameaux entremêlés, et alourdis par la sève ; que d'espérances dans cette apparition d'herbes et de plantes sauvages jaillissant en rangs pressés d'une terre qui se réveille ; quelle grandeur aussi dans les bouleversements que l'automne produit en de tels paysages ! La trompe guerrière des vents retentit, la tempête saccage, et l'on est le témoin du grand combat des forces de la nature. O Sorrente, penchée sur ta mer d'azur, ramène-moi aux rêveries paisibles, et éloigne de moi les sombres formes du Septentrion : assez tôt se lèvent pour l'homme les images de deuil.

Le 10 juin.

Pendant que je note mes rêves, accoudé au mur de la terrasse qui domine les vergers odorants des alentours, des joueurs de flûte se sont établis dans le jardin du prince de

Syracuse. L'auditoire se compose d'un vieillard et de trois signorines coiffées de chapeaux de paille coquettement penchés. La barque qui les amène de Capri se balance au pied de la prochaine falaise. Les musiciens se sont levés, ils ont quitté leur estrade, et ils cheminent par les étroites allées en jouant des airs champêtres. Entendre cette musique mélodieuse, en cette saison, sur ce beau rivage, quel charme ! Les joies évanouies se réveillent, les illusions renaissent, plus ardentes ; on aime, on est aimé, on vivra toujours ! Voici que maintenant ils jouent un air triste, les musiciens ambulants ! Je vois défiler le cortége des années écoulées. La première enfance passe comme un rêve ; dix ans crie, folâtre et se roule sur l'herbe avec ses frères onze, douze et treize ans ; quatorze ans s'arrête à regarder fleurir la pervenche ; quinze ans fuit enveloppé d'un voile de pourpre ; seize et dix-sept ans tentent de le suivre ; dix-huit, dix-neuf et vingt ans se donnent la main à travers les pampres de la vie ; vingt et un ans rêve ; vingt-deux ans songe ; vingt-trois ans réfléchit ; vingt-quatre ans tend les bras à toutes ces belles années que le temps porte à l'oubli ! Soudain, la musique a cessé, je me retrouve abandonné, entre le ciel et la terre, seul, en compagnie du printemps, de la jeunesse et des souvenirs. Pourquoi, de même que ces mélodies s'élevant tout à l'heure des vergers, ne m'enivrez-vous pas, vagues bleues qui venez battre le promontoire de Scutolo ? Serait-ce que la monotonie de vos bruits m'enseignerait les destinées fatales ? Ou bien, verrais-je l'indifférence en votre marche régulière, et la brièveté de mes joies en présence de votre éternel labeur ? Le vent emporte les chansons d'amour, et le bourdonnement des vagues oublieuses ne cessera de retentir. Il y a quelques heures, j'allais à la marine de Massa Lubrense ; je cheminais parmi les myrthes et les figuiers, ayant à ma gauche la chaîne des monts Sant'Angelo et à ma droite le golfe de Naples, presque fermé par le cap Misène et les îles. Au-dessus des monts de Pouzzoles, je distinguais d'autres montagnes, séparées des premières par le golfe de Gaëte. Cette succession de golfes et de promontoires fait de la côte d'Italie une merveilleuse dentelure. Des militaires blessés, sortis de l'hôpital de Massa, se traînaient sur les rampes escarpées qui bordent la mer, portant paisiblement les déceptions de leurs rêves d'avenir. Notre patrie est victorieuse, se disaient-ils, mais que sommes-nous devenus, pauvres invalides? Par un sentier rapide, je descendis à la marine pour bientôt remonter vers Capo di Monte. De là je pus contempler le vaste panorama qui s'étalait à mes pieds. Je fus surpris du peu de place qu'occupe la plaine de Sorrente; elle semble un nid de verdure, protégé des vents de l'est et du midi par des collines arides. Des nuages enroulés les uns aux autres me dérobaient les cimes jumelles du Vésuve, et je voyais briller au loin, comme un collier de perles blanches, Naples, Portici et Torre del Greco. Souvent il m'arrive de regarder ce beau panorama, comme je regarderais une aquarelle : je vois une traînée bleue pour la mer; quelques coups de pinceau, d'un bleu plus pâle, pour le ciel ; des marques blanches pour les maisons, les hameaux, les villages. Et cependant, c'est bien le vaste monde qui s'étale ainsi à mes yeux, le monde sur lequel les peuples s'entre-déchirent pour s'en ravir quelques parcelles qu'ils doivent bientôt rendre à d'autres, le monde où se réalisent tant d'espérances et de craintes, le monde enfin qui nous a prêté un corps pour y loger un esprit qui le mesure ! Que nous sommes petits devant son étendue! Si nous étions sur cette chaloupe qui penche sa voile et se laisse en ce moment porter vers Ischia, quel pêcheur de la côte pourrait distinguer d'imperceptibles atomes?

Le 12 juin.

La nature, mieux que les livres, nous enseigne ; pleine d'accents intimes, elle nous révèle à nous-mêmes et montre partout des expressions divines. Les souvenirs et les espérances se ravivent aux paysages que l'on contemple; seul aux champs, les inquiétudes s'évanouissent ; l'âme, rendue transparente, s'apaise par sa confiance en la nature. Accompagné de la foule murmurante des doux souvenirs, on retrouve sa vie dans ces montagnes, ces grands bois, ces collines, ces prés qui deviennent alors comme des images de notre sincérité. On a brisé le joug du monde ; les riens qui captivaient, les paroles discordantes qu'on écoutait d'une oreille trop curieuse, se perdent dans la voix et les harmonies des mondes. On ne la cherche plus, on l'a trouvée, cette paix tant poursuivie. Comme une île dans la mer agitée, au milieu des flots dont les morsures semblent des caresses, on se tient debout en présence du temps, dans le renouvellement perpétuel des formes, n'y voulant voir que le jeu normal de la vie au souffle d'un esprit équitable.

Casamicciola, le 18 juin.

J'ai gravi les rampes de l'île volcanique d'Ischia, par des sentiers qui serpentent autour de rocs émaillés des étoiles d'or du souci. Au strident murmure des abeilles qui se précipitaient aux fleurs du thym, j'ai longé la plage brûlante, cherchant les algues et les coraux pourprés que les flots y amènent. Des enfants sont accourus me demandant la charité. En l'honneur de la fête du jour, je leur fis une distribution de *grani* : cris éperdus, courses folles ! Qu'ils étaient aimables avec leur chevelure en noire broussaille, leur peau brunie par le hâle et leurs regards pleins d'assurance. Leurs pères sont de braves marins qui vont pêcher le thon et le corail jusque sur les côtes africaines ; pour eux, ils vont aux îles voisines mener les étrangers qui montent en leurs barques. Ils me suppliaient d'aller à Capri, à Procida, et m'eussent volontiers mené jusqu'au cap Misène. La journée était sereine ; l'arôme des plantes marines circulait dans l'air et les rayons du soleil dansaient sur la pointe des vagues. Je me décidai pour Procida. A peine sur la barque, je fus porté au large par deux petits rameurs, et le vent d'ouest aidant, nous vîmes Ischia bleuir insensiblement et flotter bientôt au loin comme un pâle fantôme. Nous arrivions sous les falaises croulantes de Procida. Les enfants se hâtèrent d'attacher l'amarre à un tronc d'olivier. L'un d'eux, qui était de l'île, me montra abritée à un angle de rocher, une maison basse que voilait une vigne ; en ce bel ermitage vivait sa mère. Nous montâmes, au chuchotement des flots, vers une terrasse verdoyante, jardin des plus pauvres en cette contrée. L'enfant semblait joyeux que je connusse sa mère et me faisait admirer les plantes de fenouil, de maïs et de giroflées, semées par sa jeune sœur. Sur une table de pierre qu'ombrageait un figuier et qui servait de banc à la famille, était assis un jeune enfant dont la pâleur et l'œil agrandi accusaient la souffrance. *Povero mio Giuséppe, ha molto spirito,* me dit la mère, comme voulant par là détourner mon attention de son état misérable et à la fois donner une consolation au petit malade. *E vero ! E vero !* cria vivement sa sœur attentive, *nostro Giuséppe sa leggere, scrivere ! Ha scritto una preghiera alla Madônna, Signore !* — et, à l'appui de ses

louanges, elle courut me chercher un petit papier rayé de
caractères tremblants. Celui dont on parlait n'avait pas
bougé ; il nous regardait, résigné et confiant. Le charme
d'avoir pénétré dans la vie intime de ces créatures simples
m'accompagna jusqu'à mon retour à Ischia ; la vaine science
de la vie me pesait, et je songeais à ce paradis terrestre, la
naïveté, que tôt ou tard l'orgueil nous fait perdre.

Le 20 juin.

Ce sentier qui descend de Casamicciola au village de
Lacco, je le suivis bien souvent, alors que je séjournais
pour la première fois sous le beau ciel de Naples. L'enchantement qui me troublait me faisait oublier de retracer mes
impressions ; je les savourais dans le secret de mon cœur,
attentif à ce grand et doux paysage, qui éveillait l'harmonieux concert des voix intérieures. Je goûte un mélancolique
plaisir à reconnaître à la fois l'inanité de mes pas sur cette
terre et la durée des empreintes qu'ils laissent en mon âme.
Si tout s'efface, tout se perpétue. Je me suis accoudé au mur
de pierres sèches au pied duquel, chaque soir, les jeunes
pêcheurs viennent chanter à demi-voix leurs barcarolles,
aux sons discrets de la mandoline. J'ai revu les sommets
des Abruzzes et les montagnes de la Campanie, qui prolongent sur l'horizon leur sombre barrière. Je me suis
rappelé ce jour de la semaine de Pâques pendant lequel des
missionnaires venus de Sicile avaient réveillé la ferveur
religieuse des pauvres insulaires. Les fidèles étaient réunis
dans la petite église de Casamicciola ; après la cérémonie
pieuse, ils sortirent en procession, la tête couronnée d'épines
et le corps entouré de liens. Une bannière rougie de sang
et représentant la passion du Christ les précédait. La

Madone, portée par des jeunes filles vêtues de deuil et accompagnée d'un cortége de prêtres, avançait lentement au milieu des pleurs et des sanglots. Les pèlerins, les bras en croix sur la poitrine, marchaient les yeux baissés, répétant d'une voix émue : « O Dio, perdona! » Ils cheminèrent longtemps ainsi sur les rampes des montagnes et par les vallons où la brise de mer semait les fleurs des amandiers. Il y eut un instant où un long gémissement s'éleva de la foule ; des femmes s'évanouirent, des enfants se jetèrent dans les bras de leurs mères, des vieillards s'agenouillèrent sur la berge et les prêtres fondirent en larmes. Le soir, la procession faisait une seconde fois le tour de l'île. On ne distinguait plus les pèlerins, mais au détour des collines, on voyait tour à tour briller et s'éteindre les torches de résine, et l'on ne cessait d'entendre ces trois mots, apportés par le vent de la nuit : « O Dio, perdona! »

Je fus réveillé cette nuit par une chanson qui semblait s'élever du bord de la mer. J'oubliai que j'étais dans l'île d'Ischia et je crus me retrouver dans la plaine de Pise, où souffle ce vent tiède qui abat les pensées d'orgueil et fait monter la vie en formes idéales. Là aussi j'avais écouté cette plainte chantée par des jeunes filles assises devant leur porte à la nuit tombante. Mais la voix s'était tue ; l'obscurité et le silence régnaient dans la vallée ; je n'entendais plus que la confuse rumeur des flots ; et je ne voyais plus, du beau golfe de Naples, que la mer phosphorescente, et de l'île d'Ischia, que la haute cime de l'Epomée montant à travers les étoiles.

Le 18 juillet.

La foule inquiète des villes m'a repris. Ce fut comme le sursaut d'un beau rêve lorsque, m'en revenant de Sorrente,

je me vis assailli par les cris des voiturins de Castellamare,
et que je traversai la plèbe en haillons de Portici pour gagner
mon hôtel par les quais de la Marinella. Le rivage de Sorrente s'est évanoui à mes yeux ; déjà les îles paisibles,
ourlées de l'écume des vagues, vont se perdre dans une
vapeur lointaine. Longtemps je me souviendrai de ces jours
passés à Capri, jours de paix et de bonheur. Tantôt j'errais
sur les falaises, à l'ombre desquelles les pêcheurs dorment
sur leurs filets ; tantôt arrêté sur un plateau où les églantiers
frissonnent à la brise de mer, je contemplais les filles de ces
agrestes contrées, dont les formes sculpturales se détachaient avec netteté sur la pureté du ciel. Je les voyais, un
collier de corail au cou et la taille serrée en leur soubreveste, marcher lentement sur les roches brûlantes en broyant
sous leurs pieds cambrés les plantes de basilic. Lorsque, la
tête chargée de rameaux de laurier et les bras levés pour
maintenir leur fardeau, elles descendent les versants
qui mènent à la mer, elles ont la nonchalance des cané-
phores de bas-reliefs antiques. Les plis droits de leur
vêtement d'insulaires, la réserve de leurs mouvements et le
puissant équilibre de leur attitude expriment l'harmonie
souveraine de la beauté. La régularité de leurs traits et la
couleur unie de leur teint ne laissent point soupçonner la
passion que de telles statues peuvent recéler ; elle ne se
trahit que dans l'éclat du regard ; là seulement la flamme
interne jette ses lueurs. Mais cette ardeur ne s'épuise
point en doux caprices comme aux contrées du nord ;
elle est secrète, condensée par les rayons d'un soleil
dévorant. Rarement le rire frivole déforme les lèvres
reposées de ces femmes, qui semblent noyées dans une
ombre chaude, et dont le sourire plein de langueur est

empreint de la mélancolie de la lumière. Le surplein de la vie les attriste par le charme même des lieux où elles vivent — le brillant soleil ne luira pas toujours, l'existence leur échappera, et peut-être plus que d'autres sont-elles troublées, parmi des images de félicité, du pressentiment de la mort. Qui n'a éprouvé, aux plus belles heures de l'été, le chagrin indicible de se sentir submergé par la sève de la vie universelle? Il m'arrivait souvent d'aller m'asseoir, aux heures brûlantes de la journée, sous un groupe de châtaigniers, près d'une source où venaient s'abreuver les colombes du mont Solaro. Plongé dans le feu dormant de la vie, je laissais mon âme s'élever d'un lent essor. Je ne formulais plus mes pensées ; mon esprit se taisait, laissant la nature parler et aimer pour lui. Ah ! que cet esprit me semblait pauvre alors, avec tous les fiers raisonnements qui l'amusent ! Il marche seul dans son orgueil, tandis que le cœur, lui, a toujours la terre et le ciel pour compagnons. Parfois des jeunes filles d'Anacapri venaient solitairement puiser de l'eau au rocher. Leur silence, l'intensité de leur regard, étaient comme l'expression de l'enthousiasme qu'inspire ce beau golfe où une mer d'azur, captive de ses bords, tressaille entre de hautes falaises chargées de fleurs.

Frosinone, le 21 juillet.

Les marais pontins sont moins désolés que la contrée où je trace ces lignes ; là, du moins, on se sent libre, parce qu'on est voisin de la mer ; ici, l'on est prisonnier des montagnes. Des sentiers sont frayés dans des ravines, parmi les pierres écroulées ; les forêts de chênes, qui servaient de refuge aux bandits, ont été coupées pour la sûreté des voyageurs. Sur les coteaux broutent des brebis grises de la couleur des roches ; le pâtre, enveloppé d'un manteau brun, s'efface dans la bruyère jaunie. Partout le silence et la sauvagerie, une monotonie de couleurs et de lignes qui n'est rompue que par des tours en ruine dressées sur des collines qu'on prendrait pour des tombes. Nul incident, sauf parfois la rencontre d'un montagnard au gilet rouge, armé d'une escopette et chevauchant sur une mule éclopée. On le voit descendre un rapide versant, prendre un sentier louvoyant dans le pré, et disparaître dans les joncs. Hier, venant de Capoue, je m'arrêtai à San Germano et menai ma promenade jusqu'à Rocca d'Evandro. J'y fis la rencontre d'artistes étrangers en excursion dans la contrée. Nous suivîmes ensemble les bords du Garigliano, *taciturnus amnis.* Nous nous étions assis sur la berge, lorsqu'une famille de montagnards, fuyant la misère, s'arrêta à l'angle du chemin. Ils se tournèrent vers leurs montagnes comme pour leur adresser des paroles d'adieu. Pendant que mes compagnons prenaient un croquis du groupe infortuné, je considérais avec chagrin ces pauvres êtres qui s'en allaient ainsi à l'aventure. Il y avait parmi eux un vieillard et trois enfants ; deux hommes, les soutiens de la bande, avaient la *zampogne* pendue au côté. J'interrogeai l'un d'eux : il me dit qu'il s'en allait avec les petites filles, qui étaient ses nièces, chercher fortune en France ; quant au vieux père, il resterait à Rome, pour psalmodier aux jours de fêtes devant les madones. Sur ces entrefaites, à la prière des artistes qui voulaient se divertir, le vieillard chanta une prière à sainte Lucie et les trois enfants se mirent à danser en se balançant et reployant les bras en demi-cercle. Rien n'était navrant comme de voir ces pauvres petites filles feindre la joie, à l'heure où elles abandonnaient leur pays sans certitude de retour. Vers le soir, m'en revenant à San Germano et passant sous le mont Cassin, je vis deux jeunes gens dans le pittoresque costume des *ciociari*. Ils marchaient en silence, l'aîné s'appuyant à l'épaule du plus jeune. Moins heureux que ceux que j'avais vus quelques heures auparavant, ils rentraient en leur foyer, privés des espérances qui avaient soutenu leur départ. L'aîné, dont le regard reflétait le chagrin, m'apprit qu'il avait été rappelé de Paris, où il servait de modèle, ainsi que son jeune frère, dans les ateliers de sculpture ; leur père était mort aux maremmes pendant l'hiver, et leur vieille mère vivait dans la misère, au bourg d'Atina. Les pauvres enfants avaient beaucoup souffert de la dureté des hommes, et à peine avaient-ils amassé quelques piastres en leur voyage lointain.

Albano, le 23 juillet.

J'arrivai à Albano à l'heure où retentissait la fanfare française. Les montagnards des monts Albains, appuyés aux murs des maisons, écoutaient avec gravité. Le courage muet et persévérant se lit sur leurs traits fermes. Leur regard a ce sombre éclat que produit la passion lorsqu'elle s'allie à l'ignorance. C'est un singulier contraste que celui de ces deux peuples, que la musique vient rapprocher pour un instant. Le paysan latin observe d'un œil farouche ces Français si prompts, si alertes, si expansifs. Il se sent humilié devant ce soldat conquérant qui pénètre en ses foyers, et dans les ténèbres de son esprit germe la haine : la fierté impuissante ne combat pas, elle se venge. Je sortis du bourg par une rue escarpée et gagnai le sommet des monts Albains. Je revis au nord la coupole de Saint-Pierre, embrumée par la distance; à l'ouest, vers Ostie, la haute mer fondant ses flots aux nues; à l'est, les montagnes de la Sabine, qui, faisant un demi-cercle, vont rejoindre au sud celles de Frascati. A mes pieds, ondoyait un océan de verdure, la campagne romaine. Je me tournai vers le lac d'Albano et vers l'allée de chênes verts où je m'étais promené aux premières rumeurs du printemps. J'entendis sonner la cloche champêtre de la petite église de l'Ariccia, bourg misérable que le voisinage de Rome n'a pu transformer. S'il est triste de voir avec les siècles périr les œuvres des hommes, il est plus triste encore de voir l'immobilité dans la destruction. Tout est bien qui est dans l'ordre naturel, et l'ordre demande le renouvellement : germer, fleurir, languir, périr, et ne pas tarder à renaître. Mourir, c'est progresser; mais cette mort doit, elle aussi, avoir sa mobilité. Que les pierres ne cessent de s'écrouler pour varier les maisons en ruine, les diminuer, et faire de leurs débris des berceaux; qu'elles ne demeurent pas toujours l'abri muet de pauvres gens qui se pénètrent de leur deuil et produisent une race sombre privée d'espérances! Les ruines, qui ne les admire lorsqu'elles témoignent d'une grandeur passée; mais pourquoi faudrait-il craindre de les frapper du marteau si elles recèlent la misère humaine? Dans le paysage, les masures au toit onduleux et verdi par les mousses, ne peuvent nous plaire que si elles sont désertes. Le sentiment de l'art n'est véritablement grand que lorsqu'il sacrifie ses caprices à la philosophie, qui enseigne l'humanité.

Rome, le 29 juillet.

Après être sorti des joies bruyantes de Naples, je suis venu m'abriter à l'ombre des grands souvenirs; la source en est intarissable; mille objets inattendus se dressent aux regards et nous révèlent les tragédies du passé. Plus on étudie le Latium, plus on est pénétré de la profondeur de son expression. Sur une terre inculte où les ruines s'amoncellent et où les arbres se contournent gravement, on se plaît à évoquer les fières douleurs. On sent plonger les racines de sa vie en cette contrée ensevelie dans les songes, et l'on comprend ceux qui, après avoir méconnu Rome, voulurent y achever leurs jours. Près d'une fontaine antique, ombragée de lauriers, non loin des temples chrétiens et des arcs de triomphe, on s'établirait une demeure qui ferait éclore les graves pensées. L'artiste, le penseur et le religieux s'y formeraient à la méditation. L'idéal de beauté, de justice ou de vertu, qu'ils ne cessent de contempler, leur voilerait la lividité des édifices, pour n'en laisser paraître que la mélancolie. Ne voyant autour d'eux que des formes recueillies, leur réflexion s'affermirait, et ils exprimeraient bien des rêves que la nature mobile du septentrion ne leur eût pas permis de fixer. Mais les images riantes sont les premières à nous séduire : nous trouvons l'ennui où réside la grandeur; plus tard, la réflexion se forme pour pâlir et dissiper des impressions qui n'avaient point un ferme appui. Ce même jugement hâtif, nous le portons sur l'humanité. Que de fois nous nous détournons des esprits sévères, pour n'avoir pas su y découvrir des vertus, fruits de douleur et d'amour, que souvent ils recèlent !

Le 30 juillet.

Je suis entré, à la nuit tombante, dans l'église Saint-Louis des Français. Une foule de femmes et d'enfants emplissaient les nefs. La pénombre qui régnait déjà dérobait à mes regards les fresques et les ornements des voûtes. L'immobilité de l'assemblée, le frôlement des pas des derniers arrivants, la sonnerie de l'angelus, les dalles marquées de caractères à demi effacés, me plongèrent insensiblement dans le vague royaume des Ombres. *Evolant anni...* Je croyais entendre l'hymne de douleur que chantèrent tant de voix oubliées ; je pensais à toutes les créatures de cendre qui avaient prié à la place que j'occupais, et avec lesquelles ma poussière serait bientôt confondue. Le temps nous presse, dénouant de son souffle continu les liens de nos affections. Ce jour terrestre n'est qu'une entre-nuit dans laquelle nous passons avec la rapidité d'une flèche ; et cette vie, la voici qui déjà se dissout dans la nature transformante. Le bruit de la foule qui s'écoulait lentement me tira de mes songes. J'allais à mon tour m'éloigner, quand le mausolée que François de Châteaubriand érigea à la mémoire de Pauline de Montmorin attira mes regards. C'était cependant pour cette infortunée, dont j'avais lu les dernières lettres quelques heures auparavant, que j'étais entré dans l'église Saint-Louis des Français. Je voulais voir les traits de cette femme charmante que le souffle du malheur atteignit si jeune ; mais la nuit était descendue sur son image, et à peine pouvais-je distinguer un fantôme de marbre, blanchissant dans les ténèbres. Vingt-quatre années après sa mort, le poëte de Combourg venait ici répandre des larmes.

« En 1827, écrit-il dans ses mémoires, je visitai le monument de celle qui fut l'âme d'une société évanouie ; le bruit de mes pas autour de ce monument muet, dans une église solitaire, m'était une admonition. Je t'aimerai toujours, dit l'épitaphe grecque ; mais toi, chez les morts, ne bois pas, je t'en prie, à cette coupe qui te ferait oublier tes anciens amis. »

Frascati, le 3 août.

J'ai passé la soirée à errer dans les vastes jardins de la villa Mandragone et du palais Aldobrandini, où des escaliers, ornés de balustres et de statues de marbre blanc, brunissent à la vapeur des cascades et à l'ombre des platanes. Toutes ces beautés ternies remplissent cette solitude de la voix des absents et de pensées d'exil. Je suis revenu au bourg pour reparcourir la vallée Albana ; un moineau sautillait sur la tombe moisie de Lucullus. J'ai bientôt gravi l'escarpement qui mène à l'abbaye de Grotta Ferrata. C'est ici que l'illustre ami d'Atticus avait une de ses splendides demeures, autrefois propriété de Sylla. Cette maison de campagne fut démolie, et lui-même, par les intrigues de Clodius, obligé de s'expatrier. Mais lorsque les vœux de ses concitoyens l'eurent rappelé, Tusculum fut rebâti aux frais du trésor public. Le grand banni fut si charmé de cette marque d'estime que, dans une lettre confiée à la prudence de l'amitié, il s'écrie, qu'à ne considérer que les intérêts de sa gloire, il eût dû, non pas résister aux violences de Clodius, mais les rechercher et les acheter. Qu'est devenu aujourd'hui Tusculum si généreusement rebâti et si plein jadis du témoignage du goût artistique de son illustre possesseur ? Quelques colonnes de marbre venues de Grèce sont les seuls restes de l'antique villa ; des murailles crénelées se dressent où s'arrondissaient d'élégants portiques, et la ciguë agite ses feuilles dentelées où fleurissaient de riants parterres. Parlerai-je de la gloire de celui qui fut à la fois l'un des grands orateurs et des grands philosophes du monde ? Parlerai-je de sa vie domestique, des tourments que lui forgeait sa sensibilité, et de sa profonde et légitime douleur lorsqu'il vit la République étouffée par l'astuce et l'audace des triumvirs. Tardif voyageur, je ne pourrais rien dire qui n'ait été noblement exprimé par des poëtes ; je ne pourrais rien décrire qui n'ait été retracé par le pinceau des maîtres. Que viens-je faire ici, sinon peupler ma pensée de quelques ombres de grandeurs évanouies ? Ces vallons où chevrotte la zampogne du pâtre ; cette campagne ondulée par les tertres et qui cache tant de débris sous son manteau d'ivraie ; ces fontaines qui chuchotent dans les ombrages des palais abandonnés, perpétuant avec leur murmure la plainte secrète des âmes ; ces sombres buissons de myrtes et de lauriers qui se dressent aux talus des chemins creux et aux versants des roches ; ces nuées stagnantes qui couronnent l'enceinte déserte comme d'un funèbre diadème ; cette terre pétrie de sang et de larmes, noircie par la cendre de tant de morts ; cette vaste basilique se levant sur l'horizon, pareille à une coupole de brume qui recèlerait sous sa voûte mystique tous les cœurs qui palpitèrent ici : que d'aliments aux rêveries profondes ! Nulle vie, nulle voix, nul souffle de vent ne vient rompre le cortège des grands souvenirs. Le soleil, se levant derrière les monts de Palestrine et déclinant vers la plage d'Ostie, n'éclaire qu'une étendue déserte et assoupie. Les glorieux fantômes montent lentement du paysage austère et de toutes les collines tombales qui mouvementent l'immense plaine. Par une forêt de chênes, j'ai atteint Monte-Cavi. Tarquin le Superbe y avait élevé un temple à Jupiter Latial. Quelques pavots qui dressent leurs têtes rouges sur la terre sèche rappellent le prince orgueilleux qui devait faire germer la République sur le sein sanglant de Lucrèce. Près de Marino, verdoie encore le bois Ferentinus, où les peuples confédérés tenaient leurs assemblées guerrières. Vers le couchant, le regard va mourir sur les rivages infréquentés qui terminaient le pays des Laurentins. C'est de là que le père de Lavinie apercevait un jour la flotte troyenne fendant la haute mer et tournant ses proues vers le Tibre. Enée venait renouveler pour la ville de Latinus les malheurs d'Ilion. Le poëte Mantouan a chanté ces combats qui transformèrent en une arène de carnage la campagne qui s'étend des monts de Tibur à ceux d'Albe-la-Longue. Il a décrit comment croisèrent leurs glaives et s'entre-lancèrent leurs javelines cent peuples d'origines diverses, Troyens, Tyrrhéniens, Arcadiens, Thraces, Volsques et Rutules; comment succomba le jeune Pallas, fils d'Evandre, et comment Turnus, en un combat singulier, exhala son âme valeureuse. Après des milliers d'années, on écoute encore le gémissement des femmes autour des bûchers funèbres où se consument les corps des jeunes guerriers; on revoit, à travers les cyprès, la fumée et la flamme qui s'élevaient de Laurente incendiée.

Le 4 août.

En m'éloignant de Rome, je vois fuir la chaîne de la Sabine, et dans la plaine, le Soracte, grand cône isolé surgissant au milieu du vaste paysage. Je côtoie le lac de Bracciano, bordé de collines boisées; les vallées sont longues, étroites, emplies de vapeurs marécageuses. Je traverse la sombre Viterbe, pour monter vers Montefiascone et bientôt descendre au lac de Bolsena, d'où émergent les îles de Bisantina et de Martana. De loin en loin, sous les lourds rameaux des chênes, on aperçoit des ruines étrusques ; leurs larges blocs de pierre, qui semblent avoir été amoncelés par le bras des Titans, se disjoignent sous la sape obscure et continue des heures. Combien d'événements s'accomplirent en ce sévère pays, depuis le temps où l'Etrurie florissante répandait dans l'Italie les sciences et les arts de l'Orient ! Les hommes se succèdent, et l'herbe pousse drue et muette sur les chemins qu'ils ont foulés. Aujourd'hui, plus une trace de tant d'êtres disparus : Pélasges, Romains et Barbares sont glissés au même abîme. Que de créatures traînèrent leurs pas sur cette route déserte ; que de découragements et d'espérances se croisèrent ici ! Le pèlerin recueilli allant à Rome demander des indulgences et l'artiste y allant chercher la renommée se seront rafraîchis à cette source que je vois perler dans l'herbe. A mon tour, je viens mettre les pieds sur une terre qui ne gardera pas mes traces ; je passe comme une ombre à travers les monts, les vals, les plantes sauvages, et je regarde le diorama que le temps me déroule comme un rêve flottant qui doit bientôt s'évanouir. Ainsi songeais-je quand des mendiantes courbées par les ans cernèrent ma calèche en poussant de longs murmures : *Ah ! signóre, dátemi una piccola monéta, per l'amóre di Dio !* — C'est aussi par pitié pour votre misère, vieilles infortunées, que je vous la donne ! Je continue à suivre une ombreuse vallée que la *mal'aria* dépeuple. Aux versants des roches, les fougères balancent leurs palmes délicates au-dessus des touffes de genêts ; les pavots fleurissent le long des berges ; des troupeaux de buffles s'enfoncent dans les prés humides parmi les saules bizarrement groupés, et vont s'abreuver aux torrents. Au soleil couchant, les brouillards se répandent dans les ravins, et les crêtes ébréchées des collines nagent, comme de grandes carènes, dans une auréole de vapeurs. Au delà d'Acquapendente, la contrée devient stérile et des bourgs misérables confondent leur couleur terreuse avec celle des montagnes volcaniques au pied desquelles ils sont blottis. Un jour de vie s'est écoulé, et j'atteins Radicofani. Demain, je serai à Sienne.

Sienne, le 6 août.

La vieille cité, dont les maisons se groupent sur trois collines, s'annonce au loin par la tour del Mangia, qui porte dans les airs sa plate-forme crénelée. La cloche qui appelait aux armes les citoyens y dessine encore son noir contour. La place del Campo, creusée en conque, fait à ce svelte beffroi une cour d'honneur. On parcourt, dans l'ombre de vieux palais, des rues tortueuses où noircissent des sculptures de Jacopo della Quercia. J'ai traversé le péristyle de l'ancienne église San Paolo ; sur des bancs de marbre sont sculptées des figures de patriarches tenant l'épée d'une main et de l'autre le Saint-Livre : des têtes coupées gisent à leurs pieds. Au cloître de San Spirito, j'ai admiré la fresque de frà Bartolommeo, la tête d'ange au regard plaintif qui se tourne vers la croix, et dans la chapelle Fonte Giusta, une blonde sibylle montrant le ciel à l'empereur Auguste, qui lève la main d'un geste émerveillé ; au-dessous, on lit : « Baldassare Peruzzi delineavit et pinxit. » Qu'il y a déjà loin de cette peinture aux images byzantines ! Je venais de parcourir la galerie des premiers peintres mystiques. J'avais vu, de Guido, les christs émaciés ; de Duccio, les madones langoureuses, recueillies dans la volupté spirituelle ; du Vecchietta, des figures noirâtres fuyant en un fond d'or, et qui nous apprennent que la créature n'est que fange sur la lumière du ciel; de Fredi, des anges éplorés qui mendient la pitié; d'Ambrôgio Lorenzetti, des saintes au regard intense, enfiévré par le chagrin; de Lippo Memmi, le grand triptyque, où la douleur semble voltiger sur des ailes de séraphin; de Diotisalvi, de sombres portraits reflétant les siècles de terreur religieuse. Ces têtes d'enfants fléchies par le songe, ces yeux étroits d'où l'âme captive cherche à s'évader, ces bras que le poids d'une fleur pourrait briser, ces frêles poitrines qui semblent étouffées par les soupirs contenus, et tous ces corps grêles qui ont grandi dans l'aspiration surnaturelle, ne sont-ils pas la plus poignante expression du sacrifice de l'esprit au sentiment divin? Cependant, parmi ce monde de fantômes, quelques figures de vierges montrent les beaux contours que la sculpture, devancière de la peinture, avait déjà reproduits. Je suis allé au Baptistère, au bruit de mes pas dans les rues désertes; j'avais passé devant un sombre palais dont les lampadaires et les anneaux de bronze fixés dans les pierres ébréchées, étaient à demi descellés. Là demeurait un contemporain de Machiavel, Pandolfo Petrucci, l'astucieux chef de la République. Pendant que je contemplais les sculptures de Ghiberti et les fresques obscurcies de Vecchietta, un orgue répandit sous la coupole sa musique de paix. C'étaient ces mêmes mélodies qui retentissaient autrefois, lorsque les épées féodales jetaient leurs sanglantes lueurs parmi les peuples terrifiés. Par un large escalier, j'ai gagné la place du Dôme; cet édifice n'est qu'un fragment de la vaste cathédrale que les proscriptions et les fléaux qui dépeuplèrent la cité ne permirent pas d'achever. Des arceaux isolés indiquent encore le premier dessin. La façade de Giovanni Pisano,

vue de profil, est pleine de mouvement : les animaux
héraldiques des gargouilles semblent s'élancer sur le passant, et les frêles clochetons élèvent vers le ciel une
légion de saints sculptés. L'intérieur est grave, malgré la
bizarrerie des marbres noirs et blancs alternés ; les piliers
en faisceaux de colonnettes sont plongés dans la pénombre,
et les vitraux historiés des fenêtres envoient leurs reflets
embrasés aux voûtes bleues étoilées d'or. Les regards
s'abaissent sur de grandes dalles gravées par des artistes
du xv° et du xvi° siècle. Près du chœur, Beccafumi a
marqué en contours, parfois d'une pureté grecque, les
scènes meurtrières de l'ancien Testament. Dans les nefs latérales, les dix sibylles qui, dit-on, annoncèrent la venue du
Christ, sont d'un dessin magistral. La sibylle Phrygienne,
qui prophétisait à Ancyre, entend la voix sombre de l'Esprit ;
elle appelle les rois au tribunal de Dieu, menace de flammes
les impies, et annonce aux justes une vie nouvelle. J'ai
foulé des pierres gravées qui sont l'image symbolique de
notre vie : l'Enfance joue dans les prés ; l'Adolescence
rêve ; la Jeunesse chasse, le faucon sur le poing ; la
Virilité médite, penchée sur un livre ; la Vieillesse chemine
vers une tombe entr'ouverte ; mais, durant ces divers âges,
on voit croître une même fleur, emblême de la vie spirituelle. Dans la *Libreria,* au-dessus des graduels et des
antiphonaires, qui furent feuilletés par tant de mains
aujourd'hui en poussière, les fresques du Pinturicchio
retracent les honneurs rendus à Æneas Sylvius Picco-
lomini, qui devint Pie II. Le chrétien considère avec indifférence ces vaines ombres d'une ombre. Parmi les cavaliers
qui escortent le glorieux prélat, on reconnaît le disciple
du Pinturicchio, Raphaël, très-jeune alors ; sa blonde

chevelure nazaréenne tombe en boucles sur ses épaules
nues. Quelques heures plus tard, j'étais au parc de la Lizza
où les branches des ormes et des chênes agitent leurs
ombres sur des statues de dieux. De la haute terrasse qui
borde les remparts, ma vue embrassait un vaste horizon
de collines cultivées. Je distinguais, au loin, la tour des
Florentins, qui monte d'un fourré d'oliviers et rappelle
les combats sans merci que se livraient les guelfes et les
gibelins. Le temps n'est plus où le guerrier superstitieux
s'exaltait dans sa haine solitaire. Lorsque je rentrai en ville,
le peuple heureux était répandu par les rues pour jouir
des heures sereines de la soirée ; depuis longtemps étaient
oubliés les événements tragiques dont ses ancêtres furent
les victimes.

Florence, le 10 août.

J'ai monté les premières pentes de l'Apennin, me dirigeant
vers Bologne. Pistoie étale dans la vallée son carré de
maisons grisâtres ; la voie, qui ne cesse de serpenter, la
fait tour à tour paraître et disparaître aux regards ; son
baptistère de marbre blanc étincelle dans l'air pur. Çà et là
une modeste villa, à demi voilée par les pampres, se découpe
sur un bosquet de cyprès. On distingue au loin le grand
parc orné des statues que Puccini consacra aux gloires de
sa patrie. C'est en ces montagnes que Catilina vint racheter
les crimes de sa vie par une mort glorieuse. Au delà de
Pratolino, on entre dans la grande solitude. Les rameaux
des châtaigniers s'entrecroisent, les fougères deviennent
lumineuses, les genêts resplendissent aux angles des
rochers. A mesure que l'on monte, la froidure augmente,
et l'on passe ainsi en quelques heures d'une saison à une

autre ; sous le ciel serein le givre argente le lichen, et l'on n'éprouve que le charme des jours d'hiver. On côtoie des précipices et des rampes de pierres rougeâtres où tremblent de menus feuillages. Les ponts, les viaducs, se succèdent au-dessus des vallons étroits. Partout l'eau transparente réfléchit quelque lambeau des nues. Ici, tombant de pierre en pierre, elle descend un escalier de mousse ; là, bouillonnante, elle fait une chevelure poudrée aux roches qui résistent à son cours. J'aperçois, au détour du chemin, une berge bariolée de fleurs que les folles brises auront semées ; la porte verte du métayer chante sur ses gonds, comme pour dire : « Repose-toi ici, voyageur. » Je regardè la déchiqueture bizarre des fauves rochers, la noire anfractuosité qui pleure, les passerelles faites de troncs d'arbres, qui mènent à des chaumières isolées, le scintillement des feuilles vernies par le soleil, le carrefour où une rangée de trembles agitent leur blanc feuillage, la croix noire clouée au tronc du hêtre, la mendiante qui ne me connaît pas et qui pourtant m'appelle : « carissimo signore, » le hameau avec ses enfants étonnés, et ses vieilles mères assises devant leur porte, dévidant leur quenouille. Au pied de la côte, où les buissons sont précédés de leur ombre grimpante, je respire le parfum du foin qu'on amoncelle ; je regarde au loin, par-dessus les épis, monter et descendre les chapeaux des faucheurs alignés ; je contemple les nuages blancs çà et là arrêtés à la voûte bleue du ciel, comme une broderie de laine d'agneau sur la robe de la madone, et la méchante roche grise qui y enfonce une dent... mais la voiture, qui roule toujours, nous mène à l'autre village ; l'épeautre barbue hoche la tête sous les cerisiers rouges de fruits, les chars de bois se reposent au soleil, près de l'étable, pendant que les poules regagnent en gloussant le perchoir, et qu'un enfant s'essouffle à traîner, on ne sait où, une branche brisée. Voyez maintenant par quel caprice cette vallée s'élargit, comme ces collines s'éloignent gracieusement, comme, en s'éloignant, elles amollissent leurs contours, et se fondent dans l'azur du ciel ! Hélas ! voici deux vieillards qui se coudoient tristement et se saluent sans s'arrêter ; ils disparaissent derrière la haie que la mort a roussie. Comme il est doux de parcourir un profond chemin, magnifiquement pavé de l'ombre des charmilles mêlée aux traînées d'or du soleil ; de regarder le torrent qui allonge les herbes couchées, le moulin tapageur, les meules énormes que les chars ramènent lentement à la grange, les saules groupés au giron de la vallée, les flèches dormantes des peupliers, la chapelle de pierre et ses trois châtaigniers. Arbres éparpillés des collines, que je vois diminuer sur l'horizon, pourquoi avez-vous une autre perspective que celle de mon âme, qui grandit jusqu'aux nues les amis dont je m'éloigne? Par une jolie plaine semée de villas qui, au soleil couchant, semblent de larges topazes, j'arrive à Bologne ; j'y rassemble ces notes, si futiles qu'elles soient, ne sachant à quel regard je les destine : ainsi s'enfuit l'existence, entrecoupée par le songe et la réalité.

Le 14 août.

Le jour se lève à l'heure où je pars pour Mantoue. La pâle dorure des premiers rayons du soleil commence à se jouer sur les feuillages encore endormis, la rosée perle aux tiges d'herbe, les fauvettes se mirent à l'écorce humide des arbres, et le matinal encens des plantes monte religieusement au ciel. Des bœufs blancs, traînant une charrue, et paisibles sous l'aiguillon qui les presse, s'en vont au labour, à la chanson du socle sur la terre desséchée. La route est bordée de fossés où l'on fait rouir le chanvre ; ils s'allongent comme des sépulcres verts, et les glaives recourbés des roseaux sont reflétés dans leurs eaux stagnantes. J'admire l'éclat et la bigarrure des vêtements des femmes agenouillées aux lavoirs. On entend, dans l'ombrage des jardins, bruire des fontaines. Je tente de m'éblouir en me mêlant à vous, arbres, sources, plantes variées qui bordez mon chemin : arbres muets, agitez vos rameaux ; et vous, fraîches fontaines, jaillissez en gerbes plus brillantes, si vous m'avez compris ! Les paysages variés continuent à fuir ; les montagnes pierreuses ont disparu ; de longues rangées de peupliers, les dieux termes d'aujourd'hui, s'entrecroisent dans un océan de verdure. Le ciel s'accorde avec cette nature étendue ; il se prolonge sur l'horizon sans paraître vouloir le fermer ; l'hirondelle, cette élégante mouette des prés, fait la chasse aux moucherons, en rasant les hautes herbes. Nous longeons de vastes marais diaprés de fleurs ; les joncs s'inclinent à la brise, et la mouche de proie, la libellule, volant d'un trait rapide, vient y étaler ses ailes métalliques. Après avoir franchi le torrent du Panaro, nous traversons Modène, ses rues désertes à portiques bas et délabrés, et nous passons au pied de l'élégant campanile de la Ghirlandina. Bientôt, par une plaine arborée, nous atteignons les rives du Pô, qu'il faut passer en bac avec tout notre équipage. Le fleuve roule avec majesté la nappe de ses eaux tranquilles. Au delà, s'étend une prairie immense, où une forêt de peupliers hérissent dans le ciel leurs cimes uniformes. Voici le soir, et avec lui, le repos, la fraîcheur. Les marais noircissent, les vergers s'immobilisent, et le silence se répand sur les terres. Nous sommes à Mantoue, ville aux petits ombrages, presque noyée dans les lacs du Mincio. Quel aspect triste et solitaire ! De ces belles eaux, le Cygne immortel s'est envolé.

Vérone, le 18 août.

J'avais suivi les rives de l'Adige, songeant à l'église San Zénone, au fils de Charlemagne dormant à son ombre, à tant de lointaines aventures dont j'avais vu les traces, lorsque m'étant détourné du fleuve pour gagner la solitude de Gargagnano, je vis passer au versant de la colline une bande de *Zingari*. Le triste cortége était formé de femmes chargées de nattes et de corbeilles d'osier et suivies de leurs maisons roulantes, que traînaient de jeunes garçons déjà ridés par les fatigues. Des figures échevelées se montraient aux lucarnes des voitures ; entre les roues cheminaient des chèvres qui mêlaient leurs bêlements aux gémissements des essieux. La poussière qui s'élevait de la voie m'eut bientôt dérobé la vue de ces misérables qui, cherchant la liberté, ne trouvent que l'esclavage. J'arrivai à l'entrée d'un vallon où descendait un étroit sentier. Quelques ormes ombrageaient une pente de gazon. Là était assis un vieillard aveugle près d'un char attelé d'un grand chien. Il semblait perdu dans un recueillement serein, et, de ses lèvres entr'ouvertes, on voyait monter la prière. Par delà le vallon, le long d'un ruisseau, une pauvre enfant à peine vêtue, pâlie par la misère et les aventures, courait, une serpe à la main, coupant des joncs et effrayant les petits oiseaux qui revolaient au bois. Quand elle eut cueilli sa gerbe, je la vis revenir vers le vieillard, à travers les herbes mouillées. Comme échappée à un péril, elle marchait avec abandon, et souriante, chantant un air de son pays. Toi qui chantes du sein de la misère, je t'admire, infortunée : la lumière de l'idéal, ta chanson la fait jaillir de la terre ténébreuse !

Le 24 août.

Oublierai-je ces belles soirées que je passe sur la place Brà dans la plus enivrante saison de l'année? Oublierai-je ces longs promenoirs de pierre près desquels je viens m'asseoir avec des jeunes gens qui ne seront peut-être que des amis d'un jour? Je vois passer le monde de Vérone, de grandes et nobles figures d'hommes, où le songe du nord se marie à la passion méridionale, et de fières jeunes filles dont le regard contenu accuse la profondeur de l'âme. Comment ne pas se sentir heureux en ces heures sereines d'un soir d'été, lorsque la brise rase la terre d'un souffle léger, que le ciel blanchit de myriades de diamants, et que la bruyante fanfare d'un orchestre nous transporte à ses sauvages accords! Nous volons à la conquête de toutes les joies, et notre âme éblouie transfigure le monde où nous vivons. Ces pittoresques maisons de la place Brà nous entourent comme d'un merveilleux décor; elles semblent s'être ainsi rangées pour encadrer nos rêves. Et ce sombre amphithéâtre, le colysée de Vérone, dont l'ombre nous vient pénétrer, ne donne-t-il pas un plus grand charme à notre enivrement? Le sentiment d'amour, qui se complaît aux impressions graves, se lasserait bien vite d'un tableau sans ombre. Aussi, quelle fiévreuse mêlée de désirs agite ceux qui viennent en une soirée d'été errer sur cette place fantastique. Voici un ciel d'un bleu sombre qui rayonne de mondes immortels... dans quel astre ceux qui s'aiment se retrouveront-ils? Voici une vaste arène, comme abîmée en ses remords; ses gradins sont déserts : sanguinaires spectateurs et infortunés acteurs se sont rejoints. Ces maisons, Goths, Saxons, Lombards, les ont habitées, et dans cette foule variée l'on voit briller des regards qui dévoilent la diversité

des races. Aux sons de cette musique allemande, pourquoi
devenir pensifs, jeunes gens au regard si finement triste, si
douloureusement aimant? N'est-ce pas que les anciennes
races de l'Italie se reflètent en vous, et toute l'exquise civilisation d'une société anéantie? Autrefois les maîtres, vous
êtes aujourd'hui les esclaves, et c'est sous la surveillance de
l'étranger qu'on vous oblige à vivre (1). Mais toi, pâle enfant, tu t'arrêtes enchantée à cette harmonie d'outre-monts :
ce sont les chants de tes ancêtres. Au clair azur de tes yeux,
qui rend ta pensée vaporeuse comme les horizons de la mer,
j'ai deviné ta patrie, et je vois tes aïeux se promener le long
des grèves des mers du Nord, au bruissement indistinct des
vagues. La nuit me surprend en ces rêves ; je regagne mon
hôtel des rives de l'Adige en passant près des tombes des
Scaliger, pressées les unes aux autres, et enfermées en un
grillage de fer où figure l'échelle de leur blason. Là, dorment
en paix l'assassin et sa victime, Can Signorio à côté de Can
Grande. Leurs armes, désormais impuissantes, y sont aussi
couchées.

Venise, le 27 août.

Du campanile Saint-Marc, la vue s'étend sur les lagunes.
Au midi, quantité d'îlots et de constructions sur pilotis surgissent de la mer miroitante. La presqu'île de Sainte-Marie
du Salut s'avance vers l'île Saint-Georges, dans les eaux du
canal de la Giudecca. La mer est sillonnée de gondoles ; elles
vont et viennent, effleurant le seuil des maisons. Non loin du
quai des Esclavons, s'élèvent le palais byzantin des doges et les

---

(1) Ce journal fut écrit plusieurs années avant que l'Italie eût recouvré
son indépendance.   (NOTE DE L'AUTEUR.)

deux colonnes de la Piazzetta, l'une surmontée du lion ailé de Saint Marc, l'autre de Saint Georges, debout sur le crocodile ; vers le couchant, s'étend le carré long de la place, où trottinent, les ailes croisées, des centaines de pigeons bleus, hôtes de la ville ; à l'est, se dessinent les cinq coupoles massives de la basilique ; autour de soi miroitent les lagunes qui s'enfoncent au nord vers la chaîne des Alpes tyroliennes. Lorsqu'à la nuit tombante on se promène par la ville, soit qu'on parcourt ses rues tortueuses et ses petites places, soit qu'on glisse en gondole à l'ombre des murs vieillis, ce qui étonne c'est le profond silence, que troublent par intervalles les hèlements des gondoliers au détour des canaux, et les clapotements de l'eau au seuil des palais déserts. Mais ce n'est pas cette paix que l'on goûte aux champs, c'est le calme inquiet du mystère, la stupeur d'une cité épouvantée, dont les maisons semblent s'observer avec effroi, comme si la salle des délations n'était pas depuis longtemps fermée.

Le 28 août.

La nuit s'est écoulée sur mes impressions du soir, et c'est le soleil ardent qui me transporte au pays des songes. Il faut contempler la reine de l'Adriatique alors qu'elle flotte dans son horizon illimité, suspendue entre de blanches nuées et les vagues légères où tremble sa merveilleuse image. Aucune ville n'est comparable à cette cité féerique ; l'esprit gothique et le génie oriental viennent s'y unir en un embrassement lumineux ; rien n'apaise plus agréablement la pensée que le calme des têtes vénitiennes et que la touchante grandeur de monuments sévères égayés par des eaux resplendissantes. Au palais ducal, j'ai monté de gigantesques escaliers de marbre ornés de statues de bronze, pour aller contempler les œuvres du Giorgione et du Tintoret. C'est non loin de ces salles souverainement belles que les Plombs et les Puits virent languir des prisonniers dont le seul crime était d'avoir aimé leur patrie. On montre encore, dans un corridor souterrain, le billot marqué de coups de hache, où tant de martyrs de la tyrannie posèrent la tête. Les victimes étaient glissées à la mer par un soupirail au bas duquel les attendait la barque funèbre. Je me suis longtemps promené sur le pavement ondulé de la basilique byzantine, assombrie par ses richesses et noyée dans la lumière violette des vitraux. Par la porte entre-bâillée, j'entendais les pas lents des promeneurs de la place Saint-Marc, et des voix joyeuses retentir sous les arcades du péristyle. J'ai reparcouru le quai des Esclavons, et je me suis assis près des piliers de bronze de la Piazzetta, où flottaient autrefois les étendards de la République. Des gondoles, recouvertes de leur *felze* de deuil, se balançaient au pied du Môle ; sur l'une d'elles, un gondolier au béret noir appuyé sur son aviron, chantait une barcarolle. Sa silhouette penchée se profilait sur l'horizon bleu, et il semblait suspendu dans les nues. Ses paroles se perdaient dans la brise qui courait sur la mer argentée :

Sospiri miei dolenti quanti siete,
Partitevi da me......

●

Le 29 août.

J'ai abordé l'île Saint-Georges et visité son église, desservie par un vieux prêtre et un jeune lévite. Ils vivent là pieusement, loin des voix du monde. Leur gondole, montée par un serviteur fidèle, va chaque jour à la ville pour y chercher les provisions. J'errais dans l'église déserte, admirant les toiles du Tintoret qui ornent les autels, lorsqu'une porte du chœur s'ouvrit sans bruit. Je vis un jeune bénédictin traverser la grande nef pour s'aller agenouiller dans un coin obscur du temple. Son corps était noyé dans l'ombre d'un pilier, et je ne distinguais que sa tête, empreinte de tristesse et de résignation. Les illusions terrestres ne rayonnaient plus sur ce front pâle, auquel l'amour de l'idéal avait donné une expression d'austérité prématurée. Quel adolesçent n'a rêvé pour lui-même une de ces vies contemplatives dont tous les instants se passent à se complaire en un idéal de vertu ou de beauté? Noble ivresse de l'âme que l'on ne goûte qu'aux années où la sève de la vie surabonde, alors qu'on se sent comme divinisé par sa fierté et son amour. Le soir, débarqué à l'asile d'aliénés de San Servolo, je parcourais son hôpital, marchant entre deux rangées de lits, d'où s'élevaient les bustes pâles de pauvres malades qui cherchaient vainement la pitié et l'affection dans les regards curieux des étrangers, et triste, je regagnais bientôt ma gondole, amarrée à l'escalier du jardin. Le soleil couchant brillait sur les lagunes, dorant les îles Saint-Georges et la Giudecca, et faisant reluire la sévère façade du palais des Doges. Je voyais fuir le Lido, bande de verdure à fleur de mer; là, Byron vécut des jours d'ivresse; alors, dans l'ardeur des passions, le poëte fantasque prodiguait son génie et sa vie. Avec le pressentiment de sa fin prochaine, il avait indiqué, par delà les collines gazonneuses du Malamocco, l'endroit qu'il destinait à sa sépulture; mais le destin ne permit pas que sa dépouille reposât sur la terre d'Italie, et qu'un passé frivole insultât à la majesté de sa tombe.

Le 3 septembre.

Plus que les esprits, les âmes me captivent ; j'aime à contempler leurs transformations ; j'étudie avec charme et douleur les blessures qui marquent les cœurs que l'expérience a meurtris. Me promenant sur les mousses flétries où les feuilles de l'autre année pleuvent à petit bruit, j'évoque le souvenir de tant d'êtres connus et j'en peuple ma solitude. Je me les représente aux diverses années de leur vie, voyant se transformer les expressions de leur âme et m'affligeant à leurs chagrins comme à leurs rébellions. Les uns, que j'ai connus folâtres, glissent aujourd'hui sur la pente des songes ; d'autres, qui dans leur adolescence étaient téméraires, sont devenus craintifs aux froissements d'une existence malheureuse ; mais le plus grand nombre, par le progrès des jours, ont perdu leur simplicité ; en cherchant à paraître, ils se sont dépouillés de leur première nature ; aux paroles de confiance ont succédé des discours d'ironie, et l'on chercherait vainement un rayon d'amour en ces esprits sceptiques. Actifs et joyeux, ils semblent enflammés d'ardeur ; ils sont froids néanmoins, agités d'une vie artificielle. Je vois ainsi se transformer la nature humaine, au gré d'une volonté souvent mal régie. La stabilité, je ne la rencontre qu'en ces cœurs justes qui, par leur indépendance, ont gardé leur sincérité. Les flèches du destin, qui ont pu les atteindre, ne les ont point dénaturés, et en quelque âge qu'ils parviennent, leurs traits restent éclairés par la lueur de l'idéal. La contemplation de ces variations des âmes, auxquelles bien peu d'hommes échappent, serait navrante si on n'entrevoyait pour l'humanité un avenir plus heureux où le cœur, reprenant ses droits, rompra avec l'esprit de vanité qui l'abuse. La trempe des

caractères s'accroîtra à mesure que se fortifiera le spiritualisme, qui les rendra supérieurs aux événements. Pénétré du
sentiment de l'immortalité, l'homme vivra davantage dans
l'avenir en se rendant utile dans le présent. Le temps et
l'expérience seront alors impuissants à défigurer les âmes ;
l'homme, sous le regard de Dieu, vivra activement et modes-
tement, dans la floraison d'une espérance qui ne pourra
défaillir. Les corps s'élèveront pour tomber un jour en
décadence, sans affaiblir les caractères et éteindre l'enthousiasme des cœurs. Ce serait le triomphe du sentiment de la
fraternité : sera-t-il jamais complet sur cette terre en proie
à tant d'adversités ? — Nous voulons nous grandir à cette
seule espérance.

Ile Saint-Georges, le 16 septembre.

Je lisais Théocrite lorsqu'une grande voile, cinglant vers
le midi, vint à paraître par delà le Lido. C'était un vaisseau
marchand qui allait passer le canal d'Otrante et voguer vers
l'Archipel grec. J'eusse voulu pouvoir l'aborder, et me
transporter aux contrées de lumière chantées par tant de
poëtes, aux lieux déserts où l'âme bouleversée de Byron
trouva une paix inattendue. Comme nous sommes loin de
l'idéal que nous entrevoyons ! Où trouver cette poésie complète, sentimentale et réfléchie, qui puisse allier l'esprit
nouveau à la beauté de la forme antique. L'étrangeté des
imaginations septentrionales brise les doux liens dont l'art
serein voudrait s'envelopper ; l'esprit, trop mobile, tourné
aux luttes et au malheur, approfondit des sentiments qui
voudraient s'épanouir, produisant une floraison mystique,
surhumaine par son idéalisme. C'est trop pour l'homme de
réfléchir et d'aimer ; tantôt l'amour se ride aux efforts de la

pensée, tantôt la pensée s'ombrage pour avoir germé sur un cœur dont l'unique destinée était de chérir. De là tant de lectures qui ne peuvent nous rassurer, et qui ne nous embarquent sur l'océan des songes que pour bientôt nous obliger à prendre pied sur une terre ingrate. Cependant, quel est l'homme qui se résigne à ne dévoiler qu'une face de son être? Il a aimé, souffert, médité, et il veut chanter son amour, redire sa souffrance et développer des pensées qui en sont les fruits amers. J'ai trouvé dans deux illustres Bretons et dans les pères de l'Église d'Orient cette beauté réfléchie, ardente et profonde, qui offre un aliment au cœur et à la pensée. Mais n'éveillait-elle pas bien des troubles en mon âme en y mettant deux mondes aux prises? Le livre fermé, ne m'en allais-je pas avec bien des voix interrogeantes? Mon désir de connaître n'était point satisfait, et mon sentiment nullement apaisé. De simples pastorales me charment alors; je cesse de remuer un monde d'idées qui se renouvellent comme les têtes de l'hydre pour troubler mon repos; m'abandonnant à des rêves heureux, je veux gagner des régions sereines, et aussitôt s'offrent à moi les images de la Grèce. Je me transporte aux îles battues des flots bleus, dans un air pur et léger; j'erre sur les collines brûlantes que verdissent les lauriers, et où les abeilles butinent dans les fleurs de lavande; je m'engage en des ravins dont les pentes, rougies par les anémones, sont commandées par des temples aux colonnes graves; des chapiteaux blancs et des torses de déesses dorment couchés sous les amandiers et les vignes sauvages; dans les vallons écartés, des chants de harpe retentissent, mêlés au crépitement des bourgeons sous la dent des chevreaux et au murmure des flots qui viennent mourir aux anses paisibles. Je me sens échappé aux forêts druidiques, à l'enchantement du mystère matériel ; je plonge dans la lumière ; une nature sereine et sobre m'éloigne du séjour d'orgueil où la réflexion voudrait me tenir, et, si je ne puis plus m'abriter à l'ombre épaisse des arbres, je trouve du moins, en d'agrestes enceintes, d'élégants vestiges de gloire et d'amour. Loin des chagrins du septentrion, sur une colline de la Grèce, éclairée d'un soleil qui embrase la mer et les îles dormantes, je me recueille dans le sentiment de la beauté, à la chanson des pâtres et au bruit de quelque fontaine sacrée :

Ἄρχετε βωκολικᾶς, Μῶσαι φίλαι, ἄρχετ' ἀοιδᾶς.

Florence, le 17 septembre.

Je me suis logé dans le quartier désert qui avoisine la promenade des *Cascine*. Des peupliers et des groupes de châtaigniers ferment mon horizon. L'Arno n'est pas loin, et en prêtant une oreille attentive, je pourrais entendre le murmure de ses flots. Me voici hors d'inquiétude, bien fixé sur l'endroit où je passerai l'hiver, et nourrissant déjà mille beaux projets en attendant la venue du printemps. Dans le calme où je suis, je sens le courant de ma vie reprendre une direction précise et retrouver une limpidité que la fièvre du voyage lui avait fait perdre. Je me lève avec le jour, et lorsque je m'assieds à ma table d'étude, le soleil apparaît par-dessus les toits des maisons et emplit ma chambre de sa lumière. *Cui soli sol semper.* Ce fidèle ami du solitaire accompagne mes pensées sur le papier où je les dévoile et semble me conseiller de n'exprimer que des paroles heureuses. Vers le milieu de la journée, alors qu'il est dans tout son éclat, je prends le chemin du Lungarno, marchant sur un large trottoir de pierres bleues. Le fleuve est sillonné de barques à la proue recourbée en col de cygne ; des pêcheurs les dirigent à coups d'aviron, en chantant d'une voix lente des notes dictées par leur instinct. Je m'avance à travers une foule nonchalante jusqu'au Ponte-Vecchio et j'arrive bientôt à la place de la Signoria, où les plus belles œuvres de la Renaissance ornent le châteaufort du moyen-âge. Je monte avec joie à la galerie des Uffizi, et je m'y tiens longtemps, me pénétrant des beautés impérissables qui m'entourent, et tâchant de m'inspirer aux âmes d'artistes répandues sur tant de toiles et palpitantes dans tant de marbres. Bientôt je reprends le chemin que j'avais suivi quelques heures auparavant, avec lenteur, et comme chargé d'un fardeau de beauté, que, chemin faisant, je sens fondre en rêves. Je ne suis donc pas seul, le soir, lorsque je regarde mourir les clartés du jour ; les figures que j'ai contemplées m'environnent de leurs lignes et de leurs couleurs, et me ramenant par une pente insensible aux formes pures de l'art, éveillent des voix qui sont comme un retentissement des heures les plus sereines de la vie. La correspondance que j'entretiens avec mes amis occupe mon absence. Mes pensées, fidèles aux premières habitudes, prennent volontiers la voie qu'elles ont accoutumé de suivre. C'est le plus grand charme du voyage, de s'émouvoir à des sites nouveaux, pour redire à d'autres ses impressions. Mes sentiments se disperseraient si je ne m'en faisais le vigilant gardien, pour les rassembler, et comme un troupeau docile, les mener en un lieu sûr, celui de l'amitié.

Le 20 septembre.

Le grand charme de la Toscane, c'est l'expression de douceur répandue partout : ses campagnes, découpées en jardins clôturés de buissons, sont plantées de mûriers, que les sarments des vignes enguirlandent ; ses maisons, bâties en pierres jaunes, semblent modestes, quelque somptueuses qu'elles soient ; ses habitants, aux formes grêles, cheminent sans bruit, à la façon des ombres. Dans les alentours des villes, les femmes ont un air de résignation et une pureté de traits qui accusent la bonté du climat et l'antiquité de la race. On chercherait vainement l'amour romanesque sous ces formes régulières. La résignation n'est que trop souvent le fruit de l'indifférence. Bien loin de l'Arno, sur les rives du Rhin, règne aussi le calme ; mais sous la douce gravité allemande, s'agitent les imaginations les plus inquiètes et se consument les âmes les plus ardentes. L'amour gît dans les mystères de l'imagination, et celle-ci ne se développe le plus souvent que dans les contrées où le climat est variable et la nature inclémente.

Le 22 septembre.

Toutes ces allées parallèles d'ormes, d'érables et de chênes liéges, qui mènent aux *cascine,* sont admirables d'ampleur et de majesté. Le monde élégant y est dans son cadre le plus agreste. Ce n'est pas à lui que j'étais, mais bien plutôt à l'Arno, dont je voyais rouler les flots verts sur un lit de cailloux blancs, et aussi à la voix triste de quelques oiseaux émigrants, qui gazouillaient un chant bref sous les ramées. Vers le milieu des allées, s'élève une antique fontaine, figurant une pyramide et dédiée à Narcisse. Des chênes centenaires répandent autour d'elle une ombre mystérieuse. Combien ces belles promenades diffèrent de l'allée du Poggio Impériale, située au sud de la ville, hors la porte romaine. Le plus souvent déserte, cette avenue monte à travers des cyprès et des oliviers énormes. Bordée de hauts talus

7

humides où les fleurs éclosent dans une pénombre, elle rappelle les promenades qui entourent les villes allemandes. Sur les accotements de la voie, montués par les racines, cheminent de paisibles vieillards et de discrets fiancés. Si, près du palais ducal, on prend le sentier qui mène à Bellosguardo et qu'on se tourne vers Florence, on est frappé du contraste des deux paysages qui se superposent. Au delà du Val d'Arno se déploient des montagnes étagées, aux tons rougeâtres, et dont les versants sont égayés de villas. Dans le lointain, les cimes blanches de l'Apennin réjouissent encore la vue : c'est la blancheur sans la froidure. En deçà de la ville, au contraire, c'est un paysage sévère, des collines brunes, et tout le caractère du pays romain.

Le 26 septembre. Galerie des Uffizi.

Lorsque je me promène parmi ces pierres assouplies, auxquelles le sculpteur a prêté des formes inaltérables, je me transporte dans la région des songes ; les flots du temps ont cessé leur murmure ; je suis dans l'océan sans rivages que baigne la lumière de l'idéal ; je vois se mouvoir sous mon regard tous ces blocs immobiles et se soulever toutes ces blanches poitrines. Et cependant, il n'y a nulle flamme en ces yeux de marbre, nul esprit en ces contours de nymphes, de faunes, de dieux, et aucune des statues placides de l'art antique n'est le reflet des sentiments multiples qui forment nos âmes ; mais elles ont la grande harmonie de la beauté, l'équilibre des membres, la paix des choses parfaites ; et cela même est une sublime expression de vie. Combien les statues païennes semblent plus puissantes que ces figures expressives marquées de l'esprit moderne, où toutes les inquiétudes de la pensée se révèlent ! Comme leur nonchalance nous

repose en nous pénétrant de sentiments généreux et sévères !
A leur aspect, notre esprit, soudainement apaisé, se rafraîchit comme à un air salubre ; sa vue plane sur les vaines
agitations, comme du sommet d'un mont. On ne voit plus de
distance entre soi et la forme qu'on admire : on s'emplit de
bienveillance ; on est serein, satisfait, inoffensif. Il s'échappe
alors du cœur des pensées charmantes, écloses par le recueillement devant la beauté plastique. Ce beau modèle des
antiques, la Vénus de Milo, penchée dans une attitude innocente et fière, évoque à la fois les sentiments de modestie et
de noblesse. Pourrions-nous trouver la même inspiration dans
la Vénus de Cléomènes ? Et combien nous semblera frêle la
Vénus de Canova, si nous l'approchons des deux premières !
Nous voyons la statuaire perdre en puissance ce qu'elle
acquiert en grâce. Dès que se fait deviner la créature sensible, nerveuse, livrée aux caprices de la civilisation, l'ampleur et la force de l'art s'amoindrissent ; il cesse d'être de
tous les temps pour ne plus présenter qu'une époque. Qui
ne s'attriste en voyant ces statues chrétiennes au front
expressif où règne la profonde inquiétude née de la lutte de
deux mondes ? Fallait-il ciseler un corps à ces êtres qui ne
veulent vivre que par la pensée ? Leur demi-nudité n'est-elle
pas blessante pour la vue ? Quel rapport y a-t-il entre le contour d'une épaule et une pensée abstraite ? L'harmonie plastique se brise par le transport de l'âme au front, et la pensée
d'un marbre, c'est dans la forme entière qu'elle doit être
répandue, pour y circuler comme le sang en nos veines.
Heureux les artistes qui ont pu pour un instant chasser les
troubles du cœur des hommes en leur offrant des œuvres
reposées en leur sérénité ! Il semble que le marbre se refuse
à exprimer les luttes et la souffrance. Le groupe du Laocoon,

quelles que soient la perfection du travail et la grandeur du sujet, nous satisfait moins que telle statue de pâtre, vaguement appuyé au tronc d'une yeuse ; nous sommes froissés de voir immobilisé, un moment pénible, douloureux, exceptionnel. Nous voudrions qu'on ne fixât qu'un état normal de la vie, l'un de ces instants où l'âme ensommeillée de sève est toute force latente, et où le corps penche comme un arbre ployé sous son mol et épais feuillage. Il semble aussi que le sculpteur ne doive reproduire les corps que dans leur beauté, laissant à la peinture le réalisme, car il n'a point, comme le peintre, des couleurs dont le charme puisse faire oublier la ligne ; il ne peut, s'il exprime une réalité vulgaire, spiritualiser sa laideur par l'harmonie du coloris... Mais l'art reçoit assez d'entraves sans qu'on lui en cherche de nouvelles. Le champ de la statuaire doit être le plus vaste. Il y a toujours une grande beauté dans l'œuvre d'un génie sévère, quel que soit le caractère de l'objet qu'il reproduise ; et tout art possède d'ailleurs sa vertu humanitaire. Le marbre est durable. Il fixe les traits des hommes qui ont mérité de se survivre, soit pour qu'on les haïsse, soit pour qu'on leur rende gloire. Parmi les apollons, les dianes, les beaux corps de dieux et de déesses, je n'étais pas fâché de trouver la tête de vipère de Caligula et le perfide profil d'Auguste. Le grand art est toujours noble, qu'il tente de formuler la beauté idéale ou de donner un enseignement à l'humanité. Je me le répète toutes les fois que je traverse les portiques qui mènent de la place de la Signoria à l'Arno, à la vue de tant de statues de Toscans célèbres dont les talents, le génie ou les vertus vivent encore pour les passants qui s'y arrêtent.

Le 27 septembre.

Combien de noms illustres évoque cette place de la Signoria, l'antique forum de Florence ! Fra Angelico, Donatello, de Vinci, Ghirlandajo, Pérugin, Ghiberti, Brunelleschi, Michel-Ange, Dante, Galilée, Guicciardini, et tant d'autres, artistes, poëtes, penseurs, y portèrent leurs songes ! Ils étaient enflammés de ce désir de vivre qui leur fit produire des œuvres glorieuses. La vue d'événements tragiques retrempait les âmes et leur donnait des sentiments profonds. Les mœurs ont changé dans la société aplanie : au pied du Palazzo-Vecchio, dans les loges d'Orcagna, sous les portiques, se rassemble une foule heureuse, qui n'est plus ardente à sortir du temps présent par la gloire et qui recueille les fruits des durs travaux des générations passées. Qui interroge aujourd'hui la tour della Vacca et cherche à lire sur ses créneaux les drames de la fière République? Qui songe qu'un jour la fumée du bûcher de Savonarole voila la demeure somptueuse des Médicis? Les images sombres répugnent à nos esprits délicats, et l'héroïsme même semble déplaire à nos cœurs reposés. Parfois un promeneur s'attarde un instant devant le Persée de Benvenuto Cellini ou devant l'élégante fontaine de l'Ammanati; il reprend bientôt son chemin, accompagné de ses pensées languissantes, et il passe, sans la remarquer, près de la statue de Farinata des Uberti qui, l'épée au côté, regarde couler les flots clairs de ce même Arno qu'il teignit du sang de ses ennemis.

Le 29 septembre.

Retour à la galerie des Uffizi. Le visiteur y est toujours accueilli par les Médicis, dont les bustes sont alignés au sommet du grand escalier; ils semblent les gardiens de tous les chefs-d'œuvre que leur génie a permis de réunir. Le profil allongé, particulier à la Toscane, s'est reproduit dans toute cette famille, ainsi qu'une expression d'élégance et de sensualité. La figure de Laurent le Magnifique, comme affaissée par la méditation, se distingue entre toutes ; elle serait repoussante, si l'on n'y lisait le chagrin né de sentiments profonds, et si l'on ne se rappelait sa généreuse vie. On entre alors dans la longue galerie où sont alternées les sculptures païennes et les peintures chrétiennes. De tant de travaux, d'aspirations et de souffrances nées du désir d'exprimer par des formes sensibles les désirs de l'homme, voilà ce qu'il nous reste : quelques tableaux et quelques marbres où nous tâchons de retrouver l'esprit qui les fit concevoir. On interroge l'histoire et l'on reconnaît combien l'art se lie au caractère des peuples et à leurs institutions. Après les mystérieux et impassibles monuments de l'Égypte sacerdotale, après ses gravures uniformes, figures d'esclaves aux bras comprimés, apparaissent les juvéniles statues de la Grèce païenne, libres et abandonnées en leur mouvement ; puis, les statues vulgaires au front rusé de personnages romains, qui voyaient clairement en leur court horizon. Les sphinx de l'Égypte s'étaient lentement enfoncés dans le sable. La Grèce était morte à son tour ; le règne de la beauté et des jeux avait eu sa fin, et les statues des dieux tombaient sous le marteau des barbares ; mais, avec le désastre, était arrivée la consolation. Un monde nouveau émergeait d'un océan de larmes, embelli d'espérances lointaines ; la vie intérieure, avec ses tendresses infinies et ses élans d'amour, s'ouvrait au cœur des hommes. La réalité semblait cruelle devant les féeries de l'imaginaire ; chacun sortait de la voie normale, séduit par un idéal qui, bien qu'immobilisé en un dogme, ondoyait avec les âmes; reconnaissant son immortalité, il se sentait un microcosme : il avait l'unité, la variété, l'éternité; il n'était pas seulement admirable de par sa force, il l'était encore dans le moindre sentiment qu'il exprimait et qu'il sublimisait en le faisant vibrer en Dieu ; son âme avivait ses émotions, tantôt celle de la crainte devant la métamorphose, tantôt celle de la joie devant la paix infinie. Le marbre était trop ingrat pour rendre avec vérité les sentiments délicats des âmes religieuses; la peinture paraissait plus propre à reproduire les formes mouvantes du spiritualisme chrétien. Quelques fresques peintes aux voûtes des catacombes de Rome tentèrent d'unir la beauté grecque au génie chrétien : le divin pasteur s'y montre sous les traits d'Apollon; mais le divorce ne pouvait manquer de s'accomplir; le vieux monde est répudié, et la pieuse peinture Byzantine commence son règne. On ne s'étonne plus, en voyant ce fruit du mysticisme oriental, de la chute de l'empire d'Orient; des vêtements de pourpre, des tiares d'or, de pâles regards levés au ciel, et des genoux toujours ployés en présence de la tyrannie, ne donnaient point la force de résister à l'assaut vaillant du jeune monde barbare.

Dans la première galerie des Uffizi, au-dessus des sarcophages, on voit se succéder les peintures qui représentent le génie du Bas-Empire, immobile, tenant d'une main le missel et de l'autre le glaive. C'est d'abord Andrea Rico, le candiote, puis Cimabué, le père de l'école florentine ; son disciple Giotto; Lippo Memmi, Taddeo et Angelo Gaddi, et toute l'école mystique. Les visions séraphiques des solitaires apparaissent en un ciel d'or qui représente la gloire céleste ; la créature muette y est posée de face et sans relief, plongée dans l'extase aux vagues mélodies des théorbes. On voit passer, en de religieux cortéges, des figures révérencieuses qui ont le regard intense des époques néfastes. La terre changeante semble déliée par ces corps frêles et amaigris qui ont pris des ailes pour se soutenir, par ces vierges aux épaules tombantes qui se pressent les unes aux autres en un même mouvement, par ces diacres aux longues tuniques qui regardent par delà nos horizons, par ces séraphins qui voltigent dans le divin azur. Avec quelle patience et quelle sincérité travaille l'artiste! Son œuvre est une prière, expression de toute sa vie et de toutes ses aspirations ; s'il produit un chef-d'œuvre, peut-être gagnera-t-il le ciel, et entretemps, ses jours s'écoulent dans la sérénité. Souvent, près des vierges endormies dans l'extase, le peintre nous montre les drames les plus fantastiques : s'il y a une récompense aux vertus, il y aura aux cruautés du siècle un châtiment terrible ; au désir du ciel, il faut unir la terreur de l'enfer, et sur les hommes faire peser la faux de la Mort. Peut-être la peinture d'histoire eût-elle paru, mais les tyrans veillaient et l'on devait, symbolisant sa pensée, l'exercer aux régions d'outre-monde. Qu'était alors devenue la famille humaine? Au-dessus d'une foule obscure et infortunée, apparaissaient deux groupes d'hommes puissants : les guerriers et les moines. Les premiers, emportés par le délire de l'orgueil, ne pensaient qu'à étouffer par le meurtre la liberté qui se réveillait au sein des cités. Les seconds s'enfermaient en leurs monastères ; là, livrés aux terreurs et aux ravissements, ils erraient pensifs, sous les lourdes arcades de leurs promenoirs de pierres : dans la chapelle à vitraux peints, la vie s'oublie sur la dalle mortuaire et la floraison mystique s'accomplit. Leur idéalisme éclate en transports, et tout le souffle de leur vie s'épuise en religieux soupirs. Le bruit des meurtres et des pillages ne fait qu'accroître chez quelques-uns l'amour du renoncement : pendant qu'on égorge le peuple incliné, ils prient et peignent les yeux purs de la madone et du divin enfant. En Italie, la nature éveille peu de pensées ; les collines sont nues, les formes précises, le ciel sans nuages, le paysage immobile, et rien d'extérieur ne vient troubler l'extase des âmes contemplatives. Quelle simplicité de lignes, quelle pureté de couleurs dans les œuvres de frà Angelico et de ses élèves ; comme elles sont pénétrées du sentiment d'amour ! Les saints, échappés aux étreintes de la réalité, s'agenouillent avec résignation ; les anges penchent leur tête blonde, et abaissent leurs regards sur l'herbe tendre que pressent leurs pieds délicats. Quelques-uns gardent leur paupière fermée : ils ne verront pas ces luttes cruelles qui font couler le sang de leurs frères ; ils contemplent Dieu, centre de leur âme innocente, pour s'endormir en leur amour, tels que des oiseaux qui, aux heures de ténèbres, replient le col sur leur poitrine, où ils n'entendent plus que les légers battements de leur cœur. Mais, à mesure que renaît et se fortifie le sentiment de la beauté plastique, l'idéalisme décroît, et la peinture, en devenant plus puissante, se dépouille de son caractère expressif. Que de peintres nous pouvons admirer, qui ont toute l'ampleur et l'élégance grecque ; mais combien d'autres nous pouvons chérir, pour nous avoir révélé toutes les tendresses du cœur ! Ni la volupté fière du Véronèse, ni le réalisme radieux du Caravage, ni la grâce païenne du Guide, ni la rêverie intense de Léonard de Vinci, ne peuvent autant nous charmer que l'exquise sensibilité de Botticelli et du Guerchin. Nul peintre peut-être n'a produit des figures aussi angéliquement belles que celles de Botticelli ; elles semblent illuminées par les larmes intérieures, et si elles n'ont point la pureté des traits, c'est que les tourments seuls d'une pensée de tendresse les ont rendues irrégulières. Le temps n'est plus où le peintre pouvait émouvoir en copiant la réalité ; les perplexités de l'esprit moderne ne donneront jamais aux têtes l'expression de vie intime et douloureuse de ces âmes qui se tournaient avec passion vers l'amour idéal. Notre raison s'est accrue, mais nos sentiments, multiples et dispersés, ne portent à nos fronts que des marques d'inquiétude. Notre vie ambitieuse n'enfante que rarement de ces figures candides et méditatives que reproduisirent les artistes qui précédèrent la Renaissance.

Un tableau de Pietro Laurati, qui a pour titre : la Thébaïde d'Égypte, est de la plus ingénieuse invention. Peint au xive siècle, il est privé de toute perspective et dessiné d'une main inhabile, mais la vie des cénobites est reproduite avec une naïveté et une foi qui séduisent l'imagination ; l'on se prend presque à regretter ces temps malheureux où l'on n'échappait au servage qu'en sacrifiant cette terre à un avenir d'outre-tombe. Le saint asile est entouré de hautes roches bleues aux bizarres découpures ; leurs sommets sont couverts d'ermitages, et leurs flancs creusés de cavernes où vivent solitairement les ermites vénérables. Çà et là brille la verdure des buis et des lauriers. Le jour est crépusculaire : il montre que la lumière de ce monde n'est que l'aube d'un grand jour. Considérez, passants, tous ces hommes sacrifiés, pour envier leur sort plutôt que pour les plaindre ! Nul bruit, nulle fièvre — rien que la grande paix de Dieu ! Ils sont recueillis et ils travaillent : le menuisier raccommode le bourdon brisé du pèlerin ; le semeur jette ses graines sur le sol défriché, et le jardinier arrose la plante altérée. Ils étudient : partout le livre pieux, à fermoir d'argent, les accompagne ; les vieillards, portés en litière, lisent ; les pêcheurs à la ligne ont leur livre ouvert sur le gazon. Ils s'entr'aident : les plus jeunes viennent au secours des plus âgés; des pâtres poussent devant eux des mules chargées de vivres, et l'ange apporte à l'ermite, sur le rocher inaccessible, son pain quotidien. Ils ont dompté les bêtes féroces et soumis les animaux sauvages : les uns cheminent avec tranquillité aux regards d'une lionne qui, la gueule sanglante, s'allonge encore sur sa proie; d'autres chevauchent sur la panthère; les lions et les tigres, attelés ensemble, traînent docilement leur char; la biche s'agenouille pour se laisser traire ; le lièvre confiant dresse les oreilles sur le tertre prochain, et l'oiseau solitaire, le héron, est devenu l'ami des cénobites. Ils défient les mauvais esprits : sur le torrent qui ceint le désert voguent des barques légères, la voile enflée ; des monstres chevelus émergent de l'eau, soufflant d'un souffle damné pour éloigner du saint enclos les vertus incertaines. Un religieux coupable glisse sur un noir esquif, emporté par la bande des démons. Près de là, un saint vieillard, la croix à la main, traverse avec confiance le torrent ; un novice veut à son tour le franchir, mais il recule avec effroi à la vue d'un dragon qui se tient à l'autre rive. Le vieillard le rassure : il franchira le gué au mépris du monstre. Par delà l'enclos, apparaissent de sombres lignes de cyprès et les forts qui protégent le monastère. On aperçoit des moines mendiants qui s'aventurent au loin, le bissac sur l'épaule. Au sommet du paysage, sur la crête d'un roc élevé, une cloche de bronze dessine son noir contour dans l'azur du ciel, comme pour rappeler les vivants à la cruelle réalité en exaltant l'amour spirituel. O vie angélique, je vous voyais là tout entière — imaginaire, hélas !

Le 1er octobre.

Si nous aimons ce monde et que nous le pénétrons de notre âme, nous trouvons dans la réalité une poésie navrante. Je l'observe sans sortir de cette maison : une jeune veuve expirante ; la grand'mère veillant à son chevet ; un petit garçon de douze ans, jouant de l'accordéon. Le père est mort depuis trois années ; l'enfant m'apporte avec joie le souvenir qui lui en reste : un portrait. Il est fier des belles couleurs de la peinture ; lui-même, toussant déjà, est atteint du mal qui consume sa mère. Le printemps viendra, la terre s'ouvrira, la mère y descendra ; l'enfant aussi, un jour disparaitra, et la grand'mère, accablée de souvenirs, seule et songeuse à son foyer désert, y achèvera des jours languissants. Le temps viendra aussi où cette scène s'effacera de la mémoire de l'étranger qui en fut le témoin.

Dimanche, 3 octobre.

Je sors de la ville par la porte San Gallo, laissant fuir les murs crénelés des remparts et les vieux ormes à la cime élargie, qui se penchent sur l'eau stagnante des fossés. Le Mugnone roule ses eaux diminuées sur un lit de cailloux blancs. Toute la nature semble goûter la paix de ce jour de fête ; les bruits des carioles ont cessé, les moulins se taisent, et les chutes d'eau bourdonnent dans leurs gouffres de pierre. Je monte une pente, entre de hautes murailles, jusqu'à l'ancien couvent des dominicains, aujourd'hui église fermée, entourée d'un pâle gazon. Un if se tord à l'angle d'un mur croulant, près d'une croix noire portant une couronne d'épines de fer. Des contadines viennent y prier, faisant crier sous leurs pas les feuilles sèches roulées par le soleil.

La pierre d'une chapelle m'arrête par ces paroles : *Fermati, passeggiere, e qui rimira Gesu morto per te!* Je songe à Lui — et à tous ceux qui se sacrifièrent pour les hommes, et ne furent récompensés que par l'oubli ! Maintenant, reprends ton chemin, voyageur, profitant des jours de lumière que le ciel t'accorde ! Je continue à marcher lentement, me berçant en l'univers aimé, et j'arrive, à travers des jardins, à San Domenico, à l'heure où les fidèles, sortant de l'église, se répandent par les champs. Les enfants, heureux de leur liberté, lutinent entre eux devant le portail, pendant que de jeunes Toscanes se font à voix basse leurs confidences et, s'éloignant avec gravité, se perdent au détour des collines. Le soleil fait chanter les petits oiseaux sous les oliviers et la brise remue sur la terre pâle l'ombre délicate des feuillages. Songeant à ceux que j'aime, je voudrais offrir à leurs yeux la belle contrée que je parcours ; ils joindraient son image aux illusions de leur jeunesse et me céderaient en retour les frimas de leur pays. L'ombre des haies commence à s'allonger sur les sentiers lorsque je monte à Fiesole. La tour élégante de la pittoresque cité se dresse sur le plateau d'un mont escarpé, qu'avoisinent deux montagnes plus élevées : celle du nord, couronnée par un couvent, et toute hérissée d'arbres verts ; celle du sud, stérile, et toute dénudée par les carrières qu'on y ouvre. Pour adoucir la montée, on a tracé un chemin qui serpente et allonge le trajet. Des mendiants aveugles y sont échelonnés, sous le splendide soleil. J'ai gravi un escalier rustique qui mène au couvent, harcelé par une bande de petites filles qui m'offraient des oiseaux de paille, tressés de leurs mains. Près d'une chapelle, qui fut un temple de Bacchus, s'étend une terrasse ombragée de tilleuls et de cyprès, les arbres d'amour et les arbres de mort. Que les étrangers s'y arrêtent longtemps! Ils parcourront bien des contrées avant de voir se déployer un tel panorama. Le regard s'abaisse sur une vallée enfermée dans un cercle de montagnes étagées et fuyantes. Dans la plaine, on aperçoit la coupole rougeâtre de Sainte-Marie-des-Fleurs et l'on voit reluire l'Arno comme un serpent d'émeraude. Tout est vaporeux, paisible, en ce paysage, qui s'est empreint dans l'âme des habitants. J'ai achevé de gravir la côte et je suis entré au couvent. Au delà du cloître, dont un ciel d'azur forme la coupole, s'étend le jardin. Quelques moines y cherchaient des alchimilles dans un taillis de chênes nouvellement coupés. Des pariétaires tremblaient aux pierres disjointes des murs et un gémissement doux sortait des cyprès alignés. Seul en ce jardin désert, je l'emplissais de la foule tranquille de mes souvenirs. Beato Angelico et son élève Benozzo Gozzoli s'y étaient maintes fois promenés en se confiant leurs espérances et leurs craintes. Combien ont rêvé de couler leurs jours de jeunesse en un tel asile! Les désillusions viennent, et l'enthousiasme s'éteint. En suivant le sentier rocailleux qui entoure le jardin et permet de contempler tous les horizons, on ne peut se lasser des vues variées qui se découvrent successivement. Au couchant, on admire la plaine cultivée de Florence et ses nombreuses maisons de campagne, parmi lesquelles la Villa Careggi, séjour de Laurent le Magnifique, lorsque, entouré de ses disciples, il tentait de faire refleurir la doctrine platonicienne; au levant, la vallée du Mugnone, qui garde des souvenirs d'Annibal : enceinte aride aux collines rousses, et qui n'est cependant ni sauvage ni désolée, grâce aux accidents du sol, qui, agitant les lignes du paysage, lui donnent une expression d'intimité. Du sud au nord, on voit courir les cimes neigeuses de Valombrosa, les monts Mancini, d'où l'on découvre l'Adriatique, les monts Reggi, Asinario, et les montagnes plus sévères de Pratolino. Quelle paix ! Je ne voyais la vie que dans les feuillages légers agités par la brise ; le pays demeurait solitaire... un bouvier passait en chantant sous les murs étrusques de l'antique cité.

Le 4 octobre.

J'entends retentir sous mes fenêtres des chants funèbres. C'est une procession des frères de la Miséricorde, masqués et couverts de mantelets noirs. Ils accompagnent un cercueil qui ondule sur les épaules des porteurs ; ils marchent en psalmodiant, à la lueur des flambeaux. Le poële est orné de fleurs tressées en guirlandes. On a fait place, chacun s'est rangé sur les trottoirs, chacun s'est découvert ; et maintenant, déjà le cortége a disparu à l'angle de la rue prochaine ; les chants se sont éteints, les enfants jouent où la Mort a passé, les voitures roulent, et la foule indifférente de nouveau s'entremêle. La foule est comme la mer : ses flots s'écartent autour du naufragé, se rejoignent l'instant d'après, et il n'y paraît plus !

Le 5 octobre.

J'ai longtemps contemplé, au palais Pitti, une tête de Masaccio. Qu'elle exprime bien la rêverie de l'adolescence, mélange de tristesse et d'étonnement ! Le col est nu, les cheveux tombent négligés, le long des joues ; les lèvres entr'ouvertes fléchissent aux coins, comme pour dévoiler la candeur habituelle ; le regard semble interroger le cœur, et, fixant l'idéal, s'arrête indécis à cette frontière où finit la naïveté pour faire place à l'analyse inquiète. Une autre figure, celle d'un infortuné, où le pinceau d'Annibal Carrache a retracé tous les tourments de la vie misérable, m'attira aussi vivement. Ces traits rudes, déformés par la souffrance, ce regard fixe plongeant comme en un abîme de douleur, ce front éperdu par les déceptions et qui garde l'immobilité du désespoir, me montraient le poignant revers de la vie des songes : l'homme laborieux aux prises avec la réalité et vaincu par le destin. Je portai les regards sur une Descente de Croix, du Pérugin. Au milieu d'un vaste paysage, dans une enceinte de collines où dorment quelques arbres légers, aériens, se déploie la dernière scène du grand sacrifice. Jamais je ne vis l'expression d'un spiritualisme plus ardent : ciel, arbres, collines, figures, sont enveloppés d'une atmosphère magique. La douleur muette des femmes agenouillées autour du corps expiré, que soulève le disciple Joseph d'Arimathie, est d'un sentiment céleste. La pureté des lignes, l'éclat du coloris s'oublient, et l'on n'a plus devant les yeux qu'un groupe d'âmes affligées. Seule, une figure de vierge regarde hors la scène, et d'un regard qu'on ne peut oublier. Debout, à la droite des saintes femmes, un mantelet rouge sur l'épaule, les mains croisées sous le menton, et la tête inclinée, elle semble indifférente à l'acte funèbre qui s'accomplit. Le sacrifice de la chair est divin, mais toi aussi tu es divine, jeunesse, en poursuivant tes chimères.

Le 13 octobre.

Hier, je me suis éloigné de la ville. J'ai traversé Signa : sa longue rue était bordée de chapeaux de paille et de corbeilles d'osier. Les femmes et les enfants du bourg étaient assis, tressant des nattes sur le seuil de leurs portes. Bientôt je franchissais l'Ombrone pour m'engager dans la Gonfolina, vallée hérissée de genévriers. Des métairies, marquées de l'écusson du maître, se présentent de flanc à la route ; une charrette passe, conduite par un enfant et traînée par des bœufs ; elle est peinte en bleu, et l'on voit reproduites sur ses planches diverses scènes du Nouveau Testament : Saint Joseph et la Madone, l'Adoration des Mages, le Christ expirant de la main de ses bourreaux... Cependant, le jeune charretier n'en est pas moins cruel et frappe sans pitié ses pauvres animaux. Le pays devient solitaire ; des troupeaux de chèvres grimpent au penchant des rochers, d'où s'élancent des cascades : c'est Capraia. Dans le vallon se dressent les tours du palais de l'Ambrogiana. Un bruit de cloches ondule dans l'air : il arrive du clocher de Montelupo. Dans cette pauvre chaumière de Montelupo, quels doux songes je trouvai ! Je fus à table avec les grands parents et les enfants. La plus jeune, petite fille de dix ans, était fière d'être assise à mes côtés. On lui avait donné un verre d'enfant, mignon comme elle. Jamais elle n'en effleurait les bords sans boire à mon bonheur. L'aïeul m'appelait : « Caro signore ; » la jeune mère : « Cara léi, » et j'étais ainsi comme chaudement enveloppé de l'affection de ces âmes simples, heureuses d'accueillir l'étranger. Au dehors, la pluie tombait sans bruit dans la rivière, dont les flots jaunâtres bondissaient sur un lit de roche. L'heure s'avançait, et mon plaisir, pris à la volée, a peu duré, comme tout plaisir ; j'ai rempli une dernière fois le verre de l'enfant qui voulut alors me mener à la chambre de sa tante malade, pour que je lui fisse mes adieux, moi qui allais la saluer pour la première fois ! Je descendis l'escalier, comblé des bons souhaits de mes hôtes, et sur le seuil de la porte je rencontrai une mendiante qui me dit : « Que la Madone accompagne son excellence ! » Et pourtant mon retour à Florence devait être triste. Je sentais mes esprits se refroidir à cette pluie qui glissait sur les flancs amaigris de mes pauvres chevaux et qui donnait le coup de grâce aux feuilles pâlies des mûriers, et tout me semblait de plus en plus désolé : sur le coteau, les ifs alignés élevaient leurs sombres flèches, et les vignes dépouillées qui s'entortillaient aux arbres des vergers, faisaient songer à la famille de Laocoon, cruelle image d'une souffrance qu'un Dieu seul imagine. Ainsi, l'ivresse du cœur ne produit le plus souvent qu'une efflorescence éphémère que la moindre intempérie parvient à dissiper ; les songes aimables s'envolent de l'âme, effarouchés par la réalité qui se montre froidement sur les grand'routes. Mais la froide réalité étendra-t-elle jamais son empire sur celui qui l'aura transfigurée aux heures de sa jeunesse ? Quelle séduction exercera-t-elle sur nous, si, pendant les jours de notre croissance et de l'expansion de notre amour, nous avons lancé notre âme dans la voie de l'infini ? Nos sentiments ne s'arrêteront plus alors sur un monde sans horizon, ils monteront plus haut, vers ces régions de l'idéal où l'on s'enfièvre de bonheur ; ou bien ils se plongeront en une tristesse, infinie comme notre passion.

Le 29 octobre.

Mes journées s'écoulent à contempler. Ce serait un état de paix, si mon âme, semblable à la glace d'une eau dormante, reflétait sans s'émouvoir les objets qui la frappent. Mais il en est autrement : pendant que mon regard fixe une forme charmante et, l'élargissant au souffle de l'amour, la baigne dans une auréole, une inquiétude trouble ma pensée incertaine sur la valeur d'un amour irréfléchi. L'âme contemple comme sur la défensive, assaillie des doutes d'une conscience qui se fortifie par ses réactions et s'alimente de ses frayeurs. Si l'idéal intangible m'attire et que, le regard hors de ce monde, je m'abandonne à la rêverie, pour adorer les expressions divines qui m'arrivent du monde incréé, je n'y suis pas si entièrement que je ne perçoive encore la réalité où mon corps reste plongé. D'autre part, si la forme extérieure me séduit, si, poussant toute ma vie à la surface, je tente de livrer mon âme à la nature, je me sens retenu par une force réfléchie qui me ramène au monde spirituel. Ainsi, toujours quelque lien que le cœur ne peut rompre me rive à l'objet que je voudrais fuir. Les rayons de vie qui s'échappent à la fois de Dieu et de la nature viennent se briser en ma pensée, ne me permettant qu'une contemplation ondoyante, pareille à celle d'un lac agité où les astres trembleraient, mêlés aux ombres des arbrisseaux. Tout homme qui s'analyse sentira trembler en lui deux mondes qui se pressent et se pénètrent dans un embrassement d'extase et de douleur. Ce charme inquiet est plus poignant à mesure que les forces de l'esprit et les instincts naturels s'approchent de l'équilibre. On vit alors dans un mirage, balancé entre une terre que l'esprit rend diaphane et des régions sereines où s'engagent encore les formes de la matière. On tenterait vainement de se soustraire aux voix intérieures, aussi bien qu'aux impressions des sens; on ne s'évaderait de l'humanité que pour choir dans l'orgueil ou dans la somnolence. On ne serait plus de ce monde; on aurait lancé son esprit dans je ne sais quel abîme creusé par la curiosité mystique. Je laisse donc ma pauvre créature vivre largement sa vie, en proie aux inspirations qui l'élèvent et la troublent; attentive, elle recueillera les paroles qu'il plaira à Dieu de lui adresser. Je songerai à l'arbre de la colline qui se nourrit de la terre et s'abreuve aux ondées du ciel ; balancé entre le rocher et les astres, il écoute en son feuillage le gémissement des tempêtes et le chant des joyeux oiseaux.

Le 30 octobre.

Où plongent les racines de ces beautés dont je ne perçois que des ombres et qui s'élèvent incessamment de ma pensée, comme les fleurs de la forêt au soleil du printemps? Voyageur lassé qu'enivre leur doux parfum, je m'inquiète de l'endroit où je m'arrêterai pour goûter un repos bienfaisant. Ces formes pures seraient-elles les éclosions d'un idéal dont le foyer serait aux régions où les élus dans l'extase frémissent éternellement? Ne seraient-elles qu'un fruit de la rencontre fortuite des beautés terrestres qui s'uniraient en mon cœur pour jeter de leur union les vaporeux contours d'un amour mortel? J'interroge la science, qui se tait, et je ne trouve une réponse qu'en mon âme, qui m'apprend que les formes idéales entrevues s'échappent et rayonnent d'un Dieu immuable. Elles sont des fleurs célestes au parfum salutaire ; les adorant aux heures passives du jour, je recueille les graines qui ensemenceront le champ de mon avenir.

Le 1er novembre, 11 h^{es} du soir.

Aujourd'hui, veille du jour des morts, ma chambre s'était emplie de sombres pensées, et ses tentures peintes me semblaient une prairie de fleurs qui, à peine écloses, se flétrissaient. Le murmure de cent sonneries funèbres ondoyait dans l'air, et, à la croisée, les rideaux blancs tombaient froidement sur les vitres, comme un voile jeté sur le visage d'un mort. Il me fallut sortir. Je longeai l'Arno, marchant à grands pas pour me rafraîchir au vent d'hiver qui arrivait tout glacial d'avoir effleuré les cimes de l'Apennin. A mesure que je marchais, je sentais mon âme s'éclaircir ; mes fatigantes pensées s'étaient tour à tour évanouies ; j'étais toujours triste, non de cette tristesse chagrine d'un ennui stérile, mais bien plutôt de cette mélancolie qui nous accoude au bord de l'infini pour nous faire contempler la fuite rapide des jours. Je reconnaissais ce ciel de novembre, gris et brumeux, pour l'avoir vu, à chaque nouvel automne, au-dessus des arbres qui s'effeuillent ; je reconnaissais ce vent pâle et froid ; nous avions souvent lutté ensemble, alors que je n'étais qu'un faible enfant ; et ces notes plaintives, qui s'élançaient de tous les clochers à la fois, c'étaient comme des milliers de souvenirs répandus dans l'air.

L'une disait : « Les jolies fleurs ne vivent pas toujours. Les vents s'élèvent ; les vents ont emporté les jolies fleurs. »

Une autre disait : « Des siècles, des siècles, et encore des siècles ! Vos grands parents sont morts ! Joyeux vivants, que faut-il leur dire? »

Une troisième disait : « Il y aura bientôt mille ans qu'il se tua pour elle. On a dit qu'il était fou. »

— « Herbes des prairies, oiseaux du ciel, hommes de la terre, il vous faut tous mourir ! » chantait une quatrième.

— « Avez-vous connu Angeline? » disait une petite cloche ; « elle était si bonne musicienne ! Son mari était un tigre, et elle mourut ! »

— « Que demandez-vous? » reprenait une grosse cloche ; « Angeline est morte, Angeline est oubliée ! »

— « Pauvre enfant, » murmurait une cloche lointaine, « pourquoi te réveiller? Ta mère est folle et ne te reconnaîtrait plus. Dors plutôt, cher enfant, je sonne pour toi ! » — Et la bonne cloche se balançait à son clocher comme pour bercer le pauvre endormi dans les bras du profond sommeil.

Et alors, toutes les cloches, mêlant leurs voix, reprenaient d'une seule volée :

« Songez, priez, pauvres mortels ! Le matin vient, le soir
» le suit ; l'été paraît, l'hiver l'efface. Cent hivers et cent
» étés, espérez-vous les compter ? Songez, priez, nous vous
» le crions, car les morts vous voient, les morts vous
» écoutent, les morts vous tendent les bras ! »

Je prêtais l'oreille à cet étrange appel aux vivants que la brise m'apportait avec les dernières feuilles des peupliers qui pleuvaient sur le chemin en tournoyant, quand je fus coudoyé par une bande de jeunes gens qui s'en revenaient de la fête. Marchant la main dans la main, ils chantaient la joie de vivre, et, dans le paisible village, leurs chants joyeux étouffaient le son des cloches. Les enfants se rangeaient à leur passage, comme pour dire : « Ils sont grands, ils sont forts ; ainsi voudrions-nous être. » Et les vieilles mères, debout sur le seuil de leur porte, se disaient en hochant la tête : « Il faut que jeunesse s'écoule ! » La bande heureuse n'y prenait garde, continuant ses chansons, pendant que les cloches appelaient les fidèles à la prière.

Aux approches de la nuit, le vent s'éleva et souffla avec un élan sauvage dans les arbres endormis, roulant les feuilles en processions tumultueuses. Songeur, mais le front plus calme, parce que mes pensées se fixaient sur le grand objet de la vie, je repris le chemin de la ville... Maintenant les agitations du jour ont cessé ; c'est l'heure où chacun se recueille et compte ses déceptions. Les grand'routes se font désertes ; la nature s'est enveloppée d'obscurité et de silence, et le fleuve seul, dans son activité fatale, parle à ceux qui

peuvent l'entendre. — « Toujours aimer mes rives, » sou-
pire-t-il, pour les fuir ! Toujours renaître, pour m'anéantir ! » Quand je passai devant le Pont de la Trinité, je l'entendis gémir en se rebroussant aux vieux piliers réactionnaires.
Le ciel était sans étoiles : des nuages verdâtres lui voilaient
la vue de la terre. Les maisons alignées, assises sur leurs
sombres arcades, regardaient avec indifférence rouler les flots
tremblants. Non loin de la place Grand-Ducale, les statues
des Toscans illustres, frôlées par la chauve-souris, veillaient
gravement dans leurs niches de marbre; mais les belles
jeunes filles passaient et repassaient devant elles, sans détourner la tête; elles ne s'apercevaient pas que les réverbères,
penchés aux angles des rues, les éclairaient si douloureusement, ni que les nuages étaient si menaçants par-dessus leurs
têtes, ni que leurs propos futiles ne se gravaient nulle part.
Le plaisir les rendait aveugles aux choses tristes qui assombrissent la terre : elles ignorent qu'on ne peut presser le cœur
humain sans en faire jaillir des larmes. Et ce long bourdonnement de cloches, si lugubre quand, au vent de la nuit, il ondoie
sur une grande cité, ne pénétrait pas jusqu'en leur âme. Hélas!
les rues étaient ce qu'elles sont les jours de repos, frivoles et
vaniteuses ! Le hasard m'avait conduit devant un large escalier
de pierre ; je le montai, et poussant une porte sourde, je me
trouvai dans une église que l'obscurité commençait à envahir.
Aussitôt s'éteignirent pour moi les bruits vulgaires de la rue ;
ce n'était déjà plus qu'un lointain murmure, comme sanctifié
d'avoir filtré à travers le sombre édifice. Les hauts piliers
projetaient leurs ombres sur les dalles, où cheminaient de
petits êtres courbés et souffrants ; n'eût été le bruit léger de
leurs pas, je les eusse pris pour des spectres. Ils se dirigeaient
vers l'extrémité de l'église, et je m'avançai avec eux... Ce

que je vis alors, vous le savez, chers fidèles : un autel couvert de cierges, dont la lumière en étoiles d'or brille d'un éclat pur et dormant, et devant cet autel, sur des bancs de bois, des pauvres, des vieillards, des infortunés qui se tiennent prosternés, répondant à des prières commencées par des prêtres et des enfants : ceux qui arrivent et ceux qui s'en vont, qui s'agenouillent ici pour se dire un adieu en passant. Ah ! pensai-je, en laissant tomber mes regards sur cette foule affligée, que tout est froid, triste, désolé ici ! En ce moment, le soleil illuminant les rouges vitraux du chœur, me montra la Madone et le divin enfant souriant aux hommes du milieu d'un joyeux coloris : ils semblaient dire que nul deuil n'est sans témoin, et nul pleur sans miséricorde.

Le 3 novembre.

Sous les voûtes grises de l'église Santa-Croce reposent bien des hommes illustres. Leurs tombeaux de marbre s'alignent le long des nefs. On voit s'y dresser les grandes figures qui occupèrent l'esprit de plusieurs siècles. Michel-Ange Buonarotti garde l'expression de cette vie puissante qui remua des montagnes pour en faire jaillir ses pensées. Alfieri, que pleure une muse désolée, rêve près des masques tragiques et de sa lyre morte. Galilée, le front levé vers les astres, cherche l'énigme dont le secret troublera ses jours et lui ravira la liberté. Sur le pavement de marbre rouge, des pierres blanches indiquent des morts inconnus. Des chevaliers, chaussés de leurs longs escarpins, le visage effacé par les pas des fidèles, sont étendus parmi les dalles du chœur : le Moyen-Age dort, couché dans la nuit, pendant que la Renaissance continue de veiller. Dans une chapelle écartée, sous l'aile droite de la croix latine, il est une tombe qui fait oublier les génies illustres et les vaillants chevaliers. Elle a pour inscription :

Sophia

E principibus Czartoryski

Comitissa Zamoyska.

Sur un lit étroit, telle qu'elle fut à l'heure où la vie l'abandonna, repose la morte. La tête presque droite, soutenue par un haut oreiller, les yeux fermés et les mains jointes, elle s'est endormie dans la résignation. La toile froissée qui la recouvre laisse deviner des formes amaigries par une longue souffrance ; ses plis semblent avoir gardé le mouvement des derniers battements de cœur qui soulevèrent une frêle poitrine. Lorsque je reportai les regards sur les grands mausolées ornés d'allégories, je les trouvai bien muets. Je ne songeais plus à cette jeune muse qui s'écrie en levant la main vers le Dante : « Onorati l'altissimo poeta ! » Mes yeux demeuraient abaissés sur la pierre où je lisais :

Supra modum autem mater mirabilis
Et bonorum memoriæ digna.

Le 4 novembre.

On voit un jour profond luire sur sa vie lorsqu'on se trouve en présence d'images de recueillement et de sacrifice ; on éprouve de la joie à rencontrer des âmes qui portent religieusement au ciel la vapeur de leurs larmes. J'étais descendu de la colline d'Arcetri pour prendre le chemin de la chartreuse du Val d'Ema. J'avais pour guides deux frères, enfants d'un métayer qui, la veille, m'avait donné l'hospitalité. Qu'ils étaient heureux de vivre ! Courant sous les oliviers, ils montraient leurs frais visages en s'appelant à travers les vieux troncs entr'ouverts des arbres, joyeux de m'avoir pour témoin de leurs ébats. Quand nous arrivâmes à la chartreuse, elle était encore plongée dans l'odorant brouillard du matin. Les enfants me quittèrent à l'entrée de la pieuse enceinte, et je montai seul le sentier escarpé qui mène au monastère, froissant sous mes pas les plantes d'origan et de lavande. Un dominicain, muni d'un rateau de bois, relevait les sarments de lierre qui festonnent les murs d'enclos ; il abandonna son paisible travail pour venir à ma rencontre et m'introduire dans l'asile où tant de vies inconnues se consumèrent. Nous nous assîmes sur un banc du préau, et nous y demeurâmes longtemps, presque silencieux, songeant à toutes les vaines paroles qui se disent sur la terre. Nous parlâmes de la Grande-Chartreuse en Dauphiné : « Ah ! me dit-il, c'est un pays de mort ! Il faut des têtes françaises, pour demeurer là ! » Lui, le doux Toscan, il voulait voir l'amour dépouillé de fanatisme et sentir retomber sur son cœur la belle nature où il répandait ses songes. Il me mena, par une longue galerie, sur une terrasse ornée de fleurs. Un novice, à peine âgé de treize ans, appuyé à la fenêtre ogivale, contemplait tristement la plaine immobile. Surpris par notre présence inattendue, il s'éclipsa sans bruit. « C'est un enfant de Syracuse, me dit mon compagnon. Nous l'avons recueilli depuis peu de jours, un tremblement de terre ayant ruiné son couvent. Il fera un ange au ciel ; mais il est triste, bien souvent, de ne plus voir la mer. » O bon religieux, pensai-je, soutenez-le en ses heures de défaillance, lorsqu'un jour il aura reconnu que cette confraternité parfaite qu'il rêve est hors de ce monde. Nous revînmes par le cloître ; un soleil pâle blanchissait les dalles, et le tintement d'une cloche appelait les reclus à la chapelle. Cloîtres ignorés du Val d'Ema, jamais plus mon ombre ne se dessinera sur vos murs blancs, et je vous abandonne avec les muettes douleurs et les divines espérances que vous recélez!

Pérouse, le 6 novembre.

J'avais passé à Cortone, venant d'Arezzo, et j'étais arrivé sur les collines de la Spelunca, lorsque m'apparut le lac de Trasimène. Il étend la nappe de ses eaux entre des rives montueuses, où les chênes étalent leur dur feuillage. La pâle verdure des saules et des oliviers forme, sur les pentes agrestes, des nuages de brume. Le soleil couchant faisait courir des plis de feu sur la surface polie du lac; il frappait de ses traits d'or la tour du Borghetto, qui montait comme une vigie d'un champ marécageux. Des barques de pêche côtoyaient les rives éloignées; leurs voiles blanches erraient, pareilles à des fantômes, sur la noirceur des montagnes. Il y a deux mille ans, cette solitude retentissait du cliquetis des armes, le clairon de Flaminius sonnait sur les collines de la Gualandra, et les javelots sifflaient dans ces roseaux. J'ai franchi le Sanguinetto dont les eaux réverbérèrent les têtes africaines et furent teintes du sang romain. Au delà de Passignano, je suis entré dans une vallée tortueuse; les collines semblaient dormir sur les secrets qu'elles recèlent. Dans les ravins, de petits ruisseaux faisaient entendre leur doux sanglot. Parfois, d'un pré abrité par une roche, s'élevaient de ces vapeurs odorantes, qu'en d'autres climats on ne respire qu'aux premiers jours du printemps. Des arbres grêles balançaient leurs cimes à la brise, et sur des rochers abrupts, colorés de la rougeur des chênes, quelques châteaux en ruine dressaient leurs contours irréguliers. Percés de fenêtres à croisillons, ils ont peu d'échappées de vue sur le paysage; ceux qui s'y retranchaient contemplaient l'azur du ciel découpé par des barres de fer. Ces donjons sont l'image de ce qu'étaient jadis les âmes qui, aux sentiments intimes et à la piété, unissaient les caprices de l'orgueil. La nuit était venue ; je montai une côte au sommet de laquelle s'étend Pérouse, enfermée dans ses murs délabrés.

Aujourd'hui, 7 novembre, au soleil levant, j'étais sur les ruines de la citadelle. Par-dessus les noires ondulations de la campagne ombrienne, j'apercevais Castello della Piéve, où vécut le Pérugin. Ces sentiers qui serpentent par les vals et les bosquets d'yeuses, souvent il les suivait avec ses jeunes disciples. Raphaël, le plus aimé, portait en même temps que lui ses regards sur ce paysage que les siècles n'ont pas transformé. Ils se sont évanouis avec leurs grands rêves, comme ces nues que je voyais errer aux creux des vallons et qui s'évaporaient en des rayons de lumière. Ce qui a survécu de ces vies d'artistes est dispersé par le monde. Les vivants d'aujourd'hui s'arrêtent à ces œuvres patientes, abritées sous les voûtes des cathédrales et des palais déserts. Ils y trouvent les aspirations qui nous ont été léguées. Elles ne sont point vaines les vies dont il demeure de telles ombres de gloire ! J'ai visité l'antique palais du capitaine du peuple. De son balcon, je voyais le monastère de San Pietro de' Cassinensi élevant sa tour jaune au delà de l'église Sant' Ercolano. On domine les maisons basses qui se pressent à ces murs d'enceinte au pied desquels se rassemblaient les bandes guerrières des seigneurs voisins qui menaçaient la cité républicaine. Terribles combats que ceux de ces chevaliers, dont le cri de guerre éclatait comme un chant funèbre, et qui frappaient en silence. Devant l'hôtel de ville, où le lion et le griffon de bronze se dressent sur la façade gothique, s'élève la cathédrale de San Lorenzo. La chaire de marbre du franciscain Bernardin de Sienne sort de la muraille de pierres rouges. Là il prêchait devant le peuple rassemblé autour de la belle fontaine de Giovanni et de Nicola Pisano, qui figure la création de l'homme et sa chute. Dans la grande nef, des femmes étaient agenouillées près d'une vierge de Gian Nicola Manni. La lueur des cierges, qui ondoyait sur ses joues pâles, lui donnait les apparences de la vie. En longeant les murs d'enceinte qui dominent la vallée de la Conca, je suis descendu vers l'église San Domenico. J'y ai contemplé toutes les dolentes figures de la peinture mystique. Le Pérugin s'est représenté dans une Adoration des Mages. Il est jeune et son œil est encore illuminé par la fièvre de la pensée. On s'efforce d'oublier cette figure de moine rusé qu'il a laissée de lui à la salle del Cambio. J'admirai les anges et les vierges de frà Angelico et les figures de saints de Buonfiglio. Sans doute elles vécurent ces créatures dont les toiles des peintres mystiques produisirent les formes. Ces anges, ces vierges, dont nous chérissons les traits purs, c'étaient des enfants et des jeunes filles de ces montagnes de l'Ombrie; ils vivent encore à nos yeux parce qu'une âme de peintre les a compris. L'artiste les rencontra en ses promenades solitaires, alors qu'il cherchait dans la nature une concordance aux formes idéales qui captivaient sa rêverie. Les enfants dés pâtres jouaient sous les châtaigniers, et des ombres de tristesse passaient sur leurs fronts innocents, quand sonnaient les cloches aux sombres monastères. Les jeunes filles remontaient au bourg en revenant de la plaine, où elles avaient échangé des paroles d'amour avec leurs fiancés, et dans l'espérance d'une affection durable, elles marchaient recueillies par l'étroit sentier. Ces êtres simples et ignorés étaient loin de prévoir que leurs senti-timents les plus secrets avaient un témoin dont le talent per-

pétuerait leur souvenir, et qu'après plusieurs siècles des
inconnus viendraient s'éprendre des songes qui berçaient
leur âme. Je parcourus la galerie de tombeaux étrusques
découverts dans la nécropole de Ponte San Giovanni. Les
morts dont ils rappellent l'existence sommeillent accoudés
à leur oreiller de pierre. On les croirait pétris des mains
d'un potier inhabile. Cependant les Orientaux qui vinrent,
dit-on, peupler l'Etrurie, n'avaient point oublié l'art de leur
pays ; les sphinx sculptés dans la pierre de travertin de
Pérouse rappellent ceux que les Pharaons faisaient tailler
dans le granit. Une vaste tombe, reposant sur quatre griffes
de lion, montre le départ d'une colonie. Les émigrants, armés
de lances, amènent avec eux leurs animaux domestiques ; ils
semblent se dire des paroles d'encouragement, et leurs gestes
expriment la fièvre du départ. Plusieurs tombeaux sont ornés
de bas-reliefs copiés des Grecs ; ils reproduisent des combats
de guerriers avec des monstres, et des sacrifices humains : les
artistes perpétuent volontiers des images de meurtre, quand
la religion s'y mêle. Quelques scènes sont sculptées d'un
ciseau élégant : des sirènes qui fendent les flots et des
naïades chevauchant sur des centaures. Près d'une colonne
funéraire, je remarquai deux grandes figures de marbre, deux
époux, reposant dans une attitude somnolente. On y trouva
deux poignées de cendre. Le génie de la mort y est figuré
par une vieille au profil d'aigle et aux ailes déployées.... On
te revoit partout, ô mort — mais on vous retrouve aussi,
images des vivants, et vous défiez l'oubli, lorsque l'art vous
a donné un refuge !

Le 9 novembre.

Du Frontone de Pérouse, promenade déserte qui s'avance en promontoire au-dessus des vallons et qui est bordée de lauriers-nains et d'ormes-gentils, j'avais pu apercevoir au loin la ville d'Assise, mais pour un instant : des nues, chassées par le vent d'ouest, arrivèrent à grandes volées et se roulèrent sur les pentes des montagnes pour y former un second paysage aérien. Puis, de nouveau assaillies, elles se soulevèrent et disparurent comme un cortége de fantômes. Assise reparut à l'horizon, frappée des feux du soleil qui la faisaient briller comme un roc de cristal. N'était-ce pas un appel que m'adressait le bourg oublié? Je revins en ville prendre un cheval, et sortant bientôt par la porte Eburnea, je descendis la rampe qui mène à la vallée. Une demi-heure plus tard, j'étais à Ponte San Giovanni, où le Tibre, clair encore, glisse ses eaux sur le gravier. Des contadins de petite stature coupaient les chênes qui hérissent les coteaux sablonneux ; ils me saluaient à mon passage. Au delà de Bastia, la ville d'Assise m'apparut, au penchant d'une montagne dominée par la citadelle de la Rocca : le soleil l'éclairait merveilleusement. Ses étroites maisons, percées de lucarnes, s'étalent en une large envergure du monastère de Saint-François, sorte de forteresse, jusqu'à l'église Sainte-Claire, tournée vers le mont Subazio. Des murs d'enceinte enferment ces maisons qui, pressées les unes aux autres, se sont étagées irrégulièrement. Je passai sous une porte crénelée, faisant partir une bande de pigeons bleus, qui disparurent comme une nuée par-dessus les toits en ruine, et après avoir traversé une place verte où débouche la Via Superba, large à peine de quelques mètres, je mis pied à-terre à la porte du couvent. Quelle joie j'éprouvai à me promener dans sa vieille église obscurcie par toutes les richesses de l'art et résonnante de tant de souvenirs ! On s'avance avec surprise sous les voûtes basses, noyées dans un jour crépusculaire ; on marche avec recueillement entre les piliers énormes qui semblent supporter le poids de sentiments disparus. Le regard se perd dans des coins sombres où étincellent les lampes de cuivre et les sculptures des orgues ; on ne l'élève pas pour chercher la lumière aux vitraux ; on ne le porte pas aux arches des voûtes assombries par les fresques de Capanna et de Taddeo Gaddi ; on le laisse errer autour de soi, sans hâte de voir ; on demeure paisible dans ce fouillis d'ornements qui se marient en une harmonie austère. Pourquoi chercherait-on une issue à la cage mystique où nous tient la pénombre sacrée ? Au-dessus du maître-autel, qu'entoure une grille de bronze ouvragée, Giotto a représenté en allégories les vertus pratiquées par saint François, et sa glorification. On voit ses fiançailles avec la Pauvreté, figurée par une jeune femme, vêtue d'une robe en lambeaux, et précédée par des enfants qui sèment des épines devant ses pas. La sainte mendiante tend la main, d'un geste reconnaissant, à l'humble serviteur de Dieu qui s'avance vers elle. Les reflets rouges des tentures se jouent sur les auréoles des personnages symboliques ; çà et là un rayon de lumière vive illumine un doux visage de madone et fait saillir les formes grêles du divin crucifié. J'admirai une Sainte-Marie-Madeleine, de Buffalmacco. La pécheresse agenouillée a une expression navrante : elle semble à la fois ployée sous l'amour terrestre et transfigurée par l'idéal que lui révèle Jésus. A la voûte d'une chapelle qui, pendant les jours d'hiver gémit au vent du nord, sont représentés des prophètes et des sibylles. Celui qui les peignit perdit la vue dans sa vingtième année. Il fut l'émule de Raphaël, et il se nommait Andrea Luigi, mais ses compagnons l'appelaient l'*ingegno*. Je passai sous la travée du vestibule où Hécube de Lusignan, reine de Chypre, dort depuis six siècles en son tombeau de marbre, pour monter à l'église supérieure, haute, lumineuse, et dont le vaisseau élégant s'éclaire à des fenêtres ogivales. Les murs sont décorés de fresques de Giunta de Pise et de Cimabuë; leurs teintes effacées se marient légèrement aux marbres roses et bleus; et, tandis que dans l'église inférieure, toutes les courbes élargissent la pensée et la plongent dans les intimités du rêve, ici elles la transportent aux régions du ciel. Te voilà donc, lumière pure, vers laquelle les ascètes prosternés voulaient s'élever! Te voilà, contrée sereine que l'œil parcourt d'un seul regard, après s'être longtemps égaré aux encombres de la terre; tu viens glorifier le caveau funèbre qui fut creusé sous ces deux temples superposés! C'est là que je suis descendu par un escalier sourd. Autour du sépulcre où gisent les restes du saint, des veilleuses rouges et vertes sont sans cesse rallumées par des mains pieuses; elles percent l'atmosphère humide de ce lieu d'espérance et de paix.

Je me retraçai la vie aventureuse de l'illustre religieux qui fonda l'ordre des frères mineurs, de cet Orphée du XIIIe siècle, qui, embrasé d'un céleste amour, jetait son charme sur tous les êtres vivants et s'en allait par le monde, en chevalier errant de Dieu. Je me rappelai les *Fioretti*, toutes les pieuses et naïves paroles échangées entre lui et ses nombreux disciples, qui couvrirent un jour de leur multitude toute cette vallée ombrienne. Transportés pour la plupart par le sentiment du sacrifice, ils cherchaient la joie parfaite dans la souffrance et s'enivraient aux larmes de leur humilité :

O lagrima, con grazia gran forza hai :
Tuo è lo regno e tua è la potenza !

J'achevai la journée à parcourir la ville monastique ; je remarquai le beau portique corynthien d'un temple de Minerve et quelques tours ruinées qui montaient dans le ciel nuageux. Il était tard lorsque je fus dans la plaine et passai près de Sainte-Marie-des-Anges, à l'endroit où expira saint François. Le val du couvent delle Carceri s'enfonçait dans la brume, mais le soleil mourant jetait des lacs de lumière sur les collines, qui semblaient vêtues de velours, pendant que la chaîne des Apennins déployait sa courbe magistrale. Le silence est grand dans ces contrées. Je revins à Pérouse sans entendre d'autre bruit que le vague murmure du vent de la nuit dans les chênes.

Florence, le 22 novembre.

J'errais comme en un sombre cloître sous les portiques du palais du podestat. En voyant la cour carrée, la margelle du puits, les bancs alignés aux murailles blanches et les piliers massifs qui supportent de larges arcades, je me serais cru dans un de ces asiles de paix où les âmes meurtries se réfugient pour y vivre ignorées ; mais lorsque je regardais l'escalier monumental, dont un lion de marbre garde la rampe, la lourde porte de fer qui ferme le palier, le dais d'honneur qui le couvre et les écussons disséminés sur les murs, je me sentais en un séjour d'orgueil. Cet escalier, un chef de république le montait souvent, cherchant en sa pensée les moyens de ruiner des cités rivales ; et ces écussons marquaient au mur comme des traces de meurtres illustrés par la vaillance de ceux qui, aujourd'hui, dorment, les bras croisés, dans les grandes cathédrales. Un *bargello* gardait ce fier palais, au fond duquel s'ouvrent des cachots, déserts depuis le jour qui vit la Bastille s'écrouler sous le marteau d'un peuple libre. Là, languirent des combattants infortunés; là, ils furent livrés à bien des tortures, jusqu'à l'heure où l'archiduc Léopold fit mettre sur un bûcher les instruments de supplice qui avaient arraché la vie à tant de créatures innocentes. Quelle flamme claire dut monter vers le ciel — mais comme elle dut y monter tristement! car jamais elles ne seront réparées sur la terre les injustices accomplies aux siècles passés. Il n'y a plus au palais du podestat que des formes muettes, taillées par le ciseau d'artistes oubliés. Sous les portiques sont rangées des figures chrétiennes et de belles statues de dieux et de déesses. Dans un angle ombragé par la voûte, près d'une figure virginale de la Madone, on voit un bas-relief où deux amants de pierre se tiennent embrassés — union durable ; et un autre, où l'aigle de Jupiter boit à la coupe que lui tendent les bras de Ganymède. Je promenai ma curiosité par les hautes salles du premier étage. Je remarquai sur une table de chêne l'épée rouillée de Dante de Castiglione, et dans la salle d'armes, le casque à la gueule d'ours qui était destiné au Ferruccio. Parmi les boucliers historiés, les arbalètes, les lances et les gonfalons, je vis la pesante armure de don Gorgias de Médicis, pauvre enfant que l'on exerçait déjà à porter des coups mystérieux, à l'âge de la franchise et de la confiance ! Près de ces visages de fer apparaissent les figures de Laure et de Pétrarque, par Simone de Sienne, la tête exaltée d'Olivier Cromwell, celle du vieux Buonarotti, et dans la chapelle voisine, le long profil d'Alighieri peint par son ami le Giotto : réunion étrange que produisit la gloire, et qui montre combien est généreux l'esprit du siècle qui la permet. Au fond d'une vaste salle sont reléguées quelques richesses qui amusèrent la vie de Cosme Ier de Médicis. Je vis le lit à baldaquin où il reposait, la selle d'or et la bride émaillée d'émeraudes qui paraient son destrier, les verres de murano qu'il portait à ses lèvres, la boîte de nacre de forme sépulcrale qui renferma des parures de noces. Sa statue, à la tête généreuse, se dresse au-dessus de ces splendeurs évanouies. Lorsque, songeant aux petites vies présentes, je revins sur mes pas, j'admirai une œuvre du Vecchietta : un personnage de bronze, allongé sur un étroit tombeau. Bien que dans la mort, il ne semble point dans la paix. La tête ceinte d'un bandeau, les mains amaigries, les pieds nus et roidis, il paraît lutter et souffrir encore. On le nommait Mariano Soccino.

Pratolino, le 29 novembre.

Dans ce bourg abandonné, on se croirait bien loin de la riante vallée de l'Arno. Cependant, de ces pentes arides de l'Apennin, où croissent l'orcanette et l'asphodèle, le regard peut encore plonger dans la plaine immense où dort Florence, comme enveloppée d'un réseau de vapeurs. La villa princière de Pratolino demeure voilée sous les arbres séculaires ; le parc, qui entendit se perdre tant de soupirs de la belle et romanesque Bianca Cappello, n'est plus qu'un lieu désert. Autour du colosse de marbre de Jean Bologne, les châtaigniers gémissaient au vent frais de novembre et, par intervalles, laissaient entendre le bouillonnement d'une source. Que de fois Dante Alighieri dut porter ses pas vers ce lieu solitaire ! Que de fois, il y a cinq siècles déjà, sa figure pensive dut apparaître sur les rampes de ce vallon. Je voyais le fier gibelin marcher en silence en sa robe longue, le cœur troublé par les rêves profonds de l'amour, et l'esprit torturé par les sombres événements d'une époque barbare. Les regrets se peignaient sur ses traits délicats où les nobles douleurs s'étaient arrêtées. Au milieu du voyage de sa vie, la fille de Portinari avait échappé à sa passion, et Gemma Donati aurait pu reprocher au poëte infidèle d'être sorti du droit chemin de la constance. Peut-être aussi n'était-elle pas éloignée, l'heure où l'exilé devait s'écrier en se tournant vers sa patrie ingrate : *Popule mi, quid feci tibi?* Ame inquiète, occupée de l'éternel destin, il glorifiait toute la poésie d'un siècle de luttes à outrance et de visions chrétiennes. Réfugié aux régions de l'idéal, il cherchait à se consoler de l'adversité par la contemplation mystique, et voulant répondre aux interrogations muettes de l'exaltation religieuse, il pénétrait au royaume des morts, pour leur ravir leurs secrets. Combien ce site de Pratolino dut plaire à son austère génie, alors surtout que les derniers feux du soleil tombaient sur les flancs rougeâtres de l'Apennin et qu'une vie mystérieuse se répandait sur ce paysage expressif! Du sommet de ces collines rouillées par les pluies et hérissées de cyprès, il pouvait sentir monter à lui les formes cruelles des cercles de châtiments qu'il allait dépeindre, et, portant les regards vers la *Cité des Fleurs*, vers ce campanile du Giotto au pied duquel il aimait à méditer, il pouvait voir ses graves pensées se revêtir de la douce forme florentine. Son génie hautain, que pénétrait une âme tendre, il en trouvait l'image en ce site écarté que viennent effleurer les brises de l'Arno. J'ouvris à l'aventure son livre immortel et je commençai à lire cette page où éclate sa grande pitié, lorsque, dans le sombre séjour où sa vision le mène, en compagnie du poëte de Mantoue, il rencontre les ombres infortunées de Paul et de Francesca de Rimini :

« Dès que j'eus entendu ces âmes blessées, je penchai le visage, et je le tins si longtemps baissé, que le poëte me dit : « A quoi penses-tu? » — Quand je lui répondis, je m'écriai : « Hélas! combien de doux pensers, combien de désirs les ont menés à ce pas douloureux...... »

Le 10 décembre.

Ce matin, une lettre m'apprenait la mort d'une personne qui m'était chère. Lorsque je la décachetai, le soleil illumina soudain les vitres de la croisée ; il couvrit de sa lumière matinale le papier de deuil que je tenais à la main, comme s'il eût voulu me rassurer sur un événement inévitable que l'imagination assombrit. Il faut que la perte des personnes aimées nous achemine à notre propre fin. Plus nous avançons vers la dernière heure, plus nous vivons avec ceux qui ne sont plus. Les ombres des parents et des amis que nous avons perdus nous accompagnent ; elles arrêtent parfois le sourire sur nos lèvres entr'ouvertes aux joies du monde, mais d'autres fois, lorsque nous agissons dans la gravité de notre âme, elles nous encouragent et nous consolent de l'indifférence des vivants. Il y a peu d'instants, je parcourais le Campo Santo ; je frôlais la poussière des morts, et je m'approchais d'eux par la pensée. Réveillés par le silence qui régnait dans le funèbre asile, mes sentiments m'entraînaient en un courant triste : je songeais aux jours où je jouais par l'herbe printanière, jours ensevelis comme les générations qui m'entouraient, mais je me rassurais en éprouvant la force du sentiment qui ressuscite les vies et fait reparaître les fleurs que le vent de l'oubli voudrait emporter. Morts, qui êtes les vivants des autres sphères, vous vivrez toujours en nous.

Le 3 janvier.

De nombreux chefs-d'œuvre des peintres qui vécurent aux siècles qui précédèrent la Renaissance ont été réunis dans les vastes galeries du palais de l'Académie. Beaucoup expriment des scènes de barbarie. L'héroïsme y est toujours aussi tragique : les guerriers, les vierges dolentes, les ermites, vivent dans la lutte ou le martyre ; et la peinture est toujours aussi naïve, produite par un pinceau patient et craintif. Un tableau de Buffalmacco représente Santa Umilta de Faenza. Il montre la mélancolie des siècles de ferveur religieuse. Dans la lourde atmosphère, la sainte se tient debout, les mains jointes, tristement, enveloppée d'un vêtement couleur de cendre. Le bandeau blanc couvre son jeune front, comme pour voiler le siége de la pensée téméraire. Je remarquai le drame du tableau voisin : des guerriers sont rassemblés au pied d'une tour féodale, regardant le sang des martyrs rougir le pré ; un homme d'armes s'apprête à donner le coup de grâce au dernier moine en oraison ; non loin, un prédicateur, qu'ombragent des cimes de lauriers, exhorte à l'héroïsme d'autres frères agités par les spasmes de l'enthousiasme divin. Une Adoration des Mages, de Gentile da Fabriano, est d'un coloris charmant, bien que l'harmonie des tons soit un peu brisée par les couronnes de cuivre, qu'un goût bizarre faisait appliquer sur les toiles. La Madone soulève le divin enfant, qui pose sa petite main sur le front du plus âgé des rois, dont le diadème gît à ses pieds ; le second mage s'agenouille avec ferveur ; le plus jeune s'incline pendant qu'un page lui enlève ses éperons ; les palefrois royaux lèvent leur tête chargée de rênes étincelantes du milieu d'un groupe de pasteurs qui contemplent dans le ravissement. Saint Joseph abaisse un regard reconnaissant sur cette scène de pieuse humilité. A l'horizon, on voit la royale procession disparaître dans l'ombre des montagnes de Judée : les auréoles des mages y brillent en trois croissants d'or. L'œuvre voisine est une Déposition de Croix, de Beato Angelico. On est transporté sur la belle montagne de Fiesole, où vécut le religieux artiste. L'air vif se joue parmi des personnages habilement espacés ; le ciel est éclatant de lumière, et des palmiers découpent leurs cimes sur son azur rayé de nues d'argent. Le corps léger du Christ glisse le long de la croix jusqu'aux mains des anges, vêtus de robes flottantes. La pureté des formes se détache sur la sérénité du firmament, et cet éclat de couleurs : verdure des arbres, pourpre des vêtements, blancheur des nues, ne trouble point leur heureuse harmonie. Cette splendeur de coloris rend plus obscures les œuvres des autres maîtres. Le Couronnement de la Vierge, de fra Filippo Lippi, nous mène en des régions moins sereines ; néanmoins, l'expression en est touchante : au-dessus d'une assemblée d'anges que le malheur semble avoir effleurés de son aile, la Vierge incline son doux profil ; une lueur verdâtre éclaire les têtes, comme d'un jour surnaturel. Le Baptême du Christ, du Verrocchio, montre combien le moyen-âge était inhabile à peindre la virilité. La délicatesse seule pouvait charmer l'artiste, tantôt celle de l'inexpérience, tantôt celle de la science du cœur, fruit de désillusions hâtives. L'enfant rêveur ne sort de l'innocence que pour choir dans les tourments d'une pensée trop ardente. Dans l'Adoration des Pasteurs, de Lorenzo da Credi, une figure de jeune pâtre, que l'on croirait du Pérugin, contraste avec les têtes vulgaires qui l'entourent. L'adolescent semble considérer avec chagrin l'âge de la force où les années le mènent. Que fera-t-il de cette vie jusqu'alors écoulée dans le ravissement des songes? Les ressorts de sa volonté ne sont-ils pas brisés? Ce beau front encore candide, mais déjà inquiet, ne sera-t-il pas trop tôt ravagé par les réflexions tristes? J'admirai une toile de frà Bartolommeo : l'Apparition de la Vierge à saint Bernard. Un cortége de séraphins accompagne la sainte ; leur vol est confiant, mais leurs têtes sont languissantes, et leurs paupières, appesanties. Ces yeux demi-fermés par la pudeur, l'humilité ou le chagrin, se trouvent dans toutes les pieuses figures des siècles d'exaltation religieuse. Toute la scène, noyée dans une lueur rose, se détache sur un paysage où les arbustes font des boules d'ombre qui vont diminuant jusqu'aux montagnes de l'horizon. Un portrait du même maître, celui de sainte Catherine de Sienne, est d'une couleur que l'on dirait broyée dans les larmes. Le voile monacal couvre la tête de la sainte, abîmée dans la volupté mystique. Elle élève de la main un lis blanc ; il allonge son calice devant ce cœur qui ne battit que pour le Christ, et les lèvres de la vierge demeurent entr'ouvertes comme pour laisser échapper de religieux soupirs. Deux autres portraits m'arrêtèrent ; l'un est celui de François d'Assise, par le Cigoli. Le saint prie dans la forêt ; les mains jointes et suppliantes, il lève son front pâle et fixe son regard avec ardeur dans l'obscurité, pour percer de son amour la nature mystérieuse. Des pensées exquises ont laissé leur empreinte sur ses tempes amaigries. Un rayon, qui tombe de la lune, fait reluire sa compagne, — une tête de mort, — et va glisser sur le toit d'une chaumière isolée. Quelle ascension douloureuse que celle d'une âme qui veut échapper aux ténèbres de la terre! L'autre portrait est celui de Girolamo Savonarole. Il fut peint par son ami frà Bartolommeo. Le sang d'une affreuse blessure se répand sur le col de l'illustre dominicain, mais son regard

demeure plein d'assurance et sa bouche garde l'expression
de la bonté. Pauvre martyr! Ton zèle naïf s'accordait mal
avec la foi attiédie de la Renaissance, et ta nature plébéienne
froissait le siècle élégant qui avait mis sa religion dans le culte
des arts. Le 23 mai de l'an 1498, la foule rassemblée devant
le palais de la place de la Signoria vit monter la flamme
de son bûcher. *Ah! Firenze, che fai oggi!* telles furent
les dernières paroles du moine courageux qui avait osé braver le pape Alexandre VI. L'an d'après, en ce même jour de
mai, les *piagnóni,* ses disciples, semaient des fleurs sur le
lieu de son supplice, pieux hommage qui se perpétua pendant
trois siècles.

Le 12 janvier.

Il y a quatre mois à peine, j'entrais dans cette belle
cité que je quitte aujourd'hui; demain, Florence ne sera
plus pour moi qu'un souvenir. Je me promenais hier soir,
dans les allées des *Cascine.* J'étais seul; aucun bruit ne sortait des grands arbres au pied desquels l'Arno roule ses eaux
murmurantes, et par delà la plaine, la haute chaîne des Apennins veillait dans les ombres. De doux pensers se jouaient
dans l'air calme, et le silence des lieux, qui s'accroissait aux
approches de la nuit, semblait rendre la nature entière attentive à mes regrets intérieurs. Je reviens au Pont-des-Grâces.
La foule y affluait comme en une soirée d'été. Les figures
entrevues alors resteront présentes à ma mémoire; je les
contemplais comme si j'eusse voulu y lire toute la vie florentine, et me dédommager ainsi de mes heures passées loin
d'elles, dans la solitude.

Le 13 janvier.

Je suis arrivé à Pontedera par une plaine, plantée de mûriers et fermée par la chaîne des monts Pisans. Après avoir passé près d'une fabrique toute retentissante de bruits de machines et de chansons joyeuses, je me trouvai sur la place du dôme. Près du portail, des ouvrières désœuvrées s'étaient réunies et se faisaient leurs confidences; mais de l'endroit éloigné où j'étais, je ne voyais qu'une gracieuse pantomime. Les unes étaient discrètement penchées, un doigt sur les lèvres, comme les statues d'Harpocrate; d'autres, immobiles et nonchalantes, demeuraient attentives; quelques-unes, la main appuyée sur la hanche, s'avançaient avec lenteur, comme des femmes de Judée s'en revenant de la fontaine. J'ai mené ma promenade jusqu'à Empoli, bourg étendu dans une plaine fertile. Les rues, aussi habitées que les maisons, y sont étroites et sombres, tristes à parcourir le soir d'un jour de fête. Le peuple, dans un vulgaire abandon, s'y livrait à ses plaisirs. Les passants se heurtaient sur les trottoirs glissants, pendant que la lueur tremblante des lampes agitait les façades des maisons. De rue en rue, cheminant au hasard, j'arrivai sur une place d'un aspect singulier, entourée de portiques bas et décorée d'une fontaine colossale; trois femmes nues, en cariatides, soutiennent une large coupe; à leurs pieds, quatre lions de marbre vomissent l'eau fraîche. Des bandes d'enfants ébouriffés passaient sous les portiques comme des nuées d'hirondelles, sautant à grands cris par-dessus les bornes enchaînées. Ma soirée s'acheva vers les dernières maisons de la ville, sur un banc désert des allées. La lune se montrait à travers un ciel pâle et écumeux. Les nues traînantes laissaient apercevoir çà et là une étoile, aussitôt voilée. C'était comme autant de regards qui venaient tour à tour fixer la terre de tous les points du ciel. Des jeunes gens passèrent à grand bruit, joyeux, emportés par le plaisir, pendant que, me laissant envahir par la majestueuse mélancolie du ciel, je regardais tantôt le disque de la lune, tantôt la plaine déserte, et tantôt mon ombre s'allongeant à mes pieds.

Pise, le 16 janvier.

Que le paysage qui s'étend sous mes fenêtres est triste, mais qu'il semble calme et reposé, bien que nous soyons dans la saison des tempêtes! Après ces grandes pluies, l'Arno roule des flots jaunâtres, où çà et là se lèvent de petits bouillons d'écume. Les maisons alignées du Lungarno, aux couleurs pâles, aux croisées sans relief, sont empreintes de mélancolie, et c'est vainement que leurs volets verts tentent de rappeler autour d'elles les souvenirs d'un printemps disparu. Après avoir passé sous mes fenêtres, en décrivant une courbe pleine d'ampleur, le fleuve va glisser ses eaux au pied de la vieille tour des Galeotti, aujourd'hui l'arsenal : elle semble vouloir l'arrêter pour lui redire les soupirs de tant de prisonniers. Plus loin, croit dans un sol limoneux un groupe de hauts peupliers. Sur le quai de l'autre rive, l'église Santa Maria della Spina dresse ses frêles clochetons, comme trois mitres, sur un ciel de plomb et de cuivre. Dans cette large plaine de Pise, qui s'étend jusqu'à la mer et qui était autrefois submergée, le paysage est toujours voilé de brumes, le vent toujours humide. Les malades y arrivent pour y trouver la santé, mais ils ne font qu'un petit détour pour échapper à la mort : le temps les y ramène. Ici, comme en tout lieu de la terre, les spectacles tristes abondent. Voyez cette pauvre vieille et ces enfants demi-nus qui, chaque matin, armés d'un crochet, viennent fouiller les débris de toutes sortes amoncelés à l'angle de la ruelle voisine. Voilà où ces misérables sont réduits à chercher fortune, — et quelle fortune ! Une croute de pain tombée de la table du riche ; quelques grains de café que la vieille mère fera bouillir pour l'enfant infirme ; une aiguille, du fil peut-être ! Grande joie pour la mère — la pauvreté a été si agile à découdre, trouer, déchirer : ce vieux linge on l'appliquera sur la blessure de l'aïeul, car c'est vainement qu'on cherche dans la maison pauvre un baume aux blessures — une pièce de monnaie..... ah ! cette pièce sera assurément tombée du ciel ; elle pourra si bien servir à la famille ! — Et la pauvre mère, pâle, tremblante, affamée, s'en retourne vers son gîte, toujours accompagnée de ses enfants, prompts à la devancer. Pendant que j'observais ces infortunés, la vieille *cameriéra* est entrée sans bruit et m'a dit : « Comment le Signore ne va-t-il pas à la promenade ? Il fait une si bonne petite gelée ! » Je suis sorti. La vieille avait dit vrai : la nuit, il avait gelé, mais l'atmosphère était encore imprégnée de l'humidité des autres jours. En vain la gelée et les frimas voudraient établir leur règne à Pise, la ville des pluies. Combien de rues désertes je parcourus avant d'être dans la campagne ! L'herbe marquait au pavement les interstices des larges dalles. Les maisons avec leurs portes cintrées et leurs étroites fenêtres restaient silencieuses ; parfois, une tête, moitié triste, moitié curieuse, se montrait à une lucarne grillée. Nul bruit qui annonçât la vie : ni roulements de voiture, ni tapage de fabrique, ni voix d'hommes, ni cris d'enfants, ni chants d'oiseaux, — et chaque dalle, résonnant sous mes pas, semblait dire : « Je recouvre un Pisan. » C'est ici qu'on envoie les faibles et les souffrants, qui ont tant besoin de voir autour d'eux fleurir les choses de la terre ; c'est parmi les tombes et dans le chagrin d'une ville morte qu'on les oblige à cheminer pour les rappeler à la vie. L'air est doux, l'air est tiède, l'air est excellent, a-t-on dit, sans songer que notre âme, elle aussi, réclame une atmosphère heureuse sans laquelle elle ne peut vivre.

Le 17 janvier.

En vain voudrait-on multiplier ses joies et voiler sa réflexion, une voix intérieure ne cesse de nous dire que tous, fortunés et infortunés, nous sommes destinés au travail et à la souffrance. Dès que nous voulons nous dérober à l'action et à ses épreuves, l'inquiétude nous saisit, nos forces s'épuisent et notre cœur se dénature. Il nous faut une bien grande volonté d'amour pour que le songe nous soit une paix ! Où déployer votre vaillance, cœurs ardents que le songe a jetés hors des voies laborieuses? Ne deviendrez-vous pas les foyers inutiles qui s'éparpillent en mourantes étincelles? Une âme qui ne doit jamais périr se dévouera-t-elle à des ombres? Ne cherchera-t-elle point l'éternelle beauté au fond des formes qui la séduisent? Ira-t-il, celui dont les heures sont comptées, consumer son cœur en l'adoration de fugitives idoles et disperser ses pas sur une terre oublieuse? Que, s'il se sent faible parmi les hommes, il entreprenne du moins l'action divine et solitaire ! Qu'il s'arrête aux tombes abandonnées ! L'éloquence de la pierre tumulaire chassera les incertitudes de sa pensée en le ramenant à Dieu, seul centre vers lequel doivent converger ses aspirations. De la religion, il verra alors le grand miracle : la mise en fuite des désirs frivoles en présence de l'Unité éternelle.

Hier, le soleil brillait sur les rives nues de l'Arno, et

les trembles, dépouillés de leurs feuilles, découpaient leurs blancs rameaux sur le ciel d'hiver. Nous nous étions retrouvés, Fernand et moi, après une année d'absence, et nous nous promenions dans l'allée déserte pendant que de pauvres vieillards se courbaient pour ramasser les feuilles tombées. Il était venu me rejoindre d'Athènes, où il avait vécu dans la splendeur du ciel méridional, l'âme emplie de pensées généreuses ; et moi, je m'étais éloigné du nord alors que les arbres ployaient encore sous le fardeau des neiges. Nous parlions peu, parce que nous avions les mêmes pensées. Les montagnes plongées dans le repos, les barques qui fuient comme des songes, la plaine où dorment les maisons habitées, les inconnus qui cheminent avec leurs désirs et leurs souffrances, nous les regardions du même regard. Et tous les sentiments qui éclosent de la contemplation d'un même idéal, nous les partagions. Le jour est bref ; déjà la nuit s'avance, et avec elle, se montrent les étoiles vers lesquelles, créature éphémère, tu dois porter ton âme. Nous étions arrivés à l'endroit où un sentier blanc, fuyant le fleuve, descend au bourg des Piaggie, et ce qui s'offrit à nous, ce fut un cloître ombragé de cyprès. Des tables de marbre blanc, appuyées aux murs d'enceinte, rappelaient des créatures disparues. Nous nous arrêtâmes devant une pierre, pour y lire ces mots :

ANGELA SOLER

AH! SE QUA VI FERMATE,

UNA LAGRIMA, UNO BACIO, UNA PRECE PER LEI!

Le soir vint, au son des cloches de San Michele, et la plaine, où tantôt les vignerons paisibles reliaient les sarments des vignes, plongea dans l'ombre. Les montagnes de Calci et d'Asciano montraient encore leurs grands contours à l'horizon : elles semblaient recéler nos rêves. Demain, le soleil constant reparaîtra, et les illusions nouvelles s'agiteront encore dans nos cœurs aveugles.

Le 19 janvier.

La pluie a cessé au souffle de la tramontane. — Doux soleil d'hiver faisant resplendir les quais de l'Arno ; joie de parcourir la belle avenue de peupliers, qui mène à la Cascine de San Rossore. C'est sur toute la voie une procession de pauvres gens qui arrivent à la ville, chargés de bois mort recueilli dans la *macchia*. Les moins pauvres ont une charrette traînée par les enfants et poussée par les aïeux. Les plus jeunes accompagnent le cortége en chantant d'une voix grêle. On voit, par toute la plaine, des vignerons vêtus d'une blouse blanche et coiffés d'un bonnet de peau de loutre, relier les sarments des vignes qui enguirlandent les ormeaux. Voici la forêt de pins pignons et de chênes liége, verte comme en été, et voici la bruyère de la Cascine : des chameaux s'y sont acclimatés, non loin des froids sommets de l'Apennin. Les bêtes des déserts brûlants errent à leur fantaisie dans la broussaille ; parfois, chargées de pommes de pins, elles cheminent lentement à la file, mâchant d'une bouche écumeuse quelque feuille de platane. Des compagnies de faisans picorent sans effroi devant elles et ne s'envolent qu'au passage des garde-chasse traversant les jeunes taillis au grand galop de leurs chevaux. Je m'avance vers la mer, dont j'entends croître la rumeur. La plage est basse, sablonneuse, sans obstacle ; néanmoins, les vagues s'y ruent avec violence. Au nord, on voit reluire les premières maisons de Viareggio. Au sud, le brumeux profil de l'île de la Gorgone émerge d'une mer aux plis d'argent. Je reviens à Pise, par la même allée, faisant les mêmes rencontres de pauvres gens. Qu'il est éloigné le temps où la guerroyante cité gibeline, rivale de Florence, couvrait de sa foule vivante cette plaine dépeuplée ! Les vagues venaient bondir à son port marchand, portant la flotte victorieuse qui étendait son empire jusqu'aux Baléares. Comment s'anéantit la prospérité des peuples, et comment périssent les civilisations? L'accident fatal triomphe-t-il de la volonté de l'homme ; ou bien son esprit seul fait-il, à son gré, courir çà et là sur le monde le frémissement de la vie? Faut-il remonter à l'origine des choses pour trouver l'impulsion qui diversifie l'humanité présente ; ou bien les générations sont-elles responsables des événements qui, tour à tour, les ruinent et les élèvent? N'y aurait-il point assez de sève en toi, nature, et ne serais-tu point assez prodigue, Esprit, pour faire incessamment, et partout à la fois, bouillonner la vie? Si le berceau doit sortir de la ruine, et si, par le balancement perpétuel de la matière, la vie se déplace plutôt qu'elle ne s'épand, ne devons-nous point garder l'espoir que l'humanité s'épure au grand filtre des siècles? Je m'attarde au Campo Santo moderne de la Porta Nuova. Sous le gazon, sont inhumés les pauvres ; sous les portiques, les fortunés. Partout, des inscriptions touchantes, des paroles de tendresse à ceux qu'on a perdus : « Tel jour, à telle heure, son âme a pris son essor. — Mon ange s'est envolé. — O toi qui nous précèdes, intercède pour nous ! » Une femme égraine son rosaire devant une couronne d'immortelles posée sur un tertre, pendant qu'un vieillard écrit à la craie, sur une croix de bois, le nom de son enfant. Ces caractères fugitifs sont plus navrants que les inscriptions gravées dans le marbre, montrant mieux la faiblesse des efforts de l'homme pour perpétuer le souvenir de ses affections. Il nous arrive de nous émouvoir davantage au léger bruit de la feuille d'automne qui s'ensevelit dans la jonchée des feuillages flétris, qu'au fracas prolongé du chêne tombant sous la cognée des bûcherons, et dont la puissante dépouille demeure impitoyablement couchée sur la foule des arbrisseaux.

Le 20 janvier.

A quel dur labeur l'artiste doit se livrer pour léguer à ses frères de l'avenir l'expression de sa vie! Il semble qu'il soit là, sur les rives d'un torrent dont il tenterait d'immobiliser les flots, ou sous des nues changeantes dont il voudrait saisir les ondoyants contours. Il s'enfièvre de l'espérance de laisser un glorieux vestige de sa passion à toutes les générations à naître, et il cisèle de l'ombre. Il l'arrête néanmoins, ce flot; et il la fixe, cette ombre; mais pour un temps seulement, pénétrant ainsi les créatures vivantes de l'âme de celles qui ont vécu. Chaque période de la vie des peuples trouve son expression. Aux temps de barbarie, l'homme a l'éloquence du glaive; plus tard, celle du ciseau et du pinceau ; et enfin, lorsque s'établit l'équilibre du cœur et de la raison, celle de la plume, qui retrace les tentatives passées, et formule, en un langage clair, ses aspirations. Cette réflexion naît à la vue des innombrables œuvres d'art enfantées aux derniers jours du moyen-âge. L'âme de l'humanité, enflée d'amour et de douleur, et jusqu'alors enivrée de l'idéal ascétique, ne peut s'échapper en paroles ; les mots seraient impuissants à l'exprimer dans sa sublime ardeur; il faut recourir au pinceau, modeler la terre, tailler le marbre, pour rendre l'instinct dans sa pureté native et faire ainsi tressaillir les cœurs en s'adressant aux regards. Au xive et au xve siècle, la sculpture, en Italie, est d'un sentiment merveilleux. L'artiste demeure hésitant entre l'amour mystique et celui de la vie sensible ; à la fois épris du ciel et de la terre, il se complaît en des sensations idéalisées. Il sait que le double mirage qui le fascine s'évanouirait s'il voulait le décrire avec la plume, et que le pinceau lui-même ne rendrait qu'imparfaitement ces réalités qu'il désire montrer dans un puissant relief. Il prend un bloc de marbre et, armé du ciseau, il fait palpiter cette immobilité et il donne le flamboiement à cette froideur, l'animant de la flamme platonicienne dont il est embrasé. Que de fois j'ai admiré des bas-reliefs de Lucca della Robbia, de ce grand artiste qui sut faire chanter des poëmes à l'argile, en la pressant de ses mains ! Ses vierges inspirent le double attrait de la vie terrestre et du monde idéal, et ses anges, au regard endolori, semblent de jeunes Grecs germanisés ; on sent sourdre en leur cœur une tendresse passionnée, que leurs mouvements tranquilles ne font que voiler. Dans un bas-relief, la perspective fait oublier certaines imperfections de forme, qui seraient choquantes dans une statue isolée ; on croit assister à une scène de la vie réelle et l'on est à la pensée du poëte aussi bien qu'à l'art du sculpteur. Bien souvent aussi, j'ai contemplé les madones de Jacopo della Quercia et les statuettes de saints de Giovanni Pisano et de Donatello, si paisibles, si recueillies, si pleines d'un doux mystère ! Les corps de leurs figurines n'ont point cette noblesse admirée dans les œuvres des statuaires grecs, mais les têtes sont d'une candeur charmante, et leur expression sereine n'a rien de la piété chagrine qui se remarque dans les statues gothiques du Nord. Aussi bien que les modèles antiques, ces statues expriment l'unité, sinon par la pureté des contours, du moins par la religieuse résignation des âmes qu'elles paraissent enfermer :

le mysticisme vient ainsi se fondre dans le monde naturel. Plus tard les sculpteurs, devenus habiles à copier les chefs-d'œuvre de l'antiquité, ont donné à leurs œuvres une grâce mondaine, que les premiers n'eussent pas voulu rendre; leur sentiment s'est diversifié, et bien qu'ils soient plus purs de forme, on pourrait dire qu'ils s'éloignent davantage des Grecs que tels artistes italiens du xve siècle. Ils n'ont, pour la plupart, ni le naturel, ni la profondeur, ni l'élévation; or, c'est quand l'art se dégage des artifices, en plongeant dans la nature ou en s'épurant dans un amour recueilli, qu'il s'unifie, se généralise, et peut produire la beauté durable.

Le 25 janvier.

Ma maison du Lungarno, je l'ai quittée pour me loger au quartier le plus désert de la ville, près de la place du Dôme et de ses monuments délaissés; mais de ma croisée, je ne puis les apercevoir : mon horizon est fermé par des murs de jardins, où parfois apparaît un oiseau muet. C'est en cette retraite que je puis le mieux me charmer à la solitude de la cité recueillie. Le vent tiède ne fait qu'y soupirer, les rues sont blanches, abandonnées, et les maisons semblent des cages entr'ouvertes dont les oiseaux se seraient envolés. Les Pisanes, longues et frêles de stature, foulent sans bruit l'herbe des rues. Elles sont belles à contempler avec leur regard azuré et leur chevelure d'ébène; les modèles de Raphaël revivent sur les bords de l'Arno, et l'on croit voir autour de soi des créatures d'une autre époque, oubliées par la Mort. La vie de la ville, déjà éteinte aux extrémités, s'est réfugiée au cœur, au Ponte di Mezzo. Là, chaque soir, la paisible jeunesse s'accoude aux parapets pour regarder couler les eaux lentes du fleuve, pendant que la chauve-souris décrit ses cercles sous les portiques de la Via del Borgo. Dans les rues dépeuplées, à la lueur de la lune, mon ombre marche seule à mes côtés, sur les murailles grisonnantes. Au pied de ces murailles, à l'heure où le soleil y glisse ses derniers rayons, des jeunes filles, la main dans la main, cheminent en chantant; et ce sont des chants pleins d'indolence et d'abandon. Les édifices muets, les tours pâles qui se profilent mollement sur le ciel assombri, on les prendrait pour un décor fragile. « Tout le monde n'a pas la joie d'être riche, » murmurent de pauvres femmes, en vous tendant leur sébile. Çà et là, on rencontre une petite fille s'écoutant jouer de l'accordéon. Partout s'expriment la grâce et le recueillement, — et si l'on gagne la plaine, le caractère du pays n'a pas changé : l'herbe est pâle, les chemins de terre sont doux au marcher, et les vignes, maigres et flexibles, s'abandonnent à l'arbre qui les veut soutenir.

Campo Santo, le 28 janvier.

C'est sur la menace d'un orage, aux grondements du tonnerre, que j'entrai au Campo Santo pour y chercher un abri. Peut-être le Ciel voulait-il me rappeler aux choses éternelles en me rapprochant des tombes. Je fus frappé du caractère de ce cloître, qui emprunte sa majesté à des images de mort. Cette succession d'arcades éclairant de longues galeries de tombeaux égyptiens, étrusques, romains et grecs; ces dalles où sont inscrits tant de noms de la noblesse pisane; ces murs couverts de peintures désordonnées comme la fièvre et à demi rongées par les siècles, nous placent dans un milieu étrange, et l'on s'étonne d'avoir franchi tant d'événements en passant le seuil de ce morne édifice. Le préau, carré long, assombri par les murs des cloîtres, semble surveillé par ses cyprès ; ils se dressent aux quatre angles, noirs et muets gardiens des Ombres. Çà et là une plante de mauve ou de molène germe sur le gazon, au pied d'une pierre de sacrifices. Nul bruit de travail, nul éclat de voix ne rompt le silence du saint asile. Les herbes et les fleurs, jamais foulées par les hommes, y croissent à leur fantaisie. Les éclairs ont beau jaillir des nues, ils n'illuminent pas la pénombre sépulcrale ; la tempête a beau se déchainer par-dessus la ville, ses rafales ne peuvent pénétrer au paisible enclos : le pré reste immobile et l'édifice comme pétrifié en son mystère. Cependant, à la porte grillée, un bruit de clefs a retenti, les gonds ont crié, et une famille anglaise, père, mère, enfants, a envahi le cloître. Le père, souriant de curiosité, a pris des notes en se promenant sur les caveaux funèbres. Il a admiré l'hippo-griffe égyptien, les tables de sacrifices ornées de têtes de bélier et la belle urne grecque en marbre de Paros ; il s'est longtemps arrêté devant les sarcophages romains où sont sculptées des saturnales, et satisfait de découvrir autour de lui tant de précieux objets, il s'est hâté de les inscrire sur son calepin. A voir sa grande figure altière, empreinte de dédain, on eût dit qu'il se sentait fier de se tenir debout au-dessus de tant de puissants personnages gisant sous ses pieds. Par-fois, il demeurait immobile devant une large dalle, pour en copier l'inscription lorsqu'elle était singulière. Ce fut pour lui une jolie trouvaille, dont il pourra se divertir, que cette épitaphe : *Fac lœtus letho lecta lethalia lœdas. MDCXII.* Ses enfants, bambins de huit ans, allaient joyeusement d'une tombe à l'autre, poussant des éclats de rire quand ils découvraient un de ces tombeaux étrusques où des nains difformes sommeillaient, négligemment accoudés sur leur dur oreiller, et qu'ils apercevaient sur le fût d'une colonne une large figure d'Hercule ou de Jupiter. Mais les échos du cloître leur renvoyaient leur rire si défiguré, qu'ils étaient saisis de frayeur et couraient se blottir au giron de leur mère. Que vous devez souffrir, pauvres morts, aujourd'hui que vous êtes la proie de la nuit et de l'immobilité, de vous sentir profanés par la curiosité des vivants ! Le travail de l'artiste voile votre souvenir, et le sculpteur a gravé son nom en caractères plus durables que les vôtres ! Heureux les morts dont les noms resplendissent encore à travers les voiles dont l'indifférence les couvre ! Heureuse cette audacieuse figure de Frédéric Barberousse encore glorieuse dans cette babel mortuaire, et que je vois entourée de ses quatre conseillers auliques, à l'épais menton tudesque. Vêtus de robes longues, ils se tiennent aux côtés de leur souverain, une main sur la poitrine, dans l'attitude de ceux qui doivent parler selon leur cœur. Comme un commentaire à ces monuments funèbres, des fresques bizarres où les comédies de la terre se joignent aux fantaisies de l'artiste, décorent les vieux murs du cloître. Le Triomphe de la Mort, sorte de danse macabre d'Andrea Orcagna, est d'un effet saisissant. Des formes étranges, spectres, vampires, lémures, s'agitent dans l'air obscurci, disputant les mortels aux esprits supérieurs. Des moines appesantis, tendant la main à des anges ailés, croient monter au ciel ; mais soudain un démon les saisit et fait lâcher prise aux mains délicates des anges. Dans un coin écarté, un ermite trait avec sécurité sa chèvre et songe à l'excellent laitage qu'il en tirera, mais la Mort est là qui le guette dans un buisson. A l'ombre des orangers folâtrent de joyeux compagnons, pendant qu'une faux tranchante descend inaperçue à travers le feuillage. « O Mort, que tu nous sembles belle ! »

soupirent des misérables accablés d'infirmités ; mais la mort, friande de beauté et de bonheur, n'y prend garde, et la voilà qui, d'un vol silencieux, se dirige vers les insouciants qui s'enivrent à l'ombre des orangers. Au premier plan, des seigneurs cavaliers sont arrêtés devant trois bières entr'ouvertes, pour contempler des cadavres revêtus d'insignes royaux. Le premier observe froidement, le front pensif. Le second laisse pencher sa tête sur sa poitrine, dans la mélancolie. Le troisième, effrayé de l'abjection de personnages superbes, détourne la tête avec horreur. L'Enfer de Bernardo Orcagna, l'Enfer avec ses cercles d'infinies douleurs, tel que l'avait chanté le génie du Dante, déroule sur la cloison voisine, sa sombre et éternelle perspective. Cependant quelques fleurs de vie s'épanouissent sur ces murs tombant de vétusté : ce sont de gracieuses figures d'une simplicité antique créées par Benozzo Gozzoli, les Vendangeuses, et parmi elles, la *Vergognosa,* feignant la pudeur, la main sur les yeux, et regardant entre ses doigts la nudité de Noé. Le temps a dévoré le visage du patriarche en respectant sa barbe blanche, comme s'il eût voulu ne nous laisser qu'un signe de sa vénérabilité.

Urnes sacrées, tombeaux, saintes images, à qui parlez-vous sur la terre des vivants ? Combien de mortels vous aiment et vous écoutent ? Combien viennent ici songer aux existences dont vous témoignez ? D'entre les disparus, quels furent les heureux ? Quels, les malheureux ? Pour les uns, le trépas est apparu farouche au coin du bois, et les a précipités au fond de la tombe ; d'autres s'en sont allés à l'appel d'une vie meilleure. Couchés sur leurs armes, reposent les guerriers ; les poëtes, c'est sur leurs espérances, sur leurs amours, qu'ils se sont étendus ! Aux guerriers comme aux poëtes, on a jeté une large pierre sur la poitrine, et leurs soupirs ont été étouffés sous cette masse froide et lourde. Leur cœur ne tressaillira plus aux éclairs des batailles, ni au serrement de mains amies. Les voilà à jamais immobilisés dans la nuit. Les prairies sont là près, fêtant la lumière sereine et les conviant à leur réjouissance. A cet appel, ils voudraient crier, et, comme Lazare, se dresser sur leur couche, mais qui enlèvera la pierre qui couvre les morts, et de ces corps, jadis objets d'amour, qui voudrait affronter l'horreur ? Ah ! les morts ! on en effraie les vivants ; on fait trembler les enfants quand on en parle ; on ne leur dit pas que ce sont leurs grands parents qui s'appellent ainsi ! Un mort, pour eux, c'est le cadavre au blême visage qui répand l'épouvante — et les douces visions du passé s'effacent dans les ténèbres du tombeau. Poëte, songe aux milliers d'existences disparues, aux grandes âmes envolées, aux beaux corps qui furent, aux profonds regards évanouis, à ces regards qui enchaînent les destinées, et cherche aussi dans le champ du passé tes éternelles amours. Les morts sont légions innombrables près de la petite phalange des vivants. La réalité que tu tentes de saisir est peut-être dans les siècles évanouis ; esprit toujours sympathique à ton âme, c'est elle qui se manifeste à toi en tes heures inspirées ; elle sera là quand la mort aura brisé la chaîne qui te rive ici-bas. — Peut-être..., ai-je dit. Hélas ! si toutes les paroles que j'écris pour les oubliés leur arrivent sous la dalle où ils sont couchés, si toutes les paroles que j'adresse aux vivants sont entendues, qu'en sais-je? Inconnu dans un monde inconnu, étranger parmi des étrangers, je me promène ainsi par les chemins tristes ou riants, sous les vertes charmilles aussi bien qu'à l'ombre des cyprès, aujourd'hui au

Campo Santo, et demain sur les rives de l'Arno, où passera
joyeusement une belle Pisane dans la fleur de sa vie, songeant
à toutes les gloires de la jeunesse. Aimez-vous; les heures
qui vous poursuivent veulent vous ravir vos tendresses.
Aimez-vous, avant que la terre vous dévore, et si vous
pensez à ceux qui sont disparus, que ce soit pour vous
chérir plus profondément. Les morts applaudissent aux
nobles amours; et quand vous-mêmes serez allés où nous
descendons tous, le souvenir de ces heures d'ivresse volti-
gera encore autour de vos tombes abandonnées.

Pietra Santa, le 26 février.

Au printemps dernier, je suivais ce même rivage. C'était
par une journée d'avril, les hirondelles étaient de retour et
toute la terre germait aux premières chaleurs de l'année.
C'était aussi le printemps dans mon âme; je marchais dans
l'auréole des espérances, et par-devant moi résonnait l'at-
trayante musique des songes. Comme tout a changé d'aspect! De Viareggio je ne vois plus que les joncs qui se
courbent au vent. Les vagues troublées roulent à larges plis
et assaillent la côte sablonneuse avec une rumeur de chagrin.
Je cherche vainement sur les pelouses les marguerites rassemblées sous le soleil d'avril : les pelouses sont pâles, les
pelouses sont mortes! Je passe près d'une villa somptueuse
sans la regarder. Combien n'emprisonnent point leurs espérances entre quatre beaux murs de pierre? Le beau torrent
du Cerchio, je l'ai franchi avec indifférence. De rares oiseaux
voltigent sous les figuiers, d'un vol transi. La nuit m'a surpris,
penché sur la mer. Au ciel, le croissant de la lune apparaît
comme une serpe d'argent. A cette heure, d'innombrables
regards suivent la direction des miens; partis de tous les

points du globe, ils convergent vers le même point de l'espace : clairs regards d'enfants, doux regards de jeunes filles, pénétrants regards de savants, et peut-être aussi innocents regards d'animaux. Ces yeux seront vite fermés pour faire place à d'autres qui, à leur tour, se fermeront. Le soleil s'est levé sur des collines sans verdure. En ces jours d'hiver, les feuilles des vignes sont au pied des ceps, les arbres semblent fatigués des fruits qu'ils ont portés, les olives sont dans le limon des chemins, et de rares feuillages s'agitent craintivement à la pointe des branches. Voici Pierre-Sainte, Pietra Santa. Le cimetière, voilà ce que j'en vois. C'est la fin de nos voyages ici-bas, le dernier gîte, le plus sûr, le plus profond. Au milieu du morne enclos s'élève un tombeau de marbre. Là dort le défunt sous le poids de sa vanité. Le superbe mausolée, dit-on, et l'on s'éloigne. Mais la tombe éloquente, que le tertre à la croix modeste, où pas même un nom ne vient éclaircir le douloureux mystère ! Là peut-être dort pour toujours une jeune infortunée. Un inconnu la pleurera; il fera revivre la pauvre oubliée; il l'évoquera du sépulcre pour la parer de tout l'éclat de la jeunesse et de la beauté. O puissance de l'imagination qui commande en souveraine aux légions ailées des songes, et qui, à l'appel de notre cœur, peuple de doux fantômes nos plus mornes solitudes !

Carrare, le 27 février.

Que d'images pour nour avertir de notre courte durée! Que de bruits qui ne sont que les notes d'une chanson funèbre !

On se voit dans la profondeur des jours, immobile, glacé, les deux pieds rapprochés par la tombe.

Une pierre se détacha sous le pied d'un pâtre du sommet des Alpes ; elle roula avec une vitesse croissante, jusqu'au moment où elle disparut dans l'abîme : ainsi glissons-nous, entraînés par la force attractive de la tombe.

Un grand arbre apparaissait, isolé dans la vallée et dépouillé de ses feuilles ; on eût pu les compter, éparpillées à sa racine : ainsi de nos joies, appréciables alors qu'elles nous ont abandonnés.

Un roitelet chantait ; sa voix se perdait dans le bruit d'une cascade : ainsi de nos paroles joyeuses, qui s'évanouissent dans la rumeur d'un vaste effondrement !

Le 29 février.

La tempête qui retentissait au loin sur la Méditerranée m'a tenu toute la nuit en éveil. Le jour qui se lève éclaire ses ravages : la côte est couverte de pêcheurs qui ratissent dans les flots. Ils recueillent les olives descendues à la mer avec les eaux troubles des torrents. J'ai pris la voie de Gênes. Après avoir quitté la plage de la Spezia, je longe les petits bourgs de Marola et de Madonna delle Grazie. La ville de Porto Venere repose dans la verdure sur son rocher de marbre noir : elle semble la gardienne de l'île de Palmaria, qui s'abrite au promontoire. Mes pauvres chevaux gravissent, non sans fatigue, un chemin montant en zigzag parmi des arbustes. Çà et là apparaissent dans les fourrés de chênes des chapelles et des chaumières aux toits rouillés. La brise rougit les joues des jeunes filles qui recueillent sur la voie les olives menacées par le pied fourchu des bœufs. De pâles fleurs, ouvrant leurs corolles à la fissure des roches, viennent regarder qui passe. La mer paraît et disparaît au détour des collines. Des femmes vêtues de serge verte descendent les pentes boisées, la tête chargée de feuillages qui froissent leur belle chevelure. Au delà des sites désolés de Borghetto, de ses enceintes et de ses cavernes, la contrée redevient riante. Si l'on se tourne vers la belle anse de Sestri, on est émerveillé du tableau qu'offre cette ville : une rangée de maisons blanches et roses s'étale entre deux promontoires, dont l'un, hérissé de pins, s'avance en pointe au milieu des vagues. Tout est vivifiant, limpide, au ciel et sur la terre. Les flots verts, gonflant leurs plis réguliers, essaient vainement de franchir une plage qui se relève en pente douce ; vainement l'armée liquide envoie ses bruyants bataillons à l'escalade de la terre ; l'un sur l'autre ils reculent, désespérés, écumeux, pour s'évanouir sous un nouveau rang d'assaillants. Seraient-ce les âmes châtiées qui s'agiteraient ainsi dans chaque flot, luttant et souffrant sans espoir de repos? Le fleuve, lui, sait du moins où il va : il roule se perdre dans l'abîme, et sans fatigue il accomplit sa destinée. Mais la mer ! Quelle sourde rébellion et quelle frénésie ! Comme elle contraste avec cette chaîne de rochers qui l'enserre et profile sur un ciel serein son impassible contour ! Ils sont là, aveugles à la lumière, sourds aux bruits, mystérieux témoins de l'agitation sans trêve. Nous traversons Chiavari, sa longue rue bordée de portiques, où éclate dans l'ombre le béret rouge des pêcheurs. Le soleil, étincelant à l'horizon, moire la mer de ses feux rasants, tour à tour argentant et dorant la lame tremblante. La brise est tombée et, sur la haute mer, voguent les bateaux pêcheurs, les voiles désenflées. Au fond de petites anses dorment d'étroits villages : les enfants s'alignent le long des maisons pour regarder passer les voyageurs, qu'ils ne doivent plus revoir. Laissant Portofino à notre gauche, nous arrivons, à travers un bois d'oliviers, au plateau de Ruta, d'où se déploie un panorama féerique : le golfe de Gênes s'élargit sur l'azur des eaux comme un sombre croissant, émaillé de points blancs qui sont des villas, et bordé de pins en parasol, dont les ombres se projettent sur les falaises. Nous avons continué notre route en côtoyant les pittoresques villages de Camuli, Recco, Sori, Buliasco ; le soir, nous étions à Gênes.

Gênes, le 3 mars.

Après un séjour de plusieurs mois en Toscane, je revois avec indifférence la ville qui m'avait si vivement intéressé. Que me reste-t-il à y faire? Je connais ses palais, ses églises, ses montagnes, ses jardins, ses rues obscures et animées. Je n'y veux plus voir que le grand spectacle de la mer. Quelle âme pourrait s'en lasser ? J'ai passé la soirée au Port-Franc, regardant la multitude des vagues qui arrivaient de la haute mer, s'engageaient entre les deux môles et se brisaient aux rochers, pour retomber avec fracas sur elles-mêmes. Des marins étaient accoudés au mur qui borde les falaises, le regard perdu à l'horizon. Ces hommes, si vulgaires en leurs travaux journaliers, deviennent, en ces instants, des poëtes. Le mystère qui frappe leur vue se reflète en leur esprit, les fascine, les rive à la côte, où ils se tiennent immobiles. Mille pensées confuses sur le temps, l'espace, le nombre, l'amour, s'éveillent au recueillement de leurs instincts, en présence de cette mer houleuse et bouleversée qui leur apparaît comme une conscience en travail, expression de tous les mouvements de leur âme. Anéantis devant les forces de la nature, ils se sentent grands de les saisir par la pensée; de là, un mélange singulier de tristesse et de joie qui les élève jusqu'à la contemplation religieuse. Au double spectacle de cette lutte sans trêve de flots que semble blanchir l'écume de la colère, et de cette terre, petite et ferme, qui les arrête et les brave, ils voient les passions tumultueuses vaincues par une raison inflexible ; le sentiment de la puissance de Dieu germe en leur cœur et s'unit à celui de leur propre fragilité. A leurs yeux se déploie la vaste vision de la vie ; ils la perçoivent vaguement, profondément. La mer est une, immense, variée, mobile, régulière, sombre, lumineuse, joyeuse, pleine de fureur, frémissante, toujours agitée d'un souffle vivant. Le ciel la couvre comme d'un arc triomphal, laissant errer entre elle et lui les nues multiformes, — et voici que le jour tombe, les nues se fixent comme des roches gigantesques, les vagues ténébreuses mugissent, mais aussitôt la voûte incommensurable s'illumine de. myriades de feux. Au bord du continent, petit et morne, trois figures parlantes sont alors superposées : en bas, la réalité tourmentée, violente, fatale ; au centre, le monde aérien des brumes ; au sommet, la contrée inconnue, qui apparaît comme un lieu de paix et n'est qu'une course folle en l'immensité. A une telle contemplation, tous les mortels sont frères, égaux en génie ; toute âme se dilate pour recevoir l'Esprit sous la forme Univers ; la grande jonction du matériel et du spirituel s'opère, l'indéfini se fond insensiblement dans l'infini. Cependant, la personnalité divine subsiste. L'extase devant la matière monstrueuse ne jette qu'une auréole de brume autour du sentiment en reculant ses bornes. Les détails humains de la vie ne se sont point évanouis. Le marin songe ; son esprit s'abîme au spectacle farouche des mers, mais son œil clair distingue les barques des pauvres pêcheurs en détresse, et, à travers les phénomènes apparents, il implore le Dieu des navigateurs.

Turin, le 16 mars.

Je suis heureux de mon séjour à Turin. Si le Piémontais n'a pas les formes élégantes du Toscan, il a du moins la réflexion et l'énergie. Les rues de la ville sont larges et régulières; les places, vastes; et l'on sent partout circuler un air vivifiant. Ma promenade habituelle est la Superga, montagne élevée d'où l'on voit le Mont-Viso et le Mont-Rose. On y arrive par un chemin pittoresque qui serpente à travers bois. Au dernier plateau, on a bâti une église somptueuse; sous son dôme reposent les derniers rois de Sardaigne. Ce matin, j'étais assis sur un banc des Ripari, jardin public qui s'étend sur d'anciens remparts, lorsque vint à passer une caravane d'ouvriers à la courte stature et au teint maladif — pauvres habitants des Alpes, chassés par la faim de leurs montagnes stériles, ils allaient à l'aventure, pour fuir la misère; l'œil hagard, ils cheminaient vers un morceau de pain noir, salaire de la dure journée. L'intelligence, hélas! ne peut grandir là où une terre ingrate et usurière use les forces du travailleur. Ainsi, dans les hautes chaînes des Alpes comme dans les basses maremmes, l'homme traîne des jours misérables; sans énergie pour résister à l'engourdissement qui l'envahit avec la pauvreté et ses défaillances, il doit regarder, lui l'affamé, ses heureuses brebis broutant les plantes savoureuses. Dans les plaines fertiles, au contraire, et aussi sur les collines boisées, l'homme semble heureux de vivre : il fleurit avec la terre sur laquelle il a germé; car est-il autre chose à nos yeux qu'une parcelle de cette terre, parcelle qui se meut à sa guise, il est vrai, mais qui finit un jour par se dissoudre? Il puise son sang et la plupart de ses idées au sol qui l'a vu croître. Les idées sont les fleurs de la vie ; il faut qu'un suc nourrissant monte des extrémités de la racine à la corolle pour qu'elles puissent librement s'épanouir.

Le 18 mars.

Nous réveillons notre vie en cherchant des contrastes ; la sévérité nous charme après la grâce, le silence après le bruit. En quittant la Via Nuova, toujours si peuplée, j'étais entré au Musée égyptien. Les grands Pharaons, Rhamsès, Thoutmosis, Aménophis, ainsi que les dieux Jupiter Ammon, Thoth, Horus, et la déesse de la Force, tenant d'une main la fleur de lotus et de l'autre la clef du Nil, étaient là, colosses de granit, rangés le long des murs et éclairés d'un demi-jour ; assemblée muette, image d'une époque où l'homme effrayé au sentiment de la mort et égaré par l'orgueil cherchait à braver l'oubli. C'est comme un défi porté au Temps destructeur. Le Pharaon est assis sur un bloc de pierre taillé à angles droits ; les bras tombent avec calme ; les mains sont posées sur les genoux, qui sont aussi pliés en angles droits. Quelle expression de patience et de résignation ! Quelle certitude de la durée ! Parfois la tête humaine est remplacée par celle du lion, au front songeur sous sa puissante crinière. Les Égyptiens ne cherchaient point à charmer ni à plaire ; ils voulaient fixer dans le granit une pensée générale. Victimes de la tyrannie, ils n'eussent pu reproduire les sentiments fugitifs de l'âme. Les statues qu'ils élevaient aux morts devaient être placides, austères, réfléchies, formidables de froideur, de mutisme et d'immobilité. La simplicité des contours, le mystère de l'attitude, la morne couleur du marbre, leur donnent comme un aspect d'éternité. Il s'en dégage un sentiment profond de l'unité de la vie ; il semble même que

11

ces figures royales ne furent point touchées par le ciseau du sculpteur : qu'elles sont des formations de la nature pensive, au premier âge du globe. Ainsi pensais-je en contemplant ces hauts blocs de granit, images de rois, dont tant de nuit me séparait. Et cependant, par delà une cloison, la foule insouciante cheminait, et les voitures roulaient au jappement des chiens, bruits éphémères qui venaient s'éteindre aux pieds des Pharaons, sur lesquels trente siècles ont passé sans les vieillir d'une ride. Fatale destinée des choses d'ici-bas : nous qui exprimons tant de vie, le rocher si mort nous verra dépérir ; nous nous évanouirons devant lui, et il règnera sur la ruine de nos aspirations, de nos désirs et de nos espérances !

Le 20 mars.

J'ai longé le Tanaro, dont les flots rapides glissent comme des couleuvres sur un lit ondulé ; j'ai vu Dogliano et ses tours carrées ; Fariano, bourg noirâtre, où des mules broutaient autour des masures, sous la surveillance de femmes pauvres. Nous avons pris un chemin bordé de peupliers et de mûriers. Leur ombre remuait doucement sur le velours des prairies, pendant que la brise inclinait les hautes herbes. Le soir descendait ; les prairies, déjà abandonnées des abeilles, se rendormaient, et les rassemblements de fleurs n'y figuraient plus que des taches indécises. Les hautes montagnes semblaient ondoyer avec les brouillards nocturnes ; on entendait les bœufs meugler au fond de la vallée, et, sur la grand'route, le cliquetis des chars de labour et le claquement d'un fouet. Il faut que les hommes et les bêtes vivent dans la souffrance, et quand la nature, arrêtant le travail de la sève, se laisse aller au sommeil et se recueille dans la paix d'une soirée de printemps, l'homme s'épuise encore à déchirer la terre et à rudoyer la bête, son esclave. A l'horizon, au-dessus des mûriers embrumés, se découpait la chaîne des Apennins sur un ciel de pourpre ; vers le nord, s'élevait comme un nuage aigu la plus haute cime du Mont-Cenis, frangée de neiges. Bientôt les teintes du ciel se transformèrent et le paysage s'illumina de reflets féeriques, jusqu'au moment où l'étoile du berger perça la voûte du ciel plus obscur. Je n'étais pas seul à la contempler ; je songeais à ceux qui, à l'heure où je traçais ces lignes, la prenaient pour confidente et n'avaient pour témoin que la terre assoupie.

Le 2 avril.

Retour à Gênes. A notre départ de Turin, un orage éclata et fit déborder en un instant le torrent de Sangone. Près de Moncaglieri, la pluie tombait à larges gouttes sur les acacias et les saules argentés qui bordent le chemin. Un arc-en-ciel parut, jeté comme un pont d'or sur les cimes pittoresques des Alpes. Dans ces belles journées de mai, l'âme se rafraîchit à ces lourdes pluies d'orage qui embaument l'air du parfum des plantes. Les feuilles reluisent aux arbres et les hirondelles effleurent de leur aile les trèfles reverdis, pendant que des volées de moineaux piaillent sur les pommiers. Aux heures de l'après-midi surtout, les transitions de lumière sont soudaines et les rayons du soleil se jouent capricieusement sur les prés et les vergers. Que d'objets à nos contemplations ! Sommes-nous jamais seuls quand nous écoutons de nos yeux le langage éloquent de la nature ? Nous conversons avec les images les plus variées ; nous cherchons dans le monde externe une concordance heureuse avec nos sentiments. Pourquoi étions-nous charmés à la vue de cette succession de vallées et de collines qui se déroulaient à mesure que nous avancions! N'est-ce pas que nous devinions une conformité entre notre âme et ces contrées ondulées? Elles nous montraient tour à tour nos aspirations et nos défaillances : monter un peu, puis descendre, pour remonter et redescendre encore. Nous avons passé Villafranca, San Damiano, Asti, Felizzano. Des figures hâlées se montrent aux barrières des chemins. Nous traversons Solero, étendu dans une plaine marécageuse, hérissée de saules, que l'on taille chaque année pour relier de leurs jets les sarments des vignes. Arbre infortuné, tu es l'image de notre âme; à peine tes bourgeons se sont-ils élancés, que le jardinier te découvre et vient, armé de la serpe, tailler tes branches; mais en perdant ta sève, tu gardes d'autres germes d'espérance, et sous le regard de tes bourreaux, tu fais croître une nouvelle génération de rameaux verts. Un jour ton cœur se déchire à ces blessures renouvelées, ton écorce se brise, et, à travers ton flanc qui s'entr'ouvre, on peut apercevoir le ciel! Nous avons vu fuir Alexandrie, Novi, Arquata, Busalla, et nous nous sommes engagés dans l'étroite vallée de la Scrivia. Les haies de coudriers serpentent autour des cabanes rustiques; l'eau trouble des torrents galope sur les rampes pierreuses; quelques chênes isolés se tordent sur les hauteurs, ombrageant des tours démantelées. Là se réfugiaient les puissantes familles génoises, quand les factions les obligeaient à quitter la ville. Nous avons franchi le torrent de la Polcevèra et nous avons atteint San Pier d'Arena, faubourg de Gênes. De ce point élevé, la vue s'étend sur la Méditerranée, vers laquelle s'abaissent ses côtes pittoresques et dentelées. A nos pieds, nous entendons des clochers de la ville sonner l'angelus, et la vague rumeur des flots; ils deviennent phosphorescents, et parfois se teignent de pourpre : les longs rayons, qui tombent des premières étoiles, semblent les transpercer de glaives. Quelques barques de pêche se montrent et s'effacent comme des fantômes dans les vapeurs de la nuit tombante.

Gênes, le 3 avril, 9 heures du soir.

Le jardin de l'Acqua-Sola est désert; l'humidité du soir descend lentement sur les rameaux pressés des arbres. Comme tout est froid! Le saule pleureur trempe la pointe de ses branches dans le bassin de marbre, où la rosée du soir coule en larmes. Les grilles de l'enclos viennent à peine de s'ouvrir et déjà la foule envahit les allées; elle se range et s'assied autour des tables; c'est un cliquetis de verres et un fracas de chaises.... triste bruit de choses mortes! Les musiciens sont là, sur des bancs circulaires, attendant le chef d'orchestre. Cependant, la rosée dégoutte des arbustes, et les graves Génois, échappés pour quelques heures à leurs travaux, commencent des parties de jeux : parmi eux se distinguent les étrangers; sur leur front fatigué se lisent les troubles de leur cœur. Vainement ils ont parcouru le monde à la poursuite d'un idéal; il a fui devant leurs pas, emportant quelque illusion chère. Les chimères du matin se sont évanouies. Tous espéraient se charmer à la musique, et voici qu'elle leur manque. Les âmes s'observent, les inspirations tombent au bruit sec des dés que remuent les joueurs; les illusions sont sous la terre, mais le mot *grazia,* qu'on entend partout résonner, réveille des impressions heureuses. N'est-ce pas la douce brise d'Italie qui l'apporte? Le chef d'orchestre a paru; le gaz s'allume, et, à sa clarté, le ciel est vert, le cuivre des instruments étincelle comme le rubis, les feuilles des arbres sont roses et resplendissent aux branches : on voit remuer leur ombre sur la joue des jeunes filles, belles étrangères débarquées de la veille. Soudain, une vague harmonie, pareille au murmure des vents, s'est élevée du sein des feuillages ; les jeux et les conversations ont cessé, et chacun se laisse voguer sur l'océan des songes. Les vieillards revolent à leur enfance ; ils se revoient allant aux écoles et traversant le pré où se poursuivent les papillons blancs, et comme ces papillons, de souvenir en souvenir, ils vont s'enivrant aux fleurs du passé. Aux tendres mélodies de l'orchestre, les absents reparaissent, la passion présente s'approfondit, et les songeurs croient posséder les chimères qui les ont fuis.

Gênes, le 7 avril.

Les comédies n'existent point pour les âmes simples ; pour elles, rien n'est apparence, et la feinte devient la vérité. Qu'elle est admirable, jusqu'en ses aveuglements, la passion naïve ! J'étais au théâtre diurne de la Strada Bartolommeo. Les acteurs, petites filles couronnées de fleurs et petits garçons vêtus comme des communiants, jouaient une scène d'amour. L'action se déroule avec ses péripéties de tendresses, de bouderies et de colères ; le petit *innamorato* finit par trahir la jolie fée qui lui avait livré son cœur ; la charmante créature éclate en accents de désespoir, arrache sa coiffure, déchire sa robe de gaze et, brandissant un poignard, menace de se percer le sein, en présence du traître... A cette vue, tous les spectateurs, enfants pour la plupart, prennent parti pour la pauvre abandonnée. Ils trépignent, insultent le petit comédien interdit, lui lancent des fruits et du sable et lui crient : *Traditore, traditore !* Le régisseur intervient et fait descendre le rideau.

Milan, le 20 avril.

J'ai revu avec joie la Lombardie, ses belles plaines florissantes sillonnées de rivières et de canaux, ses champs dont
le blé germe à l'ombre légère des mûriers, ses rizières, ses
grand'routes bordées de peupliers et d'érables, et ses beaux
vergers qui paient largement le métayer des soins qu'il leur
prodigue. Le soleil d'avril brillait à travers un voile de vapeur
et jetait au loin sur la chaîne des Alpes et le Mont-Rose ses
ondes tamisées. De la terre humide émanaient des parfums
subtils qui pénétraient l'âme d'une douce ivresse. Le chant
pur d'une alouette, perdue dans des rayons de lumière, descendait de l'azur ; c'était comme une voix délirante du printemps. Par delà San Martino, j'ai passé le Tésin. La route se
peuplait de campagnards à la physionomie franche et joviale.
Les semailles étaient faites et ils n'avaient plus qu'à attendre
le temps de la moisson, en menant la vie heureuse. Ils feraient
comme l'oiseau des bois que les Piémontais chantent en leur
rude dialecte :

> L' è l' üselin del bosc
> Per la campagna vola:
> E poi al s'è ferma
> Sülla fnestra dla bella
> Là 'l s' è mis a cantà
> Una canzon d' amore.

On ne peut traverser l'Italie sans être frappé du caractère
divers de ses peuples. Leurs dissemblances semblent plus
grandes encore que celles des contrées qu'ils habitent. On
voit à Naples la sensualité et l'enthousiasme, exprimés par
des visages larges et des regards aux lueurs métalliques ; à
Rome, la réflexion, la prudence, la force cachée, révélées par

des figures fermes et régulières ; à Florence et à Pise, la nonchalance, la finesse, la douceur, se montrant en des têtes au contour délicat et en des corps aux mouvements harmonieux ; à Gênes, l'énergie, l'activité patiente chez des hommes au front dur, au sourcil arqué et à l'œil pénétrant. C'est entre l'Italie centrale et les glaciers de la Suisse, aux confins du monde latin et du monde germanique, que se produit le double épanouissement de la pensée et du cœur. Les habitants du Milanais sont intelligents, cordiaux et remplis d'amour pour leur patrie. Ils sont reconnaissables, par toute l'Italie, au charme qu'ils répandent autour d'eux et à la confiance qu'ils inspirent. Peut-être est-ce leur double affinité avec la race gauloise et la race allemande qui les fait juger aussi favorablement par les peuples du Nord. On sent qu'en cette capitale de la Lombardie, on est dans un monde d'expansion et de plaisir. Chaque soir, le Corso di Porta Venezia se couvre d'une foule joyeuse. Des femmes élégantes viennent y charmer le passant à la vue de leur bonheur ; le voile noir que beaucoup tiennent baissé sur leur front accroit la beauté de leur sourire ; la plupart ont ce caractère d'animation qui rappelle les peintures du Ferrari. Depuis mon arrivée ici, je n'ai cessé de parcourir la ville, ressuscitant le passé et mêlant en ma mémoire les noms de Théodose, de saint Augustin, de saint Ambroise, de Bernardino Luini et de Leonard de Vinci, caressant ainsi une rêverie bariolée et de tous les styles, comme ces basiliques auxquelles les générations de plusieurs siècles ont mis la main. Je n'éprouvai que de l'étonnement à la vue de la merveilleuse façade du dôme ; sa beauté s'arrêta sur mes yeux : elle ne pénétra point en mon âme. Je vis sans émotion cette vaste cathédrale, l'une des plus belles du monde ; mon regard ne pouvait la saisir d'ensemble, il se posait sur les milliers de flèches de marbre blanc, chacune surmontée d'une statue aux contours émoussés par l'éloignement. Ma curiosité s'éveillait; j'eusse voulu voir de près cette légion d'anges et de saints, qui se dressent dans l'azur comme pour demander un salut au passant; tous les détails de l'édifice, si marquants et si lumineux, m'empêchaient de ressentir une impression générale. La blancheur du marbre amoindrissait aussi le prestige de l'architecture; j'y voyais la nouveauté, qualité qui ne s'accorde point avec la majesté que doit exprimer un édifice colossal. La couleur, aussi bien que la ligne, exerce son empire sur notre esprit; il peut même se faire qu'elle voile les élégances du dessin. Lorsque j'observais les églises de Gênes, rayées de marbres blanc et noir alternés, et les monuments de Pise, aux tons jaunâtres, j'étais si désagréablement frappé par la couleur que je ne pouvais plus m'intéresser à la beauté de la forme. Mais si l'on entre dans la cathédrale de Milan, on éprouve une tout autre impression. Aux premiers pas qu'on y fait, on est enchanté par l'harmonie de ses proportions, par la hauteur et l'ampleur des cinq nefs latérales, par la multitude des piliers qui prolongent leur perspective dans le demi-jour nuancé par les verrières; les petites curiosités s'évanouissent et tous les sentiments se fondent en un religieux recueillement. C'est là qu'on retrouve le génie sévère et l'aspiration ardente des races barbares qui vinrent retremper l'âme du vieux monde. Que tous les temples grecs, que tous les monuments romains sont froids près de ces églises gothiques, qui ont perpétué en un faisceau indestructible les plus fiers élans des cœurs! On comprend qu'on n'est plus esclave d'une raison aveugle, que des imaginations libres ont fixé dans la pierre, par un généreux effort, le grand hymne de douleur de l'humanité. Chaque jour je m'abrite quelques instants sous les voûtes du vaste édifice. Parfois, j'y entends courir la rumeur de l'orgue, qu'accompagnent des voix d'enfants; souvent, j'y suis seul, dans la haute assemblée des piliers, où entre-luisent, comme des mouches d'or, les lueurs tremblantes des lampadaires. Le soleil couchant, qui éparpille çà et là sa clarté sur les statues des saints, les anime pour un moment; ses rayons, tamisés par les vitraux, vont former sur les dalles des fleurs d'ombre qui, depuis cinq siècles, ne cessent de paraître, de s'éclipser et de renaître. Je crains d'y poser le pied, comme si le poids de mon corps pouvait meurtrir l'impalpable. Je me rappelle les grands bois sombres où j'ai passé tant d'heures. J'errais sous les chênes, dans les taillis coupés, sur la terre couverte d'une mousse odorante. Au chuchotement des oiseaux, l'ombre tombait des hautes cimes, et le soleil, perçant les branches entre-croisées, jetait ses nappes de feu sur les fleurs rassemblées de la clairière. — Alors aussi, mon cœur enflé d'aspirations infinies, la cherchait loin de ce monde, cette paix dont la nature lui offrait l'image.

Le 22 avril.

On peut se rendre de Côme à Bellagio par le bras occidental du lac. Les sites sont variés et pittoresques. La Tremozzina surtout offre un aspect charmant : des bourgades, ombragées d'arbres verts et bordées de terrasses cultivées, sont blotties ou allongées sur les rives. Au sommet des pentes, parmi les citronniers, les myrtes et les parterres de fleurs, se dressent des chalets, des chapelles, des métairies et de vastes maisons de plaisance. De Bellagio, la vue plonge au loin sur le lac élargi; sa nappe dormante reflète la profondeur incalculable du ciel d'azur. A l'horizon septentrional, Gravedona, distante de plusieurs lieues, sort comme un point blanc de la vapeur des eaux. Au delà, la chaine des Alpes Lépontiennes déploie l'auguste assemblée de ses montagnes en un demi-cercle théâtral qui, selon l'heure du jour, semble protecteur ou tragique. On dirait des mausolées élevés aux grandes races antédiluviennes. Les pentes se dépeuplent, deviennent stériles et blanchissent à mesure qu'elles approchent de la région des nuées. C'est là qu'aux jours d'hiver, la bise en courroux laboure de ses rafales les champs de neige et fait voltiger le givre en poussière d'argent autour des pics glacés ; c'est là, lorsque les premières chaleurs de l'année font gonfler la terre, qu'on entend les craquements offroyables de l'avalanche qui emporte ses victimes en son linceul roulant. Mais ces sommets glacés, où les froides nuées osent seules se poser, n'ont d'hostile pour l'humanité que l'apparence : ils amoncellent les frimas d'où découlent les joyeux cours d'eau qui alimentent les lacs et apportent la fécondité dans la plaine.

Le 23 avril.

Assis sous les pins du promontoire de Bellagio, j'ai vu le soleil jeter sur le lac sa clarté mourante. Le *Tivano,* vent du nord qui souffle des montagnes du Stelvio, faisait courir des frissons sur la nappe écailleuse des eaux. Tous les objets d'alentour s'étaient insensiblement obscurcis, et déjà les ténèbres enveloppaient les rives arborées et leurs petites bourgades. Le mutisme de la terre me donnait l'orgueil de me sentir penser. Je me croyais le seul point vivant dans l'étendue assoupie et indistincte. J'observais la nature sans regard, et, tourmenté de cette dualité étrange d'une création aveugle et d'un mortel qui la contemple, je tentais d'en pénétrer le mystère. Les étoiles parurent ; la voie lactée dessina son fleuve de mondes, et l'immense désert du ciel palpita. Qu'étais-je alors? Un ver de terre près d'une flaque d'eau ; je devenais le regardé et je devais m'humilier devant cet infini visible qui plongeait ses rayons jusqu'en mon obscurité. Quelques barques de pêche, éclairées par des torches de résine, firent clapoter l'eau sous le rocher ; elles portaient des éphémères qui, comme moi, se mouraient en cherchant à vivre.

San Primo, le 27 avril.

A quel étrange spectacle eût assisté celui qui serait demeuré en observation sur ces hautes montagnes, aux derniers siècles de l'empire romain? Si cette roche pouvait répercuter les voix et les bruits éteints, quelle discordante clameur s'en élèverait! Si ce lac pouvait refléter les formes qui glissèrent sur ses bords, que de scènes tragiques ne verrions-nous pas s'y succéder! L'antiquité et le moyen-âge ont laissé partout des marques profondes, mais l'époque barbare a passé sans rien édifier : le chaos n'a point de forme durable. Au ive et au ve siècle, la Rome césarienne agonisante attirait vers elle les hordes sauvages qui s'étaient rapidement multipliées et qui se rassemblaient aux confins de l'Italie comme devant une curée. C'était le temps des migrations lointaines, de la grande oscillation des peuples cherchant une contrée fertile pour s'y perpétuer en nations. Les Germains au front pâle sortaient de la forêt Hercynienne, où ils avaient été si longtemps refoulés ; les Alains fuyaient les marais de la Sarmatie ; les Suèves, les Ruges, les Hérules féroces s'éloignaient des bords orageux de la Baltique ; les

Vandales, chassés par la faim, abandonnaient les steppes stériles de la Pannonie ; les Gélons tatoués quittaient les rives du Borysthène, armés de faux et couverts de sayons de peau humaine ; les Huns basanés aux regards obliques, dont les flèches avaient pour pointes des ossements taillés, descendaient comme une avalanche des monts Ourals ; tous avaient reçu le choc du premier déplacement des peuplades émigrantes, et, pressés en leurs pays trop étroits, ils se répandaient dans le sud-ouest du continent pour y trouver une proie facile. Attila, escorté des peuples qu'il avait domptés, franchissait les Alpes et s'abattait sur la Gaule, la Ligurie et la Vénétie. La Champagne était dévastée ; Aquilée, Vicence, Padoue et maintes autres villes, détruites ; Milan, déjà pillée par les Goths d'Alaric, était livrée à ses ravages ; Rome, une seconde fois menacée : le roi des Huns, irrité par sa récente défaite sur les rives de la Marne, voulait exercer sa vengeance au cœur même de l'Italie. Pendant que les fils de Théodose, incapables de tenir le sceptre, tremblaient sur leur trône et laissaient s'écrouler l'empire, on avait vu paraître des évêques tels que saint Léon et saint Agnan, qui, le bâton pastoral à la main, et n'ayant d'autre bouclier que leur confiance en Dieu, osaient offrir leurs poitrines aux traits de l'ennemi. Par le prestige de leur vertu et par leur audace, ils avaient tenu tête aux chefs barbares. Siècles étranges, bien faits pour captiver l'imagination, et qui seront peut-être un jour remis en lumière en un poëme héroïque. Des jours heureux ont effacé leur sombre tableau. Qui lit aujourd'hui les apostrophes de saint Ambroise à Théodose ? Qui prononce encore le nom harmonieux du ministre Cassiodore ? Qui prête l'oreille aux chants éloignés de Sidoine Apollinaire ? Qu'elle serait superbe à décrire pour le poëte, cette bataille meurtrière qui rassembla Romains et Barbares sous les murs de Châlons et où fut sauvée, pour un instant, la civilisation latine! D'une part, Aétius et ses légions, Mérovée et les Franks-Saliens, Théodoric et les Visigoths; les Burgondes, les Alains, les Suèves, les Armorikes — de l'autre, les Huns conduits par le Fléau de Dieu, Valamir et les Ostrogoths, Ardaric et les Gépides. — Spectacle prodigieux! Chaque peuple ayant son armure, sa langue, son chant de guerre, et apparaissant dans toute la fougue de son génie, — et, près des combattants, les troupeaux, les palissades, les tentes, les grands feux, les torches, les chariots d'osier et la multitude échevelée des femmes et des enfants participant au combat par leurs gémissements, leurs insultes et leurs cris! Mêlées terribles qui se dispersaient subitement, pour se reformer plus loin avec les péripéties et le désordre d'un orage, qui porte comme au hasard ses dévastations. — Les nombreux pèlerins qui, en ces temps d'effroi, parcouraient pédestrement la terre, rencontraient partout les affreux vestiges de ces guerres imprévues. Bien souvent ils descendaient en des vallons solitaires, pour s'agenouiller dans l'herbe blanchie par une jonchée d'ossements. Mais alors, comme maintenant, la nature, immobile sous ses formes changeantes, avait son expression profonde, et l'homme qui la contemplait pouvait s'élever par son cœur au-dessus de ces événements qui ne sont que de fugitives étincelles d'un immortel foyer. Pics neigeux de la Valteline, vous exprimiez au Scythe farouche, compagnon d'Attila, la même pensée solennelle qu'au berger bergamasque qui paît en cet instant son troupeau sur la colline! Fleur printanière, qui fleurissez au val d'Assina, votre langage n'a pas non plus changé, et vous éveillerez toujours la même douce pensée en l'âme de ceux qui se pencheront vers vous pour respirer votre léger parfum !

Le 4 mai.

Cinq heures du matin sonnent au clocher de Chambéry. Hier, je quittais Suze pour gravir les premières pentes du Mont - Cenis ; je voyais lentement fuir la plaine basse du Piémont. Quand le corps s'élève, il semble que l'âme, elle aussi, monte. On laisse dans la vallée ses chagrins et ses ennuis. Le froid, l'air vif, l'absence de végétation, donnent au paysage un aspect solennel. De même que les petits détails des formes s'effacent sur la grande ligne de l'horizon, les futiles désirs de la vie s'évanouissent dans la contrée muette. Ces montagnes, on s'imagine que de graves pensées les remuent intérieurement ; on les regarde comme les gardiennes de nobles songes ; on les voit creusées par ses propres méditations. On ne croit plus aux ambitions, à l'astuce, aux perfidies. Tout doit être grand, sévère et religieux. La nature semble un témoin rigide qui flétrit les intrigues sous ses formes magistrales. Çà et là, le regard tombe avec étonnement sur une gentiane ou sur une soldanelle, qui essaient de fleurir au creux d'une roche. Des masures crevassées s'adossent aux rampes pierreuses ; elles sont habitées par de pauvres gens recueillis, qui vivent de peu. Sur des terres étagées, que soutiennent des murs de pierres sèches, ils cultivent des vignes pour en récolter un vin rude qui les ranime aux jours d'hiver. On les voit sur le seuil de leur porte, enfants et vieillards, se tenant la main. Une ou deux grandes pensées tournoient en leur âme sevrée des plaisirs de la vie. Ils souffrent, ils sont résignés, ils espèrent. Que te faut-il de plus, ô Dieu compatissant ! Celui qui, privé d'appui intérieur, voyage en ces solitudes, à la tombée de la nuit, doit en ressentir toute l'épouvante. Il se voit menacé par la tranquillité farouche des géants de pierre rangés en demi-cercle; il cherche vainement autour de lui un signe de vie. Sur les grandes nappes de neige immaculée, nulle trace de pas ne vient s'imprimer. Les groupes de pins abaissent vers le sol leurs longs bras chargés de givre; seul, le plus petit des oiseaux, le roitelet huppé, y jette ses notes aiguës, lorsque vient à souffler l'âpre bise. D'étroites cavernes, repaires ou refuges, s'entr'ouvrent dans le schiste noirâtre. Les nues, rougies par le soleil mourant, allongent au ciel leur chaîne stagnante. Leur immobilité, superposée à celle des montagnes, double la désolation du site. De loin en loin, aux passages périlleux, s'élève une cabane, portant cette triste enseigne : *Casa di ricovero*. Au sommet d'un pic glacé apparaît une forme noire qu'on prendrait pour un casque : c'est l'aigle royal ou le gypaète qui, l'œil demi-fermé, guette une proie; l'embuscade se pose sur le mystère pour former le groupe hagard. Parfois un cri aigu traverse le silence : c'est la marmotte qui jouait sur le plateau fertile et regagne son terrier en jetant son cri d'effroi. Nous avancions péniblement entre des monts énormes où des traces noires, qui sont des groupes de cèdres, se dessinaient en pas de géant. Était-ce toi, Bayard, qui avais cette nuit galopé à travers les Alpes? Pour nous, nous n'avions pas même la force de ramper au flanc de ces rochers; nous nous laissions traîner par quatorze mules, courageuses et patientes. Quel étrange spectacle que celui de ces pauvres animaux, blancs de givre, secouant leur collier de grelots dans un désert empli de froidure et éclairé par la mélancolique lueur des astres ! Nous étions parvenus au hameau de la Grand'-Croix. Désormais à la merci d'un seul cheval, dont l'ombre démesurée reflétée sur les berges nous accompagnait comme un fantôme de douleur, nous commençâmes à descendre, notre traineau sifflant et gémissant sur la glace. Au delà des Tavernelles, une scène navrante frappa nos regards. Une bande de jeunes gens, enveloppés de couvertures en lambeaux et coiffés de chapeaux défoncés, étaient rassemblés au tournant de la voie. Exténués et transis, ils détachaient leur groupe infortuné sur le pied de la Roche-Chavière qui fermait au loin l'horizon. L'un d'eux, pâle de misère, était monté sur le talus escarpé, et là, transporté par la fièvre du malheur, il chantait d'une voix gutturale : *Dansa, canta, poveréllo...* Ses compagnons lui répondaient par un rire désespéré, qui s'éteignait dans le bruit du torrent. Tous ces infortunés avaient combattu récemment dans la guerre de l'indépendance ; ils étaient chassés de leur patrie par la faim et ils allaient bientôt traverser l'Océan pour servir la république Argentine. Le jour pâle se levait lorsque nous vîmes Lans-le-Bourg et Bramans, mornes assemblages de huttes couvertes de larges pierres. Nous fîmes un relai à l'auberge du Soleil d'Or, non loin d'une chapelle où je lus l'invocation : « Sainte Vierge, préserve-nous des maladies contagieuses. » De petits vieillards, hauts de deux coudées à peine, nous demandaient l'aumône d'un air éploré. Bientôt nous fûmes dans la longue vallée qui s'étend vers Chambéry ; les bourgs de la Maurienne sommeillaient encore dans le brouillard de la nuit.

Chambéry, le 7 mai.

Comme la ville de Chambéry est recueillie ; on dirait que ses maisons aux étroites fenêtres voilées de rideaux blancs, aux toits bleus surmontés de bannières étincelantes, ne peuvent être habitées que par d'honnêtes et pieuses familles. Les figures paisibles qu'on rencontre sur les rives de l'Albane expriment la droiture et la patience. On y reconnaît des gens sans grandes ambitions, et qui vivent avec ordre, heureux s'ils laissent intact à leurs enfants le modeste patrimoine que leurs pères leur ont légué. Je suis allé hier à Aix-les-Bains, et de là, à la cascade de Grési. Une croix de pierre y rappelle la mort d'une amie de la reine Hortense. J'y lus ce tendre avertissement : « O vous qui visitez ces lieux, marchez avec prudence en songeant à ceux qui vous aiment ! » Je revis le grand lac du Bourget et les rochers de Châtillon. Le paysage, bien qu'embrasé des lueurs du soleil couchant, était d'une imposante sévérité. Le lac semblait une mer consternée de se sentir arrêtée dans son essor, et les vagues prisonnières se jetaient lourdement d'une rive à l'autre en ployant la tête des joncs. A l'ouest, la chaîne du Mont-du-Chat s'allongeait sur l'horizon comme un mur cyclopéen d'où se dressait un pic sauvage et effilé, qui plongeait aux nues. A l'est, un épais rideau de peupliers barrait le ciel. J'apercevais, penchée sur le lac, l'abbaye d'Hautecombe, où dorment du sommeil sans fin les princes de Savoie. A la nuit tombante, j'étais de retour à Chambéry. Je me reposai sur un banc du jardin public, pendant que des groupes de jeunes filles erraient sous les rameaux des platanes en fleurs. Au fond de la vallée, les montagnes colossales semblaient témoigner de la présence de Dieu. L'homme, incliné devant ces hauteurs mystérieuses, cherche sa force en un monde supérieur. Des enfants vinrent jouer autour de moi ; ils se racontaient joyeusement leurs prouesses de la journée : ils avaient escaladé la Dent de Nivolex, et ils en étaient redescendus, les pieds meurtris.

Le 8 mai.

Au lieu du vieux castel que je rêvais, je trouvai en arrivant aux Charmettes, l'humble retraite d'un philosophe, une modeste métairie. Elle est sans mystère pour le passant; et n'étaient sa toiture ornée de deux brillantes bannières et la tonnelle de la cour, on ne la remarquerait point. Perdue dans un vallon écarté, entre des collines pierreuses plantées de vignes, elle demeure abandonnée en ses souvenirs. Au sud, un cercle de montagnes à la crête dentelée s'élargit en amphithéâtre : on voit glisser sur la bruyère de lentes nuées. Il faut parcourir la Suisse et la Savoie, pour apprécier le peu d'élévation de ces nuages qui, vus de la plaine, semblent voguer dans les profondeurs de l'espace. Ils rampent aux rochers, s'enroulent les uns aux autres, et s'arrêtent au col des montagnes, pour les ceindre comme d'un boa blanc. Parfois, ils lèchent les versants des coteaux, pour s'y étendre comme en un tapis de velours. Ces lourdes vapeurs de l'atmosphère, qui se traînent en chaînes de nues et se groupent çà et là en formes pittoresques, sont la seule vie du paysage des Charmettes. Les châtaigniers n'agitent pas, au souffle de la brise, leurs branches noueuses; les chemins sont déserts, et les hautes roches, ancrées où la dernière révolution du globe les a jetées. Quel plus austère asile pour un penseur qui se sèvre du monde? Les arbres de la cour croissent à l'abandon, la vigne s'étale au mur lézardé, et, le long des chemins, les roses fleurissent comme jadis. Au-dessus de la porte d'entrée sont gravés des vers d'Hérault de Séchelle, qui rappellent le génie et la misanthropie du philosophe. Un concierge me fit voir les chambres où s'écoulèrent les seuls beaux jours qui furent accordés au malheureux Jean-Jacques. Son portrait y est encore gardé. Il est représenté tenant d'une main le *Contrat Social* et appuyant l'autre sur l'*Émile*. On lit l'épigraphe : *Vitam impendere vero*. L'attitude est ferme, la mise soignée, le regard pénétrant. La chevelure, rejetée en arrière, fait ressortir les arcs purs du nez et du front. Ce n'est pas là le Rousseau que Pradier reproduisit pour la ville de Genève. S'il est ici le jeune amant qui peut prévoir un avenir heureux, il est dans son Ile du Lac, un vieillard chagrin, affaissé sous un manteau à larges plis. La tête penchée et le col amaigri, il semble accablé par les réflexions prolongées qui firent sa gloire. Je me suis longtemps arrêté en ces chambres où tant de paroles d'amour s'échangèrent et où germèrent tant d'ingénieuses pensées. Au fronton des portes sont peints des oiseaux chimériques ; le bruyant ramage des couleurs rappelle encore le siècle mondain qui dédaignait les beautés de la nature pour s'éprendre de formes artificielles, et qui rendit tant d'écrivains les martyrs de leur sincérité. Je remarquai le clavecin que faisait résonner, il y a un siècle, l'auteur du *Devin du Village*. On n'entend plus aujourd'hui aux Charmettes que les abeilles qui bourdonnent aux vitres des croisées. Je regagnai Chambéry par un étroit sentier bordé de haies.

Grande-Chartreuse le 10 mai.

Je m'éloigne de Chambéry au moment où le soleil se lève derrière la Dent de Nivolex. Toute la vallée repose encore. A cette heure matinale, on n'entend que le bruit d'un mince filet d'eau glissant dans le lit rocailleux du Cognat. Le mont Grenier se dégage de la brume, et sous sa haute déchirure, près du village de Saint-André, on voit verdir les vignobles qui couvrent les abîmes de Myans. Tous les ans, les montagnards y font un pèlerinage pour être préservés de toute calamité. En ce même endroit furent ensevelis, au xiiie siècle, plusieurs villages sous une avalanche de rochers. Plus loin, le mont Forza regarde, par-dessus la route, le mont Epine, dont la cime légère s'élève des nuages enroulés à sa base. Déjà, sur les plateaux supérieurs, le soleil a dissipé les brouillards de la nuit ; ses rayons s'éparpillent sur les coteaux, diamantant les pierres, les toits des métairies et jusqu'aux buissons, dont chaque feuille étincelle. Nous longeons des champs de maïs et de chanvre, d'agrestes enclos égayés d'arbres fruitiers. Sur la place d'un village, un tilleul élargit ses branches ployées par les ans. Ce vieil arbre solitaire, quel villageois ne le connaît ? C'est le vivant baromètre des saisons, et pour bien des gens, le discret témoin des joies et des pleurs. Les jeunes filles ont dansé à son ombre ; il a écouté en son feuillage leurs propos d'amour ; quelques années plus tard, il les a vues portées à la tombe, et sur les morts comme sur les vivants, il a étendu sa mystérieuse ramure. Souvent on l'injurie, lui, le doyen de la commune, lui, l'être inoffensif et fort ; l'écolier fait à son écorce des blessures qui ne guériront pas, et le maire commence à le voir de mauvais œil parce que, aux vents d'octobre, ses feuilles jonchent le seuil des maisons. Quelques sentiers, bordés de buis, descendent de la montagne. C'est par ces chemins-là que, les dimanches, au son des cloches, les petites filles arrivent aux vêpres avec leurs grands parents. Tout a pris pour elles un air de fête : la joie de leur cœur resplendit sur le paysage. Elles ne reconnaissent plus rien de la veille : le sentier est devenu sacré, les haies se reposent, comme si elles avaient bien travaillé, et le vieux tilleul, debout devant la chapelle, semble un prophète qui s'apprête à parler...

Chères années, où le cœur s'enflamme au merveilleux, vole de ses deux ailes, et n'a pas encore été blessé des flèches du destin ! Notre voiture roule sous de sauvages rochers. Une croix de bois marque l'endroit où un jeune pâtre fut dévoré par un loup ; des buissons croissent alentour, et çà et là les bruans y jettent leurs notes stridentes. Nous arrivons à l'entrée d'un souterrain, gardé par un vieillard qui sort de sa hutte pour nous remettre un papier jauni par le temps. On y célèbre la munificence de Charles-Emmanuel II, qui, l'an 1670, ouvrit ce passage de la Savoie en Dauphiné. Aujourd'hui, on descend par une belle rampe au village des Echelles ; il dort dans ses vergers clôturés de saules ; des hirondelles voltigent autour de son clocher de métal. On s'y enchante à rêver le temps des patriarches, quand on est soudain tiré du rêve par la voix des douaniers qui réclament les passeports. Une demi-heure plus tard, on arrive à l'auberge de Saint-Laurent-du-Pont, où la route se bifurque, d'un côté se dirigeant vers Grenoble par la Placette, de l'autre, pénétrant au Désert, c'est-à-dire dans cette gorge sauvage où, vers la fin du xie siècle, saint Bruno s'ensevelit avec ses disciples. Apprenant que je me rends à la Grande-Chartreuse, l'aubergiste m'amène sa meilleure mule. Il m'engage à passer la nuit au couvent, m'assurant qu'il me faudra deux heures pour y arriver, car la montée est rude, et il faut ménager sa bête. Me voilà donc derechef en route, seul cette fois, et chevauchant à ma fantaisie, à travers les solitudes.

Après avoir tourné la première colline de Saint-Laurent-du-Pont, j'entre au Désert par le passage de Fourvoierie. Qu'on imagine une déchirure de plusieurs centaines de pieds de profondeur séparant de sombres rochers, et à mi-côte de l'escarpement, un sentier taillé au-dessus d'un précipice au fond duquel gémit le torrent du Guiers-Mort. Cette voie périlleuse était autrefois défendue par deux portes abbatiales dont les orfraies sont aujourd'hui les seules sentinelles. La France, lors de la révolution du dernier siècle, s'est adjugé l'enclos des solitaires, pour l'exploiter à sa guise. A quoi bon désormais des gardes pour défendre ceux qui ne possèdent plus que leur vertu? Aussi, les chartreux appauvris n'ont-ils plus d'autre souci que celui de leur salut. Leurs forges sont en ruine; les roues de leurs moulins, arrêtées; et ils peuvent entendre chaque jour le bruit des cognées et de formidables craquements leur annonçant la chute de quelque arbre séculaire. Au delà du pont de Saint-Bruno, je rencontre des chasseurs précédés de grands chiens de la Camargue. Ils sont sur les traces d'un ours qui s'est fait chasser la veille dans le Grésivaudan. Le paysage est ici d'une beauté sinistre; dans la nuit d'un abime, le Guiers-Mort écume à travers les troncs d'arbres renversés; ceux du fond s'élancent vers la lumière, et ceux des sommets, étrangement contournés, se penchent sur le torrent. Des lignes de pins et de cyprès montent obliquement aux crevasses des rochers, et un jour crépusculaire règne dans la morne vallée; mais si, baissant la vue, on regarde de près cet abime, on distinguera son sourire dans les arbustes et les plantes variées qui émaillent ses bords. L'amélanchier y laisse neiger ses feuilles; le cytise y penche ses grappes d'or, les stellaires étoilent les berges et les trolles jaunes étalent leurs grandes corolles sur la mousse des clairières. Bientôt des bandes de gazon font verdoyer les coteaux, et les bergeries annoncent le voisinage des hommes. Sur le sentier cheminent le bourgeois, l'étudiant et le prêtre. Le bourgeois, avec une curiosité maligne; l'étudiant, en jasant, riant, racontant des prouesses; l'abbé, d'un

air solennel. Voici le saint enclos, les secondes portes abbatiales, et plus loin, le monastère, recouvert d'une haute toiture, sur laquelle peuvent glisser les neiges. Il étend ses murs
blancs sur les premières pentes d'une large enceinte qui
termine la vallée et qu'ombrage le pic du Grand-Som. On
dirait que ces dernières roches, l'une sur l'autre accumulées,
ont été ainsi disposées en cercle par la main de Dieu pour
y laisser vivre ignorés quelques-uns de ses enfants, loin des
tourments du monde. Devant l'entrée, un groupe de vieux
noyers entre-mêlent leurs durs rameaux; ils ont je ne sais
quelle austérité dans leur attitude et semblent s'être rassemblés
là pour prier en commun. Dans la première cour, je suis reçu
par un frère convers, dont la barbe noire se découpe avec
hardiesse sur son froc de flanelle blanche; sa figure est sensible et pâle, et son front creusé de rides profondes, comme
chez ceux dont les pensées prennent toujours le même chemin.
Il répond avec tristesse à mes paroles, et après m'avoir intro-
duit dans une vaste salle, décorée de quelques plans du monastère, il se retire en silence. A peine suis-je seul, que j'entends
dans la salle voisine un grand vacarme; c'est comme un cliquetis de verres auquel se mêlent des voix discordantes. La porte
s'entr'ouvre, et j'aperçois des artistes et des gens de la campagne qui, sans respect pour le religieux asile, devisent bruyamment de choses profanes. Hélas! où la trouver l'harmonie
parfaite? Le geai garrule non loin du sanctuaire, et le moineau
danse sur le tertre des morts! Je me promène longtemps dans
le cloître; je m'accoude à une fenêtre gothique s'ouvrant sur
une cour morte. Un grillon chante sous la pierre; quelques
touffes d'orties et de fenouil se balancent à la brise. J'entends
sur les dalles de l'obscur corridor un léger frôlement; ce
sont les reclus qui se rendent à la chapelle pour chanter

les psaumes. Suivez-les et écoutez ces voix vibrantes qui chantent chaque jour et chaque nuit les louanges du Seigneur. C'est comme un chant de guerre, qui fait tressaillir les vitraux et va frapper les solitudes. Là, nulle faiblesse, nulle pitié pour la chair accablée ; les vieux ont la vigueur des jeunes ; leur voix est aussi vibrante, bien que plus grave, et c'est avec la même énergie qu'ils se prosternent et se relèvent. Tantôt, ils rentreront comme des fantômes en leur cellule, dans cette prison étroite qu'ils ont cherchée pour y vivre dans la contemplation de leur éternel avenir.

Pendant bien des siècles, les générations se sont succédé, tour à tour civilisées et barbares; les tyrans ont trôné sur les peuples, et les peuples ont détrôné les tyrans; des fanatiques ont parcouru les villes, secouant leurs torches incendiaires ; un sang généreux a coulé sur les moissons ; la peste, la famine ont décimé les hommes, et la nuit s'est répandue sur le monde ; puis, se sont levés des jours de lumière et d'allégresse; de hardis navigateurs ont sillonné les mers, de somptueux palais se sont élevés ; on s'enveloppa d'or et de soie pour s'enivrer dans les banquets, et les poëtes chantèrent les hauts faits et les joyeuses amours.... Et les solitaires de la Chartreuse sont restés étrangers à tous ces événements ! Ils n'ont rien entendu de ces clameurs des peuples. Ils ont continué de vivre comme au temps de saint Bruno, priant et psalmodiant aux mêmes heures, sans se laisser distraire de la contemplation divine, — et rien non plus n'a changé autour d'eux dans le Désert ! — Ils ont vu au printemps bourgeonner les noyers ; en automne, ils les ont vus perdre leurs feuilles ; ils ont entendu, chaque nouvel été, les abeilles bourdonner autour des fleurs, et chaque hiver, les vents gémir à travers les cimes des arbres ; et printemps, étés, automnes, hivers, ils ont pleuré sur les faiblesses humaines, seuls entre les murs froids de leur cellule, ayant l'Invisible pour seul témoin. Ah! la souffrance, la souffrance volontaire, quels sont ceux qui en comprennent la grandeur? Quelles sont les âmes assez énergiques pour aller au-devant du châtiment? Les uns se désespèrent, s'asseient dans leur misère; les autres se révoltent et blasphèment, et, au jugement des hommes, ceux-là sont les plus faibles qui, étreignant le malheur en leurs bras, remercient Dieu de les purifier par cette union cruelle. Leur vie s'écoule dans les larmes, et pendant que vous jouez, enfants, et que retentit le joyeux orchestre de la fête; pendant que roulent sur le pavé des villes les brillants équipages; que les hommes, comédiens les uns des autres, s'enivrent aux folles gloires, et que tous ferment craintivement l'oreille aux sonneries funèbres, quelques mortels plus courageux se sont rendus vainqueurs de cette existence terrestre dont ils ont d'un coup d'œil mesuré l'étendue. Reconnaissant avec le regard de l'âme le néant de ces grandeurs pour lesquelles l'humanité s'épuise, ils se sont bravement engagés dans la sombre avenue de la pénitence. C'est dans le silence et la méditation qu'ils ont voulu passer les jours que Dieu leur a comptés. Agenouillés devant l'Incompréhensible, ils contemplent l'immensité de l'univers et la petitesse des hommes; ils prient pour leurs frères, pour ceux qui se consument à poursuivre de vaines ombres, pour ceux qui s'exaltent dans l'amour périssable, pour les riches et pour les pauvres, pour les défunts, pour les vivants, et pour ceux qui doivent naître un jour; et ils sont eux-mêmes entrés dans la sainte congrégation des morts. Parfois, ils se remémorent les heures qu'ils ont passées au milieu de leurs amis. C'est comme une lointaine apparition,

le ressouvenir d'un autre monde, dont ils revoient les tremblantes images. Ils pleurent en silence, et leurs pleurs sont
d'éloquentes prières... Puissent les célestes amours vivre
éternellement! Longtemps avant l'aube, quand la terre est
encore plongée dans la vapeur nocturne, ils se lèvent de
leur couche de paille pour adorer Dieu : le soleil les surprend
en oraison. Le temps marche, la journée sera bientôt à sa
fin, et le soir descendant sur ce nouveau jour qui s'évanouit
trouvera leur âme pleine de graves pensées. Ainsi, pendant
des semaines, des mois, des années, d'hiver et d'été, qu'ils ne
comptent plus, et dont la dernière heure sera saluée avec
confiance.

En voyant cette effrayante abnégation de créatures intelli-
gentes, ce dédain des plaisirs des autres hommes, cette
glorieuse végétation dans la tombe, on frémit devant la
mystérieuse destinée de l'homme. D'où vient cet être si
humble et si altier qui méprise la terre qui l'a nourri, pour se
prosterner devant un ciel inconnu ; qui fuit la renommée et
cherche la gloire éternelle; qui court au devant de la maladie,
de la souffrance et de la mort, en aspirant à la santé, à la
vie, à la joie éternelles? Ne sommes-nous que de pauvres
égarés, nous qui nous éprenons des plaisirs passagers?
Sommes-nous des méchants de combattre les travers des
hommes, des insensés de jouir du bonheur terrestre et de
chérir cette vie? Ceux-là seuls sont-ils dans la voie du Seigneur, dont l'âme s'emplit d'une sérénité sombre en cheminant vers le mystérieux avenir?..... Bord de l'abîme où je
m'arrête. — Hélas! erreur peut-être, mais sublime erreur,
divin sacrifice, qui nous frappe de stupeur devant la grandeur de l'esprit.

A l'heure où je m'attarde ainsi dans les songes, le silence

règne au Désert, troublé par le seul cri du milan planant dans les hauteurs inaccessibles. Les petits oiseaux se taisent, cachés sous les branches, et de rares abeilles murmurent autour des fleurs qui se referment. Je reprends le chemin de Saint-Laurent-du-Pont, regardant une dernière fois les hautes murailles de la Grande-Chartreuse, et y laissant à la fois de mon amour, de ma pitié et de mon admiration. Quelques instants plus tard, la nuit descendait sur la solitude, au son champêtre des cloches qui se répondaient par delà les montagnes, et la lune se montrait à travers les noirs fantômes des pins, pendant qu'au fond du ravin le Guiers-Mort roulait ses eaux gémissantes. Une odeur de myrrhe était répandue dans la forêt, et de pâles nuages s'élevant des eaux montaient religieusement au ciel comme à la voûte d'un temple..... Et voyant autour de moi tant de mystère et de mélancolie, que les siècles ne peuvent dissiper, je m'effrayai de la rapidité de cette existence que nous estimons tant, et je me rappelai ce grave conseil que je venais de lire sur la porte d'une cellule :

« Quœrite Deum et vivet anima vestra. »

Saint-Goar, le 20 avril.

A Biebrich, je m'embarquai pour Saint-Goar. Jamais le Rhin ne m'avait paru plus majestueux ; il est bien le roi des fleuves, la divinité puissante qu'adoraient les Germains. Ses eaux coulent avec calme entre ses sombres rives ; le bateau peut à peine agiter leur nappe, qui ondule à grands plis comme un rideau que soulèverait le vent. Le *Dampfschiff* est là sur son plus beau domaine ; il sait qu'il sillonne un noble fleuve, Rhenus superbus ; aussi s'avance-t-il la tête hautaine, laissant son épaisse fumée flotter derrière lui comme une crinière. A partir de Bingen commence à se dérouler ce merveilleux diorama tant de fois reproduit sur la toile, et qui, de théâtre en théâtre, a fait le tour du monde. Le bateau s'arrêta au delà du Mæusethurm, sous les tours croulantes d'Ehrenfels, pour permettre à des chasseurs d'aborder. Ils trainaient après eux un cerf abattu dans la forêt voisine. A cet endroit, le fleuve, bordé de murailles de roches volcaniques, paraît brusquement se terminer en un lac, mais le voilà qui fait un coude, glisse sous le Niederwald et ouvre une nouvelle perspective ; d'autres rochers, d'autres rives, d'autres repaires apparaissent, et non moins sauvages. On est dans la contrée des farouches burgraves. Sur les rochers de schiste et de basalte, les ruines de Rheistein, de Falkenburg et de Sonneck, dressent encore leurs formes tristes et orgueilleuses : on croit voir des oiseaux de rapine en observation. On prête l'oreille, comme si l'on allait ouïr le son d'un cor, le cliquetis d'une armure ou la plainte d'une vierge prisonnière ; mais le passé tragique est demeuré sans voix. On n'aperçoit sur les rives du fleuve que des visages paisibles et bienveillants ; on n'entend que le bruit des laveuses et la chanson de quelque pêcheur déployant ses filets. Près de Bacharach, une bande de jeunes gens montèrent sur le pont ; c'étaient des villageois qui venaient jouir du loisir du dimanche. Couronnés de feuillage, ils chantèrent en chœur des cantiques pendant qu'un vieux prêtre leur battait la mesure. Quelques passagers écoutaient et applaudissaient à la jeunesse heureuse ; d'autres regardaient le paysage, féerique en cet instant. Le soleil se couchait dans un océan de feu ; tous les buissons étaient ardents ; le fleuve semblait ruisseler de l'or, et dans les ombres indécises de la vallée, on distinguait à peine les maisons endormies et les silhouettes massives des arbres fruitiers. Je passai bientôt sous l'antique forteresse du Gutenfels, qui se penche sur la ville de Caub comme sur une proie ; aux meurtrières, il n'était plus d'œil vivant guettant un ennemi ni d'arbalète prête à expédier la mort. A travers les créneaux, je voyais passer lentement les nuages roses du soir. En quelques secondes, ce beau décor se fondit ; le ciel devint de plus en plus pâle, et les nues flottantes se rassemblèrent comme en un couvercle de plomb. Nous abordions à Saint-Goar ; c'était l'heure où la brise refroidissante, courant à fleur d'eau, fait plier les joncs, et chassant les insectes, offre aux hirondelles leur dernière pâture. Cette soirée de printemps donnait l'impression mélancolique des jours d'automne. Quelles que soient la saison et l'heure du jour, les bords du Rhin ne perdent jamais leur aspect féodal. Il n'est point de repaires mieux choisis que les crêtes de ces montagnes escarpées ; tout guerrier qui ne voulait pas rendre compte de ses actes pouvait, avec sécurité, y former son aire. Aujourd'hui, le barbare est muré dans sa tombe, et le bouclier demeure sur la rive ; les herbes et les fleurs s'y penchent, mais c'est toujours le bouclier du barbare, sommeillant dans la nuit et dans la mort.

Saint-Goar, le 23 avril.

Que le moyen-âge semble inhumain quand on le considère d'un regard froid, mais comme il s'éclaire d'un jour merveilleux quand on le juge par son cœur et qu'on songe à la piété de cette époque reculée ! Les vertus et les vices s'entremêlaient en ces âmes neuves que les obstacles à la vie facile remplissaient d'une ardeur religieuse ou guerrière ; tour à tour généreux et barbares, les fiers paladins étaient également prompts à la pitié et à la vengeance. Les serfs, sans cesse menacés par les orgueilleux caprices de leurs chefs, sentaient se raviver leur foi et servaient Dieu avec ferveur, pour atteindre un jour à la céleste patrie. A l'endroit où s'étend aujourd'hui la petite ville de Saint-Goarshausen, sous le rocher du Lurlei, saint Goar s'était bâti un ermitage ; il parlait du ciel aux pauvres riverains et il leur apprenait à cultiver la vigne et à tendre leurs filets. Devant les reliques du saint, Charlemagne et l'impératrice Fastrade vinrent un jour s'agenouiller, et, plus tard, les fils de Louis le Débonnaire y firent un serment d'alliance. Si, aux siècles suivants, il y eut au Thurmberg et au Katzenelnbogen de farouches burgraves qui se livraient d'affreux combats à travers la broussaille, on voyait aussi descendre des manoirs voisins de braves chevaliers qui, à l'appel du grand abbé de Clairvaux, s'en allaient braver tous les périls en des contrées lointaines, heureux si, à leur retour, ils obtenaient un plus grand amour de leur dame. Les jeunes châtelaines, penchées aux créneaux des tours, regardaient la fière chevauchée des preux disparaître, à jamais peut-être, au tournant de la vallée, et leurs regards disaient : « Ne nous oubliez pas, chevaliers fidèles ! »

Hier, je m'arrêtais à la rive de Bornhofen, où jouaient encore de blonds enfants, bien que la nuit fit déjà sentir son approche. Des bouffées de ce doux vent d'Allemagne, qui évoque les tendres pensées, agitaient les arbustes ; de pâles vapeurs qui montaient lentement du fleuve, enveloppaient les groupes des maisons dont je n'apercevais que les pignons aigus semblables aux proues d'une flottille à l'ancre. Au sommet de la montagne se dressaient les tours jumelles du Sterrenberg et du Liebenstein. Un long gémissement sortait des décombres. Je croyais entendre les plaintes d'Hildegarde de Brömser, et je sentais mon âme remuée dans ses profondeurs sur cette terre des romanesques amours. C'est avec charme que je me transportais aux âges de l'aveugle bravoure et de la mélancolie chrétienne. J'entrais en ce donjon où la vierge orpheline attendait le retour de son fiancé Conrad ; je la voyais répandre ses pleurs sous la voûte de la vaste salle aux profondes fenêtres. Comme elles semblent longues les heures de l'absence à celle qui aime avec le sentiment de la brièveté de ses jours. On assiste à ses tourments, on suit ses pas inquiets, on la voit prendre le sentier tournoyant qui mène au fleuve. D'innombrables petites fleurs éclosent sur le rocher muet, pareilles à ces fiévreux désirs qui se lèvent dans un cœur recueilli en sa passion. L'été s'enfuit, l'hiver arrive avec ses bruits mystérieux, et nul marchand, nul pèlerin n'est passé, pour apporter un doux message. Le vaillant croisé aurait-il succombé sous les flèches des infidèles, ou bien, monté sur son destrier poudreux, va-t-il bientôt apparaître sous les murs du donjon? O Jésus-Christ, qui as tant souffert pour les hommes, c'est à toi que la vierge a recours ! Sonnez, cloches du moutier; priez, chapelain; et vous, gens de la vallée, prosternez-vous au pied de la croix pour la jeune châtelaine éperdue de douleur ! Voyez-la qui remonte désespérée par les âpres rochers et s'enfonce sous la porte basse de la haute tour. Les beaux pages et les hommes d'armes se rangent avec respect au passage de leur souveraine; mais que lui font le prestige de vains honneurs et toutes ces marques de servitude ! Que n'est-elle l'obscure fiancée de ce pauvre pêcheur qui ne s'éloignera jamais de la cabane de son vieux père... Ainsi, pendant que la nuit ensevelissait dans ses ombres les ruines féodales, je pénétrais en ce cœur qui, depuis huit siècles, a cessé de battre, et j'achevais en ma pensée cette triste légende où la vierge du Liebenstein voit une rivale étrangère ramenée au château de Sterrenberg par le chevalier infidèle, et accomplit son dernier sacrifice en se consacrant à Dieu dans la solitude du cloître.

Le 28 avril.

Notre âme, exilée dès le berceau, serait-elle encline à chérir des lieux qui lui rappellent une première patrie ? A peine abordé à la rive de Saint-Goar, je m'y trouvais comme en une contrée amie, et je croyais ressentir des impressions oubliées. Les habitants aussi ne me semblaient pas des inconnus; leurs regards pacifiques étaient déjà apparus aux horizons de ma rêverie. Ces huit jours ont passé pour moi comme un instant. J'allais à l'aventure par les sentiers écartés, en remuant des pensées de regret et d'espérance. C'est le hasard qui me fit m'engager dans le Schweizerthal, où le bourdonnement des moulins se mêle au clair mugissement des cascades, et c'est mené par lui que j'arrivai à travers les bois et les vignobles, aux ruines de

Reichenberg. J'y suis retourné plusieurs fois pour revenir à Sanct-Goarshausen, et de là remonter le fleuve jusqu'à la belle ville féodale d'Oberwesel. Entraîné sur la pente de mes souvenirs, j'oubliais la légende pour chercher le merveilleux en cette vie présente dont nous n'apercevons le plus souvent que la face externe. Pourquoi aurais-je tenté de retrouver le rire moqueur des châtelaines de Schœnberg dans le gémissement des eaux sur les sept pointes de roche qui déchirent le fleuve? Pourquoi aurais-je regardé tournoyer la barque du pêcheur sur le gouffre du Felsen Bank avec l'espérance d'y entendre la chanson trompeuse de l'Ondine? Pourquoi me serais-je étonné si les paroles que je jetais à l'écueil enchanté du Lurlei m'étaient renvoyées en échos diminuants? Le monde de ces fantômes ne cesse de faire palpiter notre vie : les joyeux rires de la folie ne tardent pas à se transformer en pleurs; la perfide enchanteresse qui nous mène à l'abime, nous la trouvons en ces illusions qui perpétuent nos désirs de bonheur, et la voix que nous jetons à la foule inconnue ne s'y répercute qu'un instant, en notes mourantes.

Le 29 avril.

J'ai suivi l'allée montante qui mène au Rheinfels, et j'ai retrouvé sous le dernier bastion, le tertre d'où se sont déjà envolés quelques jours de ma vie. Le soleil, qui plongeait derrière la forteresse, me laissait dans l'ombre des murailles étagées. Des taches lumineuses, formées par les meurtrières et les arceaux béants, s'allongeaient à mes pieds. Les roches ardoisées de l'autre rive mêlaient leur teinte aux vapeurs du fleuve et aux nuages assombris. Insensiblement, le cercle de ténèbres se rapprocha et m'enferma en son enceinte; mais je ne m'en sentais que plus libre, car c'est un effet du soir d'élargir notre champ imaginaire à mesure qu'il restreint notre horizon visuel. A cette heure, le paysage eût été morose si la haute tour du Katz ne lui eût donné une marque d'orgueil. J'étais surtout frappé du silence. Des trains de bois, amarrés les uns aux autres, glissaient sur le fleuve. A peine percevais-je le murmure des eaux froissées et les paroles brèves du conducteur. Il n'y avait plus de chaîne de barrage tendue d'une rive à l'autre pour arrêter le marchand ; il ne fallait plus, comme au XIIIe siècle, que vingt-six villes se liguassent pour tenter de rompre cette chaîne : le Rheinfels ne projetait qu'une ombre inoffensive sur la vallée et, enlacé dans les ronces, n'était plus hanté que par les bêtes de maraude. Je fus soudain tiré de mes songes par les jappements d'un chien. Son maître, qui le suivait de près, se hâta de venir à moi, pour me dire de ne rien craindre de son vigilant compagnon. Il ajouta que c'était le seul ami qui lui fût demeuré, et qu'il avait l'habitude de gambader devant ses pas, pour le prévenir du danger. L'inconnu était un vieillard de haute stature, couvert d'un mantelet de laine et coiffé d'un feutre à larges bords. Bien que sa physionomie exprimât la force et la santé, il avait cette dépression et cette mobilité de traits d'un homme que le chagrin tient en éveil, et qui, naturellement expansif, ne recherche la solitude que pour y épancher plus sûrement son cœur. Voyant que j'avais écouté avec intérêt ses premières paroles, il continua à m'entretenir de son chien, si fidèle et si intelligent : la bête avait été oubliée au départ d'un bateau ; elle avait erré longtemps, sans maître, jusqu'au jour où, par une caresse, il se l'était attachée. Le pauvre homme m'apprit alors qu'il avait survécu à sa femme et à ses enfants. Il ne pouvait, me disait-il, fouiller dans son passé, sans remuer des cendres. Étranger à la contrée, il y avait été amené par aventure et il l'avait trouvée en harmonie avec le deuil de son âme. Jamais il ne manquait de se mettre en route au point du jour, muni d'un herbier, pour se perdre dans les sinuosités des vallées, ou gravir les cimes arides des montagnes, et chercher sous des voûtes effondrées la flore des ruines. Souvent la nuit l'y surprenait. L'obscurité et la solitude semblaient l'envelopper d'une ombre salutaire : où les cœurs frivoles ne voient qu'horreur, il trouvait protection. Nous revînmes ensemble à la ville, et je le reconduisis jusqu'au seuil de sa demeure. Les jeunes enfants de son hôte se précipitèrent vers lui en demandant leur gerbe de fleurs. Heureux encore l'infortuné qui peut faire briller un rayon de joie en des âmes innocentes !

Le 30 avril.

J'ai continué à descendre le cours du fleuve. J'ai revu, abritée au Thurmberg, l'église gothique de Welmich, qui sonne les heures de peine aux mineurs d'Ehrenthal, et, sur la rive opposée, Hirzenach et Salzig, que les cerisiers envelopperont bientôt de leur verdure. De loin en loin, au pied d'une pauvre cabane, s'allonge dans les roseaux la barque du passeur. Aux saillies des côtes rocheuses, des vignerons forment de petites terrasses pour y planter des ceps et pour qu'un jour la sève de ces âpres collines monte en lueurs de joie au front des hommes. Parfois une forêt de chênes, dont on distingue les cimes pressées, ferme une ravine étroite. Le vent qui s'y engouffre en se brisant aux angles des pierres, y fait résonner une plaintive psalmodie. Tout le paysage, d'une beauté imposante, semble vous dominer : ce n'est point vous qui le contemplez, c'est lui qui, avec ses formes fixes, vous regarde dépérir ; vous êtes encore dans le rapide travail de l'élaboration, tandis que pour lui les convulsions de la vie ont cessé, et cette forme qu'il a prise, elle est immuable. Les rochers de basalte, aux noires découpures, ont la solennité des sphinx. Leur fantôme seul s'agite, réfléchi par les eaux. Le bateau, qui vire et contre-vire sous les donjons ruinés, tourne les feuillets du féodal obituaire. On n'y lit plus que des noms tragiques : les plus charmants sont oubliés. Qui se souvient des héroïnes de l'amour dont les jours s'accomplirent au bord de l'austère vallée qui se prolonge du Taunus au Siebengebirge? Qui se souvient de Giselle de Rudesheim, qu'engloutirent les flots du Rhin ; de la belle Gerlinde de Lorch, emportée par les gnomes sur la cime du Kedricht et délivrée par le chevalier Ruthelme; d'Hildegarde la Clairvoyante, la nonne plaintive du couvent de Disibodenbourg; de Gerda de Rheinstein, que sa fougueuse haquenée emporta jusqu'à la crête du rocher, dans les bras de son amant; de Guta de Falkenstein, l'heureuse fiancée de Richard de Cornouailles, qui perpétue son nom au manoir de Gutenfels; d'Irmengarde, la compagne fidèle d'Othon, et de la fête nuptiale au château d'Hammerstein?

Le temps recéleur monte sans bruit sur tous ces souvenirs et les enfouit dans sa pyramide d'ombre.

J'avais passé devant l'antique cité de Boppart et doublé le cap de Filzen, pour de nouveau serpenter au gré du fleuve. Les cloches tintaient aux églises de Braubach, de Rhense et d'Oberlahnstein, annonçant l'heure des vêpres aux paisibles riverains. Leurs voix dolentes, portées par la brise du nord, étaient aussi recueillies par les captifs de la muette forteresse du Marksburg. Des jeunes filles cheminaient deux à deux, le long du fleuve, entre les élégants donjons de Lahneck et de

Stolzenfels. Elles avaient revêtu leur vêtement de fête : la haute coiffe bleue, la robe de drap noir à la ceinture élevée, et le collier de perles à la croix d'argent. La lenteur et la gravité de leurs mouvements montraient que leurs pensées ne se dispersaient point en propos frivoles et qu'un amour grave veillait au fond de leur cœur. Lorsqu'elles se penchaient sur le gazon pour cueillir des fleurs, c'était avec cette grâce pensive qu'un sentiment profond peut seul donner. Les vieux parents, qui leur avaient ouvert les portes de la vie, les suivaient, comme pour mieux jouir de leur présence : sur le chemin de la tombe, ils les précédaient. Les plus jeunes formaient des groupes pour attendre les aînés, et s'agenouiller un instant avec eux devant un oratoire qui s'élevait au bord d'un champ de blé et rapprochait ainsi l'aliment de l'âme de celui du corps. Lorsque nous côtoyâmes les jardins de Pfaffendorf, des enfants se tournèrent vers notre bateau et nous saluèrent en agitant les mains. Naïve confiance, pourquoi faut-il qu'un jour la science du monde vous fasse évanouir ! Ce serait aux plus âgés à saluer de leurs vœux les plus jeunes, pour qu'ils ne soient jamais déçus en leurs espérances. Il n'y a pas longtemps que, traversant Strasbourg, j'avais été aussi salué par des créatures inconnues. Celles-là, hélas ! étaient, depuis bien des années, les immobiles habitantes de la tombe. J'avais pu lire leurs noms gravés au beffroi du Munster :

Mᵐᵉ de Neustein, née de Baroldingen,
Mᵐᵉ de Rathsamhausen, chanoinesse d'Andlau,
Mᵐᵉ de Reinach de Werth, chanoinesse de Massenhaus,
Sont montées sur la tour, le 5 avril 1784.
Nous saluons tous les passants !

Je m'étais découvert pour reconnaître cette touchante confraternité des vivants et des morts. Moi aussi, sur cette page éphémère, je veux graver un salut à tous les enfants qui joueront sur la rive de Pfaffendorf, quand je ne serai plus.

Deutz, le 2 mai.

Les bourgeois de la ville, assis près de leurs compagnes autour de tables longues, emplissent la cour du Marienbild-chen, attentifs à l'harmonie d'un orchestre. Cologne la catholique, Cologne la brumeuse, Cologne la ville des évêques arrogants, en poussière aujourd'hui, aligne les vieilles façades de ses maisons sur la rive opposée du Rhin. Un ciel de plomb pèse sur cette ville songeuse. Hérissée de ses tours romanes, de ses clochers gothiques, de ses portes crénelées et de ses hauts bastions qui se dressent comme d'une mer de nues rougeâtres, elle semble une fantastique apparition d'une époque à jamais disparue. Pendant que les vignes bourgeonnent aux treillages des berceaux, la brise du soir apporte jusqu'ici le son des cloches qui se lamentent aux cent clochers de la ville. Les regards se tournent avec mélancolie vers ce fleuve dont les flots voyageurs reflètent les manoirs de Rheistein, de Bornhofen, d'Ehrenfels, de Welmich, et de tant d'autres, spectres inoffensifs. Appuyés aux parapets du pont de bateaux, de pâles adolescents regardent passer les Dampfschiff coiffés de leur fumée comme d'un panache guerrier, vies sans âmes que les plus grandes forces de l'âme seraient impuissantes à arrêter et qu'un ressort de fer paralyse. N'y voyons-nous pas une image de notre destin? Se sentir entraîné par une force fatale, par une matière à la fois sourde et rebelle, être à la fois glorieux et enchaîné, avoir son cœur rivé au fond de sa poitrine, et ne pouvoir le montrer à ceux qu'on aime, qu'à travers ce corps qui doit sitôt périr? En vain, pendant cette fête sur la rive de Deutz, en une aussi douce soirée de printemps, nous voudrions nous affermir en nos espérances : la sombre cathédrale n'est pas loin, projetant sur nous sa grande ombre. A cette heure où le soleil brille encore sur l'horizon, où la musique vibre en accords harmonieux, la nuit et le silence règnent sous les hautes voûtes de l'édifice gothique. Là se tiennent debout depuis des siècles, comme de mornes géants, ces froids piliers sur lesquels se sont épuisées tant de vies de travailleurs. La douleur, les larmes, les longs désespoirs s'exhalent de ces pierres accumulées. On entend, sur les dalles disjointes, faiblement résonner les pas de mortels chétifs, mais avides de joies infinies. Sur les bancs de bois de pauvres mères sont en prière : leur père est mort, leur mari se meurt, leurs enfants doivent mourir. Au pied du maître autel, les enfants mêlent leurs chants aux voix graves des prêtres. Rien n'est triste comme ces paroles désenchantées sortant de lèvres d'enfants, et comme ces larmes prématurées tombant de ces yeux où l'on voudrait voir se refléter tout l'azur du ciel. O Germanie, on ne peut s'abandonner à vos expressions de joie ! Celui qui pénètre en votre esprit doit s'abîmer aux profondeurs de votre amour.

Le 6 mai.

Qui exprimera ces pensées désespérantes qui nous saisissent alors que le charme de la saison nous convie à la joie? La vie attristant la vie ! Le sentiment d'une félicité sans bornes éveillé par des images heureuses, la conscience de notre fragilité devant un bonheur complet, les tourments de la passion en présence de la calme floraison des êtres, n'est-ce pas là le secret de cette ivresse de larmes qui nous trouble en cette matinée de printemps? Vainement le mortel pèlerin voudrait s'éloigner des beautés de la vie présente et se soustraire aux voix pressantes de l'âme : il souffre de cheminer sans trêve dans une lande déserte et de détourner le regard des vertes vallées qui s'offrent à lui en l'invitant au repos. L'heure vous presse, et vous appelle ailleurs — Voyageur, passez !

Le 7 mai.

Vive memor lethi ; fugit hora ; hoc quod loquor indè est.

L'ombre de la mort, le temps ne la projette-t-il pas devant mes espérances? Puis-je jamais me distraire de ce cruel mirage? Parfois, plein d'assurance en cette vie que je sens bouillonner en mes veines, je crois échapper à la fatalité, mais toute ma fierté s'évanouit quand je songe à la poignée de cendres qui restera de moi. Je regarde les heureux du monde détourner les regards de l'image de deuil qui les menace : les pusillanimes se croient braves pour s'être voilé la vérité. Puisse l'expérience anéantir leur illusion, insensiblement ! Mourir avec ses espérances terrestres serait souffrir mille trépas. Aussi, à mesure que je vois s'écrouler pièce à pièce l'échafaudage du bonheur que je voulais me bâtir, je regarde plus tranquillement l'approche du jour inévitable. Si j'avais encore ma première ignorance, peut-être voudrais-je revivre en mes désespoirs. Aujourd'hui, privé de l'orgueil de mes pensées, je laisserai la mort venir me prendre, résigné au destin. La fraîcheur des rivières, l'âpreté des monts, la majesté de l'océan, la voûte étoilée des cieux, ce n'est déjà plus que comme les ombres d'un pâle décor. Voici un hiver

qui s'écoule et fond avec la dernière neige qui a reverdi la
colline. Le printemps se transfigure en un nouvel été, et déjà
je vois poindre la fleur dans le bourgeon. Pour nous, c'est
sans retour que les heures, les jours, les années se succèdent, et sur cette terre où nous avons tant couru, tant
rêvé, tant aimé, nous ne reviendrons plus. Des milliers
d'années vont encore passer sur elle. Le soleil, qui nous
éclaire aujourd'hui, oublieux de nous, sourira aux nouveaux
arrivés. Ils iront, par les soirées de printemps, se répandre
par les prairies, et ils rêveront, comme nous l'aurons fait, à
la chanson des oiseaux et au bruit des fontaines.

Hanovre, le 8 mai.

Je voyage sans prévoir le terme où j'arriverai. Mes seuls
compagnons sont l'Amour et la Mort. Ils conversent ensemble
à mes côtés ; ils me distraient et jamais ne me fatiguent : à
travers ce qu'ils disent, j'écoute encore les bruits variés de
la terre. Ce m'est une espérance de me confier à ce journal.
Je tente d'y fixer les moindres murmures de ma vie et d'y
dépeindre les formes mouvantes de la nature. Peut-être,
ô mes amis, lirez-vous un jour ces folles pages de ma jeunesse, écrites avec des larmes où viennent se briser de pâles
rayons de joie. Vous les découvrirez dans un coffret d'acier,
et vous en secouerez en riant la poussière, sans songer qu'à
cette heure-là, je serai moi-même de cette cendre qui vous
fera sourire.

Le 10 mai.

Je fus frappé de la physionomie de Hanovre, de son caractère modeste, qui se montre sur les paisibles figures de ses
habitants, aussi bien que sur les façades de ses maisons,

visages de pierre. Mais combien de temps encore la ville gardera-t-elle son expression allemande? Déjà de grands hôtels se sont élevés à la place de ces maisons d'autrefois, à étages avançants, et toutes tatouées par la vétusté. Le mortier blanc a recouvert les noires solives qui dessinaient de capricieuses arabesques, et sur lesquelles chaque siècle avait inscrit sa marque. L'hôtel de ville, si expressif avec ses hautes lucarnes et ses sveltes tourelles, sera bientôt démoli. Quelques-uns s'en réjouissent, sans se dire qu'ils applaudissent au meurtre d'un aïeul. Le soleil jettera sa clarté hardie par les rues, et avec ses rayons mobiles disparaîtront la pénombre, le recueillement et la religion des souvenirs. L'architecture était autrefois comme une fleur indigène qui s'épanouissait sans influence étrangère. Aujourd'hui que la diversité des races s'efface par leur mélange, leur génie propre ne se révèle plus guère dans les édifices nouveaux, et le temps n'est pas éloigné où nous chercherons en vain à lire l'histoire du passé dans ses monuments. Ce n'est jamais sans chagrin que nous voyons disparaître les témoins des âges écoulés. Il semble qu'avec eux périsse une partie de notre vie. Qui sera là maintenant pour nous montrer la grave figure d'un autre âge? Jusqu'aux plus tristes marques du temps, nous les vénérons. Dans les rides tracées au front du vieillard, ne lisons-nous pas une succession d'événements? Ne sont-elles pas les chemins que tracèrent les émotions ressenties? Ainsi pensais-je en parcourant l'Alte-Stad et regardant sur les pavés de la rue les corneilles qui venaient y picorer. Effrayées à mon approche, elles volaient se percher aux pignons des toits en rasant de leur aile les fleurs des mansardes. Ces fleurs, de jeunes ouvrières les avaient posées sur le rebord de leur croisée. Elles y trouvent une source de rêveries qu'interrompent parfois les croassements des noirs oiseaux. Eux vivront cent ans, et la fleur sera flétrie le mois prochain. Est-il rien de mystérieux comme ces ruelles qui serpentent et s'entre-croisent dans un demi-jour, et comme ces hautes maisons percées de fenêtres à treillis de fer! Que d'existences commencent et s'achèvent en ces muettes demeures! Là vivent des âmes pieuses qu'une divine espérance rend aveugles à ce monde. Où sont les riches promeneurs, où sont les mendiants de ces quartiers déserts? Les rues sont paisibles, les portes sont closes. Çà et là on voit briller la livrée rouge des facteurs de poste et des gens du roi. Dans les régions septentrionales, les existences se recueillent, comme si la froidure du climat effrayait aussi la pensée et l'obligeait à chercher la chaleur au fond d'elle-même. J'errai longtemps dans la vieille cité assise sur les rives de la Leine. Je parcourus le Burg-Strass et le Marstal-Strass, et bientôt je me trouvai sur la place d'armes. La vue y a une belle échappée sur les dernières pentes des montagnes du Hartz. Des recrues s'y exerçaient au maniement des armes. Vers l'est, s'élève la Colonne de Waterloo, surmontée d'une Victoire qui tient à la main une couronne de laurier. Une volée de corneilles vint s'y abattre à grand bruit. En face de l'arsenal, la statue de Leibnitz semble réfléchir à cette ignorance humaine qui perpétue l'hostilité parmi les hommes et leur enseigne à s'entre-détruire. Ces images de gloire et de misère portèrent ma pensée vers ceux que la terre recouvre; j'allai me promener en ce jardin de la ville, où la population est souterraine. Que de familles, frères et sœurs, étaient là couchées, sous ces hauts tertres qui semblent les berceaux des âmes! Les années les vénèrent, et chaque matin des mains amies viennent y répandre des fleurs. Deux enfants ratissaient le sable sur la tombe de leur mère, pendant que leur vieux père, assis sur un banc voisin, les observait en silence. Ils jouaient et souriaient, les deux petits jardiniers de la mort, et ne comprenaient rien encore à la majesté de la tombe. Une croix disait :

Friede seiner asche!

Et une autre :

Salve æternum, carissime juvenis æternumque vale!
Nos te ordine quo Natura permisserit cuncti sequamur.

Sois heureux dans l'éternité! Nous aussi, nous glissons sur un versant fatal; à notre tour, nous irons nous engouffrer sous les arcades de la mort, mais nous te faisons cortége et nous t'accompagnons de nos vœux. Le soir du même jour, l'espérance et la joie reprenaient leurs droits sur ma vie : je me laissais charmer à l'harmonie d'un orchestre. L'assemblée était présidée par les bustes de Goethe et de Schiller. Ce dernier avait été couronné de lauriers. La sérénité se lisait sur ses tempes bombées, d'où se sont envolés tant de rêves chevaleresques. Le grave profil de Gœthe se dessinait durement près de cette tête jeune et expressive. On oubliait l'auteur de Werther pour ne voir que le père de Faust. Ainsi glorifiées au milieu de leur patrie, et entourées d'une génération reconnaissante, les deux nobles figures apparaissaient dans tout leur prestige. Les mélodies de Mozart et de Beethoven semblaient redire leurs immortels poèmes. Revenu à mon hôtel, je remarquai la seule gravure de ma chambre; elle avait pour légende : «Le bon exemple, » c'était une jeune femme assise à son rouet. Cette naïveté me rappela un tableau du musée de la ville : un enfant saisit de ses deux mains, et d'un air d'épouvante, le fusil de son

père qui couche en joue un garde forestier. L'enfant, c'est-
à-dire la bonté, doit-il triompher du braconnier, c'est-à-
dire de la ruse et de la violence? En ce bon pays, oui sans
doute !

Le 13 mai.

De Hanovre à Hambourg se prolonge une vaste plaine ;
de loin en loin le sol se relève et forme une colline qui
bientôt s'évanouit. On passe à Ulzen, Berenzen, Bienenbuttel,
pour entrer dans la bruyère de Lunebourg. Des groupes de
pins s'échelonnent sur les montagnes. On aperçoit des croix
de pierre isolées qui marquent la voie d'un pèlerinage. Il
était nuit lorsque je m'embarquai pour traverser l'Elbe.
Hambourg est une cité largement déployée ; ses quais sont
bordés de hautes maisons qui, le soir, étincellent de feux.
Les étrangers s'arrêtent à regarder des bandes de cygnes
qui fendent de leurs blanches poitrines les eaux sombres
du fleuve. Vers Altona, les arbres et le gazon des dunes
rappellent les côtes de l'Angleterre. C'est la même verdure
pâle et la même régularité de lignes. Dans la foule variée
qui anime les dunes, je reconnaissais les Danois au profil
pur, et les Norwégiens au regard nuancé et serein. Comme
cette ville, malgré ses richesses et sa beauté, me semble
muette. Quelle grandeur glaciale! Combien je lui préfère les
petites cités allemandes, si intimes! La sombre Cologne
elle-même me charme davantage. Je suis entré à la Bourse.
J'ai vu du haut des tribunes ces créatures agitées par la
fièvre de l'or. J'ai entendu leur bourdonnement confus, pareil
à la grande rumeur de la mer sur les galets de la côte. Ce
sont pourtant ces mêmes voix qui retentissaient autrefois
dans une cour de collége, — clairement et joyeusement alors !

Le 17 mai.

De ma croisée, j'ai observé la foule, le passage continuel de tant d'êtres dont les uns sont mus par les désirs frivoles, la plupart par l'ambition, quelques-uns par le devoir. Tout m'était obscur en leurs destinées. L'instant seul où je les apercevais me les faisait connaître. Ces figures semblaient sortir de la nuit et y retomber sur l'espace de vingt pas. C'étaient comme des éclairs de vie que je ne devais plus revoir ; mais bien que ces lueurs fussent si rapides, je tentais de les suivre et de les fixer, en généralisant l'impression fugitive que mon regard ressentait. La puissante poésie, je la trouvais là : toutes les grandeurs et toutes les misères, transfigurées par le sentiment qu'éveille leur fuite rapide, et qui me faisait plonger en un mystère avec chaque créature que je voyais disparaître. La douleur, hélas ! marquait de son empreinte la plupart des fronts, et hormis les enfants, les écoliers alertes et quelques vieillards d'une résignation sereine, je voyais le plus grand nombre traînant leurs pas, et appesantis par les déceptions et les mésaventures. Les plus heureux c'étaient les passants de ferme volonté qui avaient su borner leurs désirs. Ils allaient à leur devoir journalier, paisibles, et indifférents aux alentours.

Le 19 mai.

Que ne puis-je envoyer à mes amis éloignés les mélodies allemandes qui me charment en ce jardin ! Que ne puis-je faire briller et retentir ces lignes que je dois tracer avec une plume impuissante ! Pendant que la foule se répand par les allées ombreuses, que des personnages impassibles se mirent à l'eau des bassins, et que de belles étrangères jasent et rient pour obtenir des regards où elles espèrent trouver l'admiration, la chanson de l'orchestre s'élève de la verdure et ressuscite en mon cœur des printemps disparus. Arrêté sous un dôme de charmilles, je me laisse bercer à la grande poésie des jours qui s'éloignent. Toutes ces voix qui s'échappent de poitrines pour se confondre en accords, font renaître en moi des pensées que je croyais à jamais endormies. Elles renaissent, joyeuses, fiévreuses, obscurcies à peine des marques de l'éloignement. Environné du cortége des chimères, je me transporte aux lieux où j'ai le plus rêvé. Les lignes, les couleurs, les flammes de vie, qui ont pu se déformer, pâlir, s'éteindre ailleurs, vivent toujours en ma mémoire. Mon passé frémit en ces heures de solitude, foule d'ombres animées, lumière de larmes, de sourires évanouis, aube sereine d'un âge fertile en tourments, où je n'ai d'autre sauvegarde que la philosophie religieuse, et d'autre bonheur que d'approfondir par la pensée les impressions fugitives de mes sens. L'image des falaises rougies par les églantiers, au promontoire Campanella, l'odeur balsamique des plantes de la Sabine, les éclats de voix d'une fille des montagnes, m'arrivent encore à travers les jours et les contrées : — souvenirs heureux où je voudrais me complaire, si par moments les graves modulations de l'orchestre, rouvrant le gouffre que je voilais sous des branches, ne me forçaient à y descendre et à t'y retrouver, sombre métaphysique ! Des pensées éphémères traversent mon front, telles que des fantômes — ah ! telles plutôt que ces mouches luisantes qui jettent aux forêts ténébreuses leurs clartés phosphorescentes ! — elles voltigent et tourbillonnent dans les ombres de mon âme, m'apportant le sentiment des joies perdues et des affections trahies ; les larmes rôdent autour de mes tempes ; elles voudraient s'échapper pour détendre mon angoisse et vaincre le mutisme dans lequel le chagrin m'ensevelit ; mais toi, fierté, vigilante gardienne, tu les empêches de couler pour qu'un sol banal les absorbe et qu'une curiosité profane s'en repaisse ! Tu les couveras dans le secret du cœur, et là, au ferment de la méditation, elles se formuleront peut-être un jour en paroles d'espérance.

Aix-la-Chapelle, le 27 mai.

Par une allée de châtaigniers, j'ai atteint le sommet du Louisberg. Après plusieurs années de solitude et de rêves, j'ai revu ces noires sapinières dans lesquelles j'errais autrefois, comme aujourd'hui encore, épris tour à tour de réalités et de chimères. De blonds enfants s'avançaient dans les hautes herbes, cherchant des bestioles qui, elles aussi, sont des vérités, pendant que des bourgeois de la ville, emmaillottés de leurs longs fracs, passaient lentement sous l'ombre des arbres. Je me suis rappelé mes marches inquiètes, mes vains désespoirs, mes luttes avec l'orgueil, cette tête invulnérable de serpent, mes paroles évanouies dans le silence, et ma douleur, ô terre, en vous voyant toujours muette et sourde ! J'ai retrouvé les sentiers pierreux que je gravissais jusqu'à des villages ignorés, voyant briller des larmes là où il n'y avait que sève et rosée. Je suis descendu dans la plaine pour m'engager dans les montagnes qui séparent Eupen d'Herbesthal. Je fus charmé du recueillement de la contrée. Sa beauté réside en des lignes ondoyantes largement mouvementées, et en des teintes vaporeuses. Des groupes de pins, des collines de sable couvertes de genêts, me rappelaient les landes de Lunebourg. Çà et là sur une pente boisée, la tour verdie d'un donjon tremble réverbérée au marais

14

voisin. Au fond des vergers, on distingue des chaumières rayées de solives noires; là vient picorer la corneille centenaire, pendant que le chant bref du pinson sort du vieil arbre. Oublierai-je cette famille de laboureurs qui se rendaient à l'ermitage en récitant des litanies? Leur âme ne pouvait se réjouir à ce soleil de printemps, toujours en harmonie avec la joie, toujours en désaccord avec le chagrin. Les suppliants ont-ils fléchi l'Éternel? La résignation leur reste, souffrance mêlée d'amour et de fierté. Que ne la possédons-nous, cette noble vertu! Que n'abattons-nous cette fièvre qui nous mine chaque jour en nous éloignant du but de nos efforts! Pourquoi faut-il se sentir double, corps et âme, appétit et sacrifice? Pourquoi faut-il que nous soyons sans cesse menacés d'une double chute, nous abîmant tour à tour dans le naturel et le surnaturel? D'autres ont scruté ces profondeurs, qui s'y sont perdus. Ils dorment aujourd'hui dans la nuit mystérieuse où je glisse en traçant ces lignes. Ce repos sans alerte qu'ils cherchaient, cette grande trouvaille qui devait les combler de félicité, ce lieu d'un bonheur parfait n'était pas destiné à ce corps, qui fond comme la cire, se ride comme l'onde et s'évanouit comme une fumée. Après l'avoir longtemps cherché sur l'herbe fleurie, à l'ombre odorante des arbres, ce corps avide ne le devait trouver que sous le gazon. Là, mêlé aux racines des molènes et des bardanes, il peut contempler la vaine science, pendant que sur sa poitrine retentissent les pas d'autres chercheurs insensés. Qu'ils se réjouissent plutôt que de plonger aux mystères avec l'espoir d'en rapporter la pierre philosophale; qu'ils fêtent noblement la vie présente, qu'ils s'aiment et qu'ils se le disent avant que le temps, jaloux de leur amour, pâlisse les sentiments en leur cœur et les paroles sur leurs lèvres. Un jour peut-être cet amour

intime rayonnera universellement. L'âme, comme soumise
à un temps intérieur, doit poindre, germer, grandir, et
s'élargir de plus en plus en sa croissance normale. Heureux
qui le comprend, et ne tente point, outre-passant ses forces,
de récolter des graines avant la chute des fleurs ! L'âge aussi
viendra, et assez tôt, où, semblables à ces pauvres assis
sous le porche de la cathédrale, nous égrènerons le chapelet
de nos joies révolues, le regard tourné vers la voûte obscure
du temple.

Le 28 mai.

Promenade à quelques milles de la ville. Retour à minuit,
par une averse. Qu'ai-je rapporté avec ma lassitude ? Le souvenir d'un hameau obscurci de haies et de cerisiers, et
l'image d'une petite fille mourante, assise dans son jardin,
parmi ses oiseaux. Chère enfant, déjà pâlie par la mort,
j'exprimerai ta mélancolie dans cette soirée de printemps, et
tu seras dépeinte tout entière avec ta chaumière, tes oiseaux,
tes fleurs, et cette pauvre écuelle où tu versais du lait à ton
chien fidèle !

Le 30 mai.

Le soleil se lève. Je vais d'Astenet à Altenberg. Une
fraîche senteur monte de la terre qui s'éveille dans la rosée.
Les marguerites sommeillent encore dans les gazons mouillés,
et les boutons d'or sont déjà entr'ouverts. Des groupes d'arbustes épaissis à la chaleur du printemps et des rangées de
hauts peupliers découpent la campagne en variant ses perspectives. Nul bruit que celui d'un valet de ferme qui chante
un air monotone en aiguillonnant ses bœufs paisibles, et les
croassements de deux corneilles volant d'une aile lourde

par-dessus les blés. Me voici dans le bois d'Altenberg, tout embaumé du parfum des muguets. Le soleil, qui a lentement monté de l'horizon, resplendit, mettant la forêt en joyeuse rumeur quand j'arrive au pied du château d'Emmaburg. Dans le ravin, un ruisseau coule en soupirant sous les saules, au travers d'arbres renversés par le dernier orage. Je m'accoude sur la clôture de bois d'un verger. Un troupeau de vaches, la langue collée au gazon, s'avance avec gourmandise, sous le regard d'un pâtre. A de courts intervalles, retentit un chant limpide, celui du lorio, auquel se mêlent des bourdonnements d'abeilles autour de la cime d'un tilleul, murmures qu'on prendrait pour une chanson lointaine. Quel charme en cette union du silence et de la sévérité, du recueillement de la pensée et de la fraîcheur des forêts ! Mais les saisons se succèdent, et le vallon champêtre d'Emmaburg, si charmant aujourd'hui, se remplira des neiges de l'hiver. *Transit œtas.* Paysage heureux, n'éveillerez-vous jamais en moi que des prévisions tristes?

Aix-la-Chapelle, le 2 juin.

La journée s'est enfuie pendant que j'écrivais à mes amis. J'éprouve un grand charme à correspondre avec ceux que j'aime. Il me faut un être cher, qui soit toujours présent, à m'écouter, pour que le flot de ma vie ne se congèle pas, pour qu'il coule vivement de mon esprit au sien. Je parle alors sans crainte, mes plus secrètes pensées s'animent à un jour affectueux, et je m'interroge pour l'ami qui doit m'entendre. Qu'ai-je fait ces derniers jours? Cherché des ombres de joie par les prés et les forêts, seul toujours, dans la mélancolie souvent. Pendant que je m'arrête à songer dans les parcs déserts, et que je m'assieds sur le chêne renversé de la forêt, les enfants rieurs se poursuivent, le ruisseau coule, les arbustes se balancent. C'est en admirant ces images variées que je me sens disparaître dans la marée montante de l'oubli. Je ne serai plus. Les mêmes brises agiteront les mêmes feuillages, les mêmes oiseaux chanteront leur chanson journalière, les perfidies humaines continueront leur règne, et toi, lune errante, comme égarée dans l'espace, tu ne cesseras de poursuivre ta course silencieuse... Pourquoi me troubler à ces grandeurs? Où veux-je atteindre? Le temps ne me possède-t-il pas? Vivre toujours, les pieds sur la verdure, peut-on l'espérer? Aurais-je cessé d'être fragile, éphémère? Serait-ce par amertume que mes regards se porteraient vers l'infini; par orgueil que je mépriserais ma nature mortelle?... L'univers, hélas! est trop vaste pour que nous puissions l'étreindre et jouir de la sévère volupté de cet embrassement surnaturel. Ce n'est point sur une terre limitée que se réalisent les aspirations des âmes. Nos forces s'épuisent, nos actes s'écroulent les uns sur les autres au service de nos désirs, et lorsque nous croyons élever une pyramide, nous ne produisons qu'effondrement. Me promenant dans la nouvelle synagogue et lisant les noms de la tribu de Juda inscrits aux dossiers des bancs : Heureux les Juifs! m'écriai-je, ils savent ce qu'ils attendent de l'avenir. A leur horizon, ils ont un Messie, et c'est vers lui que se tournent leurs regards. Une noble espérance croît en leur âme et les exempte d'inutiles retours au passé. Avec la joie d'une mère qui prépare les langes de son enfant désiré, ils tressent de leurs oraisons d'aujourd'hui la paille de son berceau. Ils se trompent sans doute, ils sont le jouet d'une illusion, mais qu'importe si leurs âmes, s'élevant vers un Dieu qui doit un jour les sauver, s'épurent dans les ardeurs de l'attente? C'est au milieu d'une race rêveuse, qu'aidés de leur patient génie, ils viennent acquérir les seuls trésors que le monde ne peut leur refuser. On les rencontre toujours avec étonnement mêlés aux blonds Germains, et gardant encore les marques du soleil de Judée. Je songe à l'Orient, aux plaines crayeuses, aux églantiers rougissant les rocs, aux parfums pénétrants d'une vie sans cesse condensée. Puis-je réveiller ma pensée aux mornes attitudes de la Germanie ? Ma rêverie seule y trouve un aliment. En contemplant cette terre de brumes, qui semble éteindre nos désirs d'action, je tente de la faire flamboyer au souvenir de contrées plus sereines. Je sens sourdre de son sein de ces mols effluves qui éloignent l'esprit de la vie présente et le mène aux sphères indéfinies de la pensée pure. Je me prends à craindre de m'enivrer au mystère des temples gothiques, à l'ombre humide qu'exhalent les dalles tumulaires. Je ne les aime que renversées dans l'herbe aux rayons du soleil. Il faut que tout chagrin se relève d'enthousiasme et soit soutenu par les formes les plus vivantes de la nature.

Le 3 juin.

Épris d'une science nuageuse, nous observons, nous lisons, nous méditons, attentifs aux formes fuyantes de la terre et aux inspirations de l'esprit ; nous parlons gravement sur des sujets abstraits, rivant ainsi le sentiment d'amour à l'orgueil solitaire. Vanité, de prétendre montrer la puissance de notre pensée quand l'humanité ne nous en fait pas un devoir ! A l'heure où notre réflexion s'épuise en un ténébreux labeur et où notre amour languit, les oiseaux voltigent dans les cieux, les blés jaunissent, et des créatures innombrables, amies de Dieu, accomplissent avec confiance leur paisible destinée !

Le 4 juin.

L'esprit s'obstine en sa curiosité et revient à l'abime comme l'oiseau au piége. On croit acquérir repos et bonheur pour être descendu de quelques degrés l'escalier qui mène à la première origine ; on se tourne vers les formes de la nature et vers l'idéal pour en pénétrer le double mystère ; mais dès que le cercle de la réalité humaine est franchi, le regard se perd dans un horizon trouble, les interrogations surgissent, multipliant les doutes et jetant la pensée dans la terreur. Il semble même que, sollicité par un génie rebelle à l'ordre de la nature, on se détourne de la clarté du véritable jour pour s'exiler en une région fantastique, où le cœur s'étiole comme dans la pâle atmosphère d'un astre éteint. Ces plaines que nous pressons de nos pas, ces forêts qui nous ombragent, ces édifices de pierres lentement accumulées, ces parents et ces amis qui nous accompagnent, ces paroles mêmes, ces chants, toutes ces images et ces clameurs de la terre ne sont plus qu'illusion. La réalité tremble dans la vapeur des songes et se formule en contours assombris par notre orgueil. L'invisible lui-même a perdu sa sérénité : on y plonge avec crainte sa pensée comme si on l'ensevelissait dans une divinité farouche. Depuis bien des siècles, des fronts innombrables, tour à tour penchés vers la terre et levés au ciel, ont tenté de résoudre l'énigme.

Un grand nombre, assaillis de doutes et se tournant vers l'Esprit, se seront dit : Qui nous dévoilera l'origine de la Dualité? D'où sort le germe du Mal, et comment cet univers souffrant s'épanche-t-il du sein de la Félicité? Le fallait-il à Dieu? Pourquoi la Création vient-elle troubler l'immense sommeil de la Perfection? Si le Mal n'est qu'absence de Dieu, pourquoi le

foyer céleste ne blanchit-il pas ce point noir qui n'est pas lui?
Ne serait-il donc qu'une nuit passive cet esprit de l'homme
pervers qui voudrait insulter à l'Idéal? La réaction hostile ne
déchire-t-elle point le sein de la Divinité? Quelle est ta liaison,
ô Nature, avec l'Éternel? T'y mêles-tu insensiblement, comme
la nuit au jour! Le rapport est-il brisé? Les heures ne
sonnent-elles pas aussi pour l'âme logée en un corps de
cendre? Quelle est cette Unité formidable où les détails
temporaires sont des néants? Où pose le pied de cette balance
dont les plateaux montent et descendent en deux régions
dont une seule est Réalité? D'autres ont fixé du regard la
nature, pour interroger ses formes. Les voyant doubles, ils
ont pu se livrer à d'étranges conjectures : Les formes des
êtres seraient-elles des expressions diverses d'un type ori-
ginel reployé sur lui-même? — Peut-être ont-ils tracé à
l'encre une barre sur le papier, qu'ils ont replié, et il s'y est
empreint fatalement des formes d'êtres, de l'ordre inférieur
de l'animalité. On y distingue les vertèbres, les antennes, le
cerveau, et jusqu'aux dégradations naturelles des nuances.
Alors, ils se seront demandé : Est-ce l'embrassement de la
matière par l'Esprit et son broiement qui enfantent les créatures innombrables et diverses, végétaux, mollusques,
insectes, quadrupèdes, hommes....? Quelle loi préside à la
formation des joyeux colibris et des graves éléphants? Comment se sont produites sur les ailes des oiseaux des couleurs si
nuancées? En observant cette multitude d'espèces où tous les
règnes de la nature semblent se confondre; où l'on voit des
êtres manchots, difformes, perclus; des oiseaux hérissés de
poils; des quadrupèdes armés d'un bec d'oiseau; des amphi-
bies achevés de la tête à la ceinture, et à peine ébauchés du
reste; des pierres vivantes et des chairs arborescentes; et,

parmi ces êtres, la bonté toujours victime de la rapacité, la simplicité de la ruse, un doute cruel aura traversé leur esprit : La nature irait-elle à tâtons dans ses créations singulières? Serait-elle sujette aux erreurs? Cette terre serait-elle un monde de réprouvés, que l'homme doive y consumer sa vie en compagnie de bêtes étranges, souvent hideuses, pour la plupart torturées, rusées, machinantes, et comme animées pour la destruction? Quelques-uns se sont dit : La matière n'est-elle qu'un signe pour des sens imaginaires? Chacune de ses formes n'est-elle pas une parole mystique! En voyant feuillir les arbres, n'est-ce pas l'Esprit que nous voyons germer? O chercheurs, tous vos efforts sont vains! La vérité primordiale s'éclipse sous vos regards interrogateurs. Votre esprit n'est traversé que de lueurs incertaines : elles passent comme des météores dans la nuit de votre âme, vous apportant l'inquiétude plutôt que la science. Il est des problèmes insolubles gardés pas le silence et la nuit; il est des régions muettes qui ne nous renverront jamais l'écho de nos paroles. Oublions-les, oublions-les, pour vivre en ceux qui respirent autour de nous, aux obscures et humbles régions! Arbres, plantes, gazons, contemplons-les! Regardons-les bourgeonner, verdir, au souffle des printemps, et, confiants en la justice de Dieu, soyons discrets en interrogeant le ciel, les terres et les mers : le temps se hâte de nous entraîner à l'orifice du gouffre où la destinée s'éclaircira.

Le 7 juin.

J'avais longtemps erré par les collines désertes, lorsque j'entrai au champ de repos qui domine la vallée de Frankenburg. Je m'étais assis, non loin du fossoyeur, sur une large pierre. Au pied d'un tremble, se penchait une croix qui disait : Paix à ses cendres ! Qui de nous voudrait les troubler ? Est-ce ce brave homme qui tantôt allait et venait la pelle à la main, et qui maintenant songe sur le tertre qu'il a élevé ? Sont-ce les deux papillons blancs qui se poursuivent par-dessus les hautes herbes ? Serait-ce ce merle portant des graines à sa couvée éclose dans le genévrier ? Paix à ses cendres ! Trop de paix, hélas, auront-elles ! — trop de silence et trop d'abandon ! Je descendis au château de Frankenburg, autre cimetière où dorment, sinon des corps, du moins des souvenirs qui évoquent les ombres des Carlovingiens. Les tours se sont démantelées et endormies sous la baguette de ce magicien qui nous a fait paraître et nous fait disparaître. Des nues se mouvaient dans les créneaux, le chant limpide d'un rossignol s'élevait des ombres d'un taillis, les joncs du marais tremblaient tantôt à la brise, tantôt au passage d'une sarcelle, et çà et là se montrait une hirondelle effleurant de son aile les corniches ébréchées. Je me laissais décliner dans les songes, quand deux ombres humaines longèrent la haie de l'étroit sentier. L'une était un vieil abbé ; l'autre, un enfant, son élève. Je saisis cette parole : « Écoutez-moi, et ne prononcez pas des lèvres ! » Oui, cher enfant, ne parle jamais des lèvres, parle de la poitrine, parle du cœur, et alors on t'aimera, seule chose au monde que tu doives ambitionner ! Heureuses gens, bien faits pour errer en ce site recueilli ; appelés là, croirait-on, par une harmonie secrète ; tous deux paisibles dans l'inexpérience, et ne connaissant pas ces fièvres de la vie qui nous inclinent aux abîmes. Mais peut-être n'ont-ils point connu l'amertume fortifiante des larmes et dédaigneraient-ils de compatir à des souffrances profanes qui font monter au front des vapeurs sauvages et funèbres. Ils n'ont jamais erré en ce dédale de l'inquiétude qui forme l'âme à la philosophie. Sur les souffrances de l'homme germent les plaisirs du penseur; sur la réalité, l'art. Une renaissance s'opère par ce qui semble source de mort; et cette paille dont on formera des berceaux, ce blé qui nous fera vivre, n'auront jamais été plus abondants que sur le sol fécondé par le sang d'une jeunesse guerrière. Ah! nous voudrions décrire les émotions qui agitent le cœur de l'homme possédé d'un amour infini; nous voudrions descendre en son âme, pénétrer en cet asile où il doit souvent chercher un baume à ses blessures. Nous dépeindrions ses émotions les plus fugitives, — leurs charmes, leurs effrois, leurs mystères, — nous dévoilerions cette nature intérieure qui, comme la terre, a ses monts, ses vals, ses brûlants et arides déserts. Les innombrables souffrants verraient que leurs douleurs ont été comprises, sinon partagées, et les heureux, dont le bonheur naît de la sincérité, entendraient applaudir à leur concert. Des premiers et des seconds nous analyserions les joies et les chagrins, compatissant et blâmant tour à tour, selon qu'ils auraient suivi les voies droites du cœur ou les sentiers détournés de l'intérêt. Nous ferions que la louange aux bons soit injure aux méchants et que toute parole d'amour soit doublée de haine. Œuvre généreuse qu'on accomplirait ainsi, palais moral qu'on élèverait, phare d'amour au pied duquel viendraient se briser les vagues rageuses de l'envie... Rien que d'ardents désirs! rien que des projets d'une réalisation incertaine! Passif et nous abandonnant au sort, il faut que nous regardions sans crainte la filière des jours surgissant des ombres de l'avenir; et la dernière heure viendra cependant, où nous nous écrierons avec le barde :

« A présent, enchaîné dans cette caverne, je mourrai tout entier! Ma tombe ne sera point connue. Le voyageur écartera sous ses pas, avec

la pointe de sa lance, une herbe longue et flétrie. Il découvrira une
pierre poudreuse : — « Qui dort dans cette étroite demeure, demandera-
t-il à l'enfant de la vallée ? » Et l'enfant de la vallée lui répondra : « Son
nom n'est pas dans la chanson. »

Dusseldorf, 12 juin.

J'ai parcouru les chemins que je suivais il y a trois années,
sentant dépérir mon idéal devant les nécessités escarpées de
la matière. Ce sont toujours les mêmes pelouses, les mêmes
allées ; mais celui qui les foulait alors cherchait l'oubli autant
que le bonheur. Il y avait un banc de pierre près d'un bassin
où voguaient des cygnes, les ailes soulevées à la brise. Le
hasard me mena de ce côté, et me le fit retrouver. Seul,
caché sous les branches des ormes, et comme abandonné,
le vieux banc semblait m'avoir attendu pendant ces trois
années ; la mousse qui le couvrait montrait que de rares
promeneurs s'y étaient arrêtés. Dans cette retraite ignorée
s'étaient conservées pour moi dans leur fraîcheur de ces impressions qui sont des ombres inutiles aux yeux des hommes,
mais qui impriment leur trace jusqu'en l'Éternel. C'étaient les
vivants souvenirs de l'enfance : les jeux, les éclats de joie,
l'ivresse des premières illusions, le doux tourbillonnement
des songes ailés qui m'avaient vivement saisi autrefois en ces
mêmes lieux, pour de nouveau m'y surprendre comme de
bienveillants fantômes. Il me sembla que les jours avaient
arrêté leur marche : ce banc me servait de passerelle pour
franchir le précipice que l'expérience creuse au fond des
âmes. La réalité se laissait absorber par le rêve, l'heure présente par le souvenir. Alors, je considérai tous ces grands
arbres, laborieux et modestes en leur croissance, soumis
gravement aux lois de l'univers ; leur expression de force, et

l'ombre salutaire qu'ils répandaient sur les sentiers ; je considérai ce bassin obscurci par les branches riveraines des aulnes qui plongeaient leurs pointes dans l'eau réverbérante. Au spectacle de ce site recueilli par son immobilité et son silence, je me sentis comme flotter dans une mer sans grèves, baignée d'une lumière pure, et qui s'était formée des meilleurs sentiments de ma vie. Saluons ces courts instants où, réfugiés dans les ombres de l'infini, nous nous transportons en des sphères supérieures au temporaire ! Que l'ange de la mort se présente à nous, nous l'accueillerons sans effroi : nos aspirations ont prévenu ses atteintes. Nous sommes fermes et tranquilles, et notre résignation se mêle de courage. Une expansion discrète nous met en rapport avec l'Esprit qui fait tressaillir l'univers ; nous recueillons à la fois ses paroles et les impressions de nos sens, certains qu'elles sont aussi des voix indistinctes de la grande vérité. Ce fut une de ces heures de contemplation pendant lesquelles on ne s'éloigne de la réalité que pour se courber avec un plus grand amour vers la terre, qui me surprit au parc de Dusseldorf. Les moindres événements de ma vie se projetaient en une ombre triste et charmante sur le champ des songes, et toutes les formes de la nature, de la tige d'herbe au rocher, ne me semblaient plus que des expressions de l'amour infini. Heures de joie intime, qui deviennent plus précieuses à mesure que l'adolescence s'éloigne et que le temps approche où elles cesseront de retentir.

Le 13 juillet.

Tant de choses à voir, à dire, à faire ! On voudrait tout parcourir, tout connaître, tout aimer. Les pieuses résolutions, tous les projets de renoncement s'évanouissent devant l'ardeur de nos désirs. Quelques lignes tracées sur le papier, de la main d'un artiste, nous inquiètent et nous agitent ; un paysage imaginaire nous transporte, et tout à l'heure nous rêverons d'aller finir nos jours dans cette vallée inconnue dont l'aspect nous séduit. Nous voilà le jouet des formes pour les avoir trop assidûment contemplées, et tourmenté d'aspirations contradictoires qui font de nous une créature plus extravagante que l'onde chassée de son lit par un orage ; mais la réflexion surgit et nous apaise sous le sentiment de l'inanité de nos désirs, en présence de la faiblesse de notre être et de la brièveté des jours qui lui sont mesurés.

Le 14 juillet.

C'est en vain que nous cheminons sur cette terre à la conquête du bonheur. Les plus beaux sites de la nature, les œuvres d'art les plus admirables ne nous affranchiront pas de l'inquiétude. Nous ne cessons d'emporter avec nous notre âme infinie, et, en quelque endroit que nous nous arrêtions, l'étendue nous manque. A chaque pas que nous faisons, une sollicitude nouvelle pénètre notre pensée. Pourquoi nous troubler de la curiosité de connaître ce que nous devons un jour oublier ? Nous idéalisant en nos espérances, nous nous meurtrissons au contact des autres hommes, comme ces galets de la côte que nous entendons crier lorsque la mer les entraîne dans son gouffre pour les rejeter au rivage et les reprendre l'instant d'après. Un homme indifférent peut, dans une foule inconnue, jouir d'une paix jamais troublée ; s'il éprouve des moments d'ennui, il les abrége à son plaisir. Libre de chercher des distractions qui comblent le vide de son cœur, il se déplace et chasse son tourment en variant ses plaisirs. Qu'il en est autrement de celui dont la vie doit s'alimenter aux joies et aux souffrances d'autrui! Pour lui, voyager c'est sacrifier son repos et offrir ses illusions en échange de tous les soupirs et de toutes les inquiétudes ; c'est lentement accumuler en son sein les infortunes étrangères qu'il lui est permis d'observer, sans même avoir l'espoir d'y porter remède. Soit qu'il aille, promeneur solitaire, aux champs paisibles, ou qu'il traverse la foule affairée des villes, il ne pourra se défendre de préoccupations tristes. Aussi bien que les maisons pauvres, les palais, les temples, et plus que tous ces objets, les créatures humaines attireront son regard pour emplir son esprit de chagrin devant les diverses destinées. Elles lui semblent, pour la plupart, cheminer sans joie, accablées d'un fardeau intérieur. A chaque rencontre nouvelle, son âme, déjà endolorie, se meurtrit davantage, et son bonheur, il le sent fondre dans l'universelle tristesse. Se perd-il aux champs, que voit-il sur la route poudreuse? Des hommes rudes et ridés par leurs travaux quotidiens, qui eussent vécu dans la douceur des mœurs si la fortune leur eût été favorable ; quelque aventurier colportant sa misère, un rustre armé d'un fouet et frappant ses mules de toute l'impatience vénale qui le possède. Entre-t-il au village, que remarque-t-il le long de la rue irrégulière? Des figures fatiguées où tous les deuils se lisent : l'aïeule assise sur le seuil de sa porte et s'y laissant dépérir, un chapelet à la main ; le vieux père usant ses dernières forces à remuer les pierres de son enclos ; une pauvre mère, à l'œil hagard, allaitant son enfant, près d'une petite fille agenouillée en silence sous un arbre fruitier. Partout l'isolement, le doute, le mutisme ; et si une voix s'élève, c'est pour gourmander ou menacer. Se promène-t-il à la ville, se mêle-t-il à cette foule qui va

et vient dans une activité fébrile, il s'y sent accompagné de
la même mélancolie, car il lit quelque infortune dans tout
regard où plonge le sien. Le mendiant, l'amante délaissée,
le gagne-petit, le penseur, la vieille sans abri, l'homme
d'argent, le moine pensif, l'adolescent pâle et l'aventurier,
tout ce monde inconnu qui traîne sa misère entre les beaux
palais, les banques, les théâtres, lui communique son propre
malheur, et le lui fait réverbérer en proportions démesu-
rées. Certes, aux champs comme aux villes, il est des heureux, mais ils forment l'exception, et si aimable qu'elle soit,
elle ne peut lui voiler la commune douleur. C'est vers cette
dernière qu'il s'incline de préférence ; et ce mouvement
instinctif a sa raison cachée, qui est le désir d'alléger, de
secourir, de ranimer ce qui est affaibli et défaillant. Les lois
qui régissent le monde des phénomènes, il les voit ainsi
s'exprimer dans l'ordre spirituel. Se rangeant du côté des
faibles, il aide à la grande harmonie. La profondeur attractive du malheur l'oblige à s'y pencher comme pour combler
un vide. Les satisfaits, qui n'ont que faire de sa sympathie,
passent devant ses yeux, inaperçus : son âme chercheuse et
interrogeante se complaît à pénétrer le mystère des destinées
malheureuses. — O printemps, collines, vergers où murmure le ruisseau, vertes prairies, soleil qui faites resplendir
les feuilles des arbres ; palais, chefs-d'œuvre des maîtres,
brillants joyaux des villes ; ornements des champs et des
cités, que vous êtes impuissants à combler le cœur de
l'homme ! Vous l'égayez pour un instant d'une lueur de joie,
mais que vienne à passer une créature infortunée, tous vos
charmes s'évanouissent !

Le 16 juillet.

Qu'ils sont admirables ces hommes dont la jeunesse laborieuse s'est écoulée à l'ombre du toit paternel et qui ont gardé un enthousiasme qui peut braver les années! Leur âme est toute préparée pour les jours où elle sera mise à l'épreuve; leurs sentiments, toujours contenus, ne se sont pas dispersés sur des ombres fugitives, et pendant leurs années d'obscurité ils ont grossi le trésor de leurs joies futures. Ah! si dès les premières années de la vie, nous avions la fermeté, la prudence et l'intelligence du monde, que nous n'acquérons que plus tard, quelles grandes choses nous pourrions faire avec un cœur jeune et clairvoyant! Par malheur, il arrive que le cœur est épuisé d'émotions quand l'esprit acquiert toute sa puissance. On finit bien, aux yeux du vulgaire, par être un esprit fort, mais nul n'a pris garde aux altérations d'une âme qui s'est affaiblie à nous instruire.

Plaignons ceux qui, aimant profondément les créatures, leur ont redemandé l'amour qu'ils leur ont prodigué. Les saisons ont marché, et ils ont vu les sourires de la terre se détourner d'eux. Ayant toujours parlé et agi selon leur cœur, ils ont toujours souffert; leur âme s'est emplie d'amertume et ils ont douté d'un Dieu qu'ils étaient prêts d'adorer. Ils ont méprisé un monde qui ne se manifesta à eux que par la froideur et la fausseté, ne comprenant rien aux éclats du soleil sur la pierre tombale, et ils sont morts sans espérances après avoir vécu des plus nobles illusions. Ils ont souffert, parce que leur amour était fait pour des créatures parfaites; ils ont douté, parce qu'ils croyaient à une création expansive, à un Dieu expansif comme leur propre cœur; âmes éprises d'idéal, ils ont cherché la lumière, et ont dû s'éteindre au sein

15

des ténèbres, achevant leurs jours dans les étreintes du désespoir ! Poëtes infortunés, ils nous rappellent cette enfant qui brisa sa poupée, parce qu'elle ne pouvait répondre à ses paroles de tendresse !

Le 18 juillet.

La foule s'est longtemps divertie au jardin public. Des paroles joyeuses s'échangèrent sous les ombreuses charmilles, et des éclats de rire sincères éclatèrent. Mais pour un peu de vraie joie que de faussetés et de perfidies ! Que d'agitation sans vie, que d'éclat sans chaleur, que d'aimables paroles sans amour ! Près du doux et hardi regard de la jeunesse, combien de regards à l'étincelante froideur, où se lit le servilisme de l'ambition ! Lorsque le brouillard de la nuit s'éleva, que la musique cessa et que les lumières s'éteignirent, la crainte et l'ennui se répandirent par ces allées tantôt pleines de frivolités. La lune se leva sur le parc désert. Quelques ramiers volèrent avec fracas aux cimes des grands arbres, et, sur la pelouse où tantôt couraient de joyeux enfants, on ne voyait plus que de petits chiens effarés en recherche de leurs maîtres : ils passaient et repassaient, sans bruit, comme des ombres en peine.

Le 20 juillet.

Comme la destinée de l'homme est affligeante, si nous le privons du recours spirituel. D'abord, ne sachant où il est, cherchant les rayons d'espérance, il s'attache aux formes changeantes, et il adore sa vie mortelle aux brillantes années de sa jeunesse. Plus tard seulement, il s'aperçoit que l'éclat de ces mêmes années lui préparait l'ennui d'un avenir moins heureux. Il les prend alors pour des émissaires de la mort, richement déguisés, et considérant les heures comme les flèches meurtrières du temps, il s'épouvante de cette marche forcée vers les infirmités de la vieillesse. Il entrevoit la profondeur du gouffre où il descend. Voici la Mort avec sa faux! Au caprice de cette impitoyable moissonneuse, la tige de blé tombera, ici avec sa fleur, là avec son épi alourdi par les graines. Germeront-elles sur le sol de l'éternité? Ah ! comme ces problèmes assombrissent la vie ! N'était-ce pas assez pour l'homme des souffrances qu'il endure ? Fallait-il encore, après lui avoir donné une chair soumise aux éléments, l'accabler d'un esprit en proie aux incertitudes les plus cruelles? Le combat intérieur, voilà la profonde souffrance ! Des désirs innombrables que rien ne peut satisfaire, une soif ardente que rien ne peut étancher, et un jugement observateur qui assiste à tant de vaines aspirations, se tourmentant de n'y point mettre une trêve! L'esprit s'incline devant la nature, et la réalité triomphe des imaginations. Il faut s'enfermer en soi, reléguant dans la nuit les fantômes charmants que le cœur évoquait, ou il faut, infortunée victime des instincts, se laisser aller et rouler comme la feuille dans la forêt aux vents d'octobre.

Le 24 juillet.

Tu devais bien te le dire que ces heures ne reviendraient plus! Aujourd'hui, ta pendule mesure les joies à d'autres. N'as-tu jamais observé ses aiguilles, comme elles cheminent et tournent froidement sur les chiffres du cadran, comme froidement elles t'entraînent du jour à la nuit, t'amenant chaque jour une aube plus pâle, jusqu'à l'âge de ta vie où les aurores se mêleront aux crépuscules du soir? As-tu songé comme il faut peu de terre pour recouvrir l'homme avec ses aspirations, et quelle est la puissance de ces quelques pelletées de terre qu'aucun rayon de lumière ne parvient à percer? As-tu vu ce que deviennent tes pensées sereines au souffle des années, comme elles se sont obscurcies, évanouies dans cette nuit profonde où s'écroulent toutes choses mortelles? Le bonheur parfait, n'est-ce pas la possession d'un rêve? Se réalise-t-elle jamais, la double nature de l'homme? Que devient l'idéal que l'on peut étreindre sur cette terre? L'amour le plus pur n'est-il pas le plus insaisissable? Et la vie n'est-elle pas une chose incomplète, une aspiration sans fin, une pérégrination inquiète à travers l'inconnu? Il y a, ce semble, une réalité plus vraie dans la mort ; car le mort ne cherche plus, lui : il a trouvé.

Cologne, le 25 juillet.

C'est l'amour de la vie qui souvent nous mène à chanter la mort ; c'est le positivisme de notre esprit qui nous oblige à ne point accepter la vie, de confiance, et à faire l'inventaire de ce monde dont nous héritâmes à notre naissance. Qu'il est poudreux et fragile ! Et cependant, l'ardent espoir d'une félicité inconnue emplit notre âme. Rien ne l'apaise. La terre semble aveugle et sourde, les aspirations s'y amortissent, le cœur s'y brise, et il ne produit un choc retentissant qu'en se jetant à l'idéal. Le peut-il toujours? Qu'elle se décompose facilement en mille désirs, l'espérance d'un immuable amour! Les instincts nous dispersent, et les accidents nous tirent de la voie glorieuse que nous voudrions suivre.

Le 27 juillet.

Il faisait presque nuit. Je m'étais éloigné de la ville, comme d'une prison, pour marcher librement, le long du fleuve. Les ténèbres couvraient la campagne, sur laquelle se dressaient les ailes arrêtées des moulins à vent. L'immensité semblait morte. Les signes de sa vie ne se montraient que dans les étoiles et sur les eaux courantes où elles étaient réfléchies. La terre était devenue informe. On eût pu prendre les bornes plantées au rivage pour des tours, les cailloux pour des rochers, et les masures pour de vastes édifices. Je m'affligeais de la vue courte et confuse de mes yeux ; mais qu'elle était perçante, près de celle de mon intelligence ? Que serai-je dans une minute ? L'humanité existera-t-elle encore ? L'homme n'aperçoit rien au delà du présent, qui n'a pas même la durée d'une seconde. Il conjecture, il redoute, il espère, — et à l'aventure. Il va et vient, un bandeau de nuit sur les yeux. Il se croit libre, et un bras d'ombre le tient et le mène. Un jour, Pétrarque s'étant arrêté à Cologne, vit la rive gauche du Rhin couverte d'une troupe charmante de femmes. Couronnées de fleurs et les manches relevées, elles plongeaient leurs bras blancs dans les eaux courantes en murmurant des prières. Elles croyaient livrer aux flots rapides tous les maux qui auraient pu les atteindre pendant l'année. Ah ! que ne pouvons-nous aussi nous pencher sur le grand fleuve avec la douce espérance d'y laisser glisser le fardeau de nos pressentiments ! Il s'en irait sans bruit, le nuage de nos larmes, se perdre à la mer convulsive.

Le 28 juillet.

Je prends plaisir à m'égarer par les rues tortueuses de la ville; j'y fais des trouvailles, connues de tous, mais nouvelles pour moi : maisons naïves, édifices bizarres, vieux temples chrétiens, bastions, tourelles, murs ruinés. J'y cherche la marque des temps disparus. L'architecture exprime le caractère d'une époque; elle se produit par une méditation plusieurs fois séculaire. L'église romane, aux larges arceaux soutenus par de lourds piliers, montre la simplicité d'un peuple dans l'enfance de sa vie ; les petites fenêtres géminées avoisinent leurs meneaux, comme effrayées de la solitude. On est aux siècles de ferveur où les brebis, pressées les unes aux autres, se confient à la garde du pasteur. L'église ogivale est multiple en ses formes, pleine d'effraiements : la chimère habite ses sombres fouillures. Sa figure altière n'exprime point cependant la virilité parfaite; il semble que l'enfance et la vieillesse s'y soient unies en un cruel embrassement. D'une noire et guerrière silhouette sortent les gargouilles béantes; l'homme, transfiguré en animal, y découpe sur l'azur son douloureux visage de pierre. Les nefs sont profondes, les piliers s'élèvent aux voûtes en un fiévreux élancement, et les ogives lancéolées s'isolent dans les murs sévères. On se rappelle ces jours de sang et de larmes où la mélancolie se transforme en orgueil, alors que les manoirs et les donjons se dressent partout, dans les plaines et sur les montagnes. Le passant qui s'arrête, à la nuit tombante, devant ces vieilles cathédrales, leur trouve l'air hautain; il y voit comme une menace; il se demande s'il doit craindre ou admirer, s'il est devant un objet terrible ou beau. Il songe aux temples grecs, si blancs, si réguliers, qui unissent la paix et la sérénité de la vie mûre. Il ne trouve point le calme rationnel dans les édifices gothiques, si tourmentés par le génie de l'artiste; il y voit empreints les caractères d'une passion fervente qui a gardé les caprices de l'enfance. L'église byzantine, sous son dôme, semble rêver; l'extérieur ne parle ni au cœur, ni à l'esprit. Le regard se pose avec indifférence sur ces formes arrondies; mais dès qu'on a pénétré dans l'intérieur du temple, l'âme se dilate lentement. Perdue dans un fouillis d'objets précieux, dans les marbres bariolés qu'éclaire la lueur veloutée des verrières, elle se laisse séduire par les subtilités de l'imaginaire et elle prie dans la paix orientale. Cependant, les temples grecs et les monuments byzantins n'auront jamais grand attrait pour les races du Nord, qui ont le sentiment triste et fier. Nous continuerons à élever des cathédrales gothiques, mais elles seront rajeunies et dépouillées de leurs fantaisies de détails. Le style de ces édifices répond mieux aux secrets désirs du cœur de l'homme qui, aux contrées du septentrion, mêle volontiers le chagrin au sentiment de la beauté.

Le 29 juillet.

Je reçois une lettre du Morbihan. Georges me rappelle nos promenades sur la grève de Quiberon, nos excursions de Josselin à Ploërmel, et la soirée passée ensemble à Carnac. La lune s'était lentement levée au-dessus de la lande déserte, inondant de sa pâle clarté le vaste champ druidique. Nous errions avec nos pensées fugitives dans la morne assemblée des hautes pierres, qui nous environnaient, semblables à une armée de fantômes aveugles. La diversité de leurs tailles, qui se découpaient bizarrement sur l'horizon blafard, leurs poses variées, qui paraissaient des attitudes mystérieuses et qui évoquaient le souvenir d'un temps de barbarie, donnaient un caractère sinistre à la contrée. La plaine est nue, solitaire. On y chercherait en vain les rejetons des chênes dont les rameaux abritèrent les peuplades celtes. Le vent bas accourait par instants du côté de la mer, pour n'agiter que les touffes isolées des ajoncs épineux. Nous écoutions le coassement des rainettes, ces cigales nocturnes, qui chantaient vivement, avec un bruit de scie, et le sifflement répété des jaquets s'envolant des flaques d'eau. Ces bruits, autrefois l'accompagnement lugubre des paroles du sacrificateur et de l'œuvre sanglante du victimaire, accompagnaient en ce moment nos rêves de jeunesse, produisant ainsi tour à tour dans l'humanité leur consonnance et leur dissonance. Un an plus tard, nous nous retrouvions, Georges et moi, dans les montagnes du Luxembourg allemand. Nous suivions les rives de la Sûre, et nous allions vers Vianden. Quand nous traversâmes les prairies de Michelau, les pinsons, perchés sur les cerisiers des vergers, se répondaient d'un arbre à l'autre. Au pied des ruines de Bourscheid, un milan s'envola d'un arbre mort et tournoya longtemps au-dessus de la vallée. Quelle chose merveilleuse que le rappel des moindres images qui nous frappèrent ! Pourquoi cette pâle fleur que je revois et ce grand peuplier que j'oublie ? Une petite bohémienne rencontrée errante à travers champs, peut-être m'en souviendrai-je ; peut-être oublierai-je le grand hospodar à qui j'aurai parlé ? Il est des cimes de montagnes qu'un seul jour efface de la mémoire, et il y a, semés sur des chemins déserts, de petits cailloux dont on revoit encore l'image : ils brillaient au soleil ; les uns étaient bleus, les autres rouges, avec une légère marbrure, et parmi eux élevait tristement la tête une pâle armoise. Combien n'en fîmesnous pas rouler au torrent, lorsque nous suivions le sentier qui mène de Bivels à la tour de Falkenstein ? Quels pieds, avant nous, les avaient foulés ? — pieds de pâtres, pieds de villageoises, pieds d'amants, pieds de vieillards ; pieds qui entraient dans la vie, et pieds demi-morts. Beaucoup sont immobiles pour toujours dans l'étroit cimetière de Bivels, souvent menacé par les inondations de l'Our, et où des tulipes bigarrées balancent leurs calices sur des tombes. Un matin, nous étions assis au bord de la forêt de Lauterborn. La grande solitude s'éveillait vaguement avec ses voix indistinctes, et les premiers rayons du soleil déchiraient insensiblement le voile blanc tissé par la nuit. Nous voyions reverdir les prés et les feuillages, sauf sur les pentes ombragées : la rosée y étendait encore ses nappes d'argent. En même temps, de tièdes émanations montaient de la terre et jetaient en nos âmes un trouble délicieux. La cloche sonna à l'église voisine ; des enfants passèrent, la panetière au côté ; une voix chanta dans la clairière. La profondeur du silence semblait s'accroître de ces petits accidents de vie. Nous ne regardions guère alors vers les tours ruinées et les obscurs donjons : une expansion sereine noyait ces ombres en sa lumière harmonieuse. Bien souvent, ces beaux instants se renouvelèrent parmi nous et ravivèrent nos sentiments de joie. O charme de ces huit jours passés avec un ami qui partageait mes rêves, vous vous réveillez dans votre première magie toutes les fois qu'une image en consonnance avec vous vient s'offrir à mes regards ! Nous regagnâmes un jour la vallée de Mersch, par Bollendorf et Christnach, écoutant les histoires légendaires que nous racontait le descendant des Trévires que nous avions pris pour guide — histoires d'hommes nocturnes, de lutins, qui vivaient blottis dans les nombreuses cavernes des alentours. Qu'étaient-ce que ces êtres mystérieux dont la tradition se perpétue encore? Peut-on les confondre avec ces hommes antédiluviens qui, doués des instincts de la bête fauve, se repaissaient au fond des antres? Les *Wichtelchen* étaient bienveillants, serviables, prêtant assistance aux infortunés, et prodiguant l'or et les bons conseils. Cependant, on les fuyait. Ils étaient, pour la foule, des réprouvés. Leur roi Schaddaï, dont on voit le palais ruiné à Wichten, fut massacré par le peuple ignorant : dès lors, les nains persécutés ne visitèrent plus la cabane du pauvre. Ils se dispersèrent et parfois se vengèrent de l'ingratitude des manants. Les lutins étaient-ils les membres de tribus nomades venues de l'Orient, que l'imagination populaire aurait transformés en génies des cavernes ; ou bien, ces génies familiers, que chaque contrée a connus, ne sont-ils qu'une expression de la conscience humaine, qui voulait trouver dans ces êtres merveilleux la sanction de ses crimes et de ses vertus? Ils étaient la forme externe de la religion naturelle, en des temps obscurs, où l'autorité, injuste et impitoyable, n'inspirait que la défiance : il ne restait plus alors à l'infortuné d'autres amis que les plus petits, les plus craintifs et les plus méprisés des êtres. Nous nous perdions ainsi en conjectures , ralentissant nos pas en longeant l'Ehrenz-Noire, qui serpente dans l'ombreuse et sauvage vallée de Blümenthal. Nous suivions la lisière d'une forêt dont les pentes sont parsemées de larges blocs de grès. Les mousses étaient émaillées de ces petites fleurs qui éclosent par milliers dans la nuit des bois pour y répandre leur léger parfum. Nous entrevoyions, par delà un ravin peuplé d'ormes et de frênes, une ligne de roches blanches qu'on eût prises pour des tours féodales. Ces pierres sourdes, dit la légende, sont la forme prise par les mortels qui furent insensibles aux chants mélodieux de la châtelaine de Haeringen. Dans les nuits d'été, on entend encore retentir les accords d'une harpe qui vibre sous ses doigts d'ombre.

Le 1er août.

La réalité, on la contemple, mais on ne peut en pénétrer la profondeur. On voit autre chose que de la chair, des végétaux, des pierres; on voit de vagues expressions, reflets du monde primordial; éphémères, elles rayonnent de l'éternel foyer. Colombe, jeune fille ou rivière ne semblent parfois qu'une même parole. Nous sommes environnés de lignes et de couleurs parlantes, et ce monde n'est qu'une réunion de pensées toujours confuses, les unes en fleurs, d'autres en arbres, en fontaines, en collines, en ruisseaux. Notre langue est impuissante à exprimer les formes obscures de l'univers. Les mots de science n'y ont point prise et devraient se perdre en nuances insaisissables. Follement on se croirait un interprète en s'abandonnant à des approfondissements stériles, et l'on espèrerait connaître l'esprit de la nature en mesurant la distance des étoiles et la grosseur de la lune. Mesurer n'est pas comprendre. Que dit ce troupeau de nuages noirs qui effleurent la crête de la montagne endormie? Que dit ce grand ciel de brume, et cette terre, jouet des vents et des pluies, qui se tient sous lui comme une suppliciée? Que le savant tente de pénétrer l'effrayant mutisme où la nature se renferme, toute sa science tombe, ses calculs s'évanouissent, et le voilà l'égal du pâtre!

Le 3 août.

M'abandonnerai-je à contempler un abîme spirituel où la réalité m'échappe et où je ne chéris que des fantômes? Resterai-je à me complaire au mirage des formes fugitives? Mépriserai-je cette extase par laquelle mon âme affaiblie s'évapore dans l'universel amour? M'en irai-je à travers les événements, arrêtant ma pensée à ce monde et y cherchant la fin de mes destinées? Vous croirai-je, mon cœur, lorsque vous me dites que ce monde n'est qu'apparence, et que la terre, sur laquelle pourtant je pèse, n'est que cendre et fumée? Et vous, science, vous écouterai-je, lorsque vous me détournez des perspectives lointaines, et que, d'un sourire sans foi, vous dispersez les rêves confiants qui me bercent? Que ne puis-je, échappé à moi-même, et sûr du destin, vivre dans l'unité de mes aspirations et m'élancer aux pures régions de l'idéal; ou bien, rivé à cette patrie d'un jour, y arrêter fermement le regard pour m'y arranger une existence obscure! Je deviendrais une de ces noires fourmis du travail, qui assemblent des fétus pour former un tertre jouet des moindres brises; ou, je serais ce bruit de cloche qui traverse la forêt, jette un songe au front du voyageur et s'évanouit sans laisser ici-bas d'autre trace.

Le 15 août.

Heures de paix passées dans la forêt d'Hertogenwald. Les insectes bruissent dans la clairière, et la chanson d'un laboureur m'arrive de la vallée avec les éclats de voix d'un joyeux oiseau. La mouche-épervier, immobile sur ses ailes frémissantes, guette sa proie, et le bourdon fauve entre brusquement dans son terrier, comme l'ours dans sa caverne. Passent de petits dénicheurs qui s'éloignent sans bruit par le sentier rougi de la poussière des pins. J'aperçois la coquille brisée d'un œuf bleu… encore une espérance anéantie, une vie perdue, qui aurait plus tard chanté! Innocents malfaiteurs, on ne vous reprochera point votre méfait : l'Amour lui-même est espiègle et briseur. Son étourderie est la grande force du caprice qui se rit des vertus magistrales. Sa grâce abandonnée, sa confiance en l'heure présente, je les retrouve en cette nature qui m'environne, en ces branches d'arbres qui se pressent, s'ombragent et s'étouffent. La nature est trop généreuse pour jamais s'irriter contre elle-même. L'accord règne entre ses forces diverses, pour enfanter et détruire. En elle chaque être vit librement sa vie et meurt sa mort. Quand la fougère baisera le sol, que la faine tombera du hêtre et que la menthe fleurie sera froissée sous les pieds du pâtre, nous ne les plaindrons pas. Tout est bien qui est emporté par le providentiel courant de la vie irréfléchie. Barrez mon chemin, branche d'orme qu'alourdit la sève ; églantiers, déchirez-moi : vous n'êtes point nés pour me craindre ou me servir, et je dois applaudir à vos libres mouvements, quelque entrave que vous portiez à mes pas. Je marche avec confiance, fier presque de l'indépendance des arbres et heureux de l'expansion de ce soleil qui éparpille ses rayons sur la forêt tout entière, faisant germer en commun chênes et violettes. Que m'importent alors les diverses couches de la terre, les pétrifications souterraines, les évolutions du globe et toute la science des géologues! Que m'importent les approfondissements spirituels! — Ah! je le dis avec chagrin, ces approfondissements auxquels j'ai sacrifié tant de jours de jeunesse! — Que m'importent l'énigme, le dessous obscur des apparences, l'aspect imaginaire de l'être, et cette

ondoyante métaphysique qui nous transfigure en fantômes !
L'éternité ne se condense-t-elle pas pour moi en cet instant
où j'entends la plainte du vent dans les feuillages et ces
cris d'oiseaux, expressions de joie? Cet instant, rayonnant à
la fois dans mon passé et dans mon avenir, ne s'élargit-il
pas dans l'infini? C'est sans remords que je m'y livre, laissant
s'épandre mon âme à la brise forestière embaumée de l'arôme
des plantes. L'imperceptible remercie l'Immensité de sa charité pour lui. Il ne cessera d'aimer la grande œuvre de Dieu.
Peut-être un jour, la fleur, l'oiseau, la blanche rosée, n'ou-
blieront-ils pas son tertre, en souvenir de l'amour qu'il aura
témoigné à cette terre, créature de Dieu. Le jasmin y fleu
rira, et l'écolier s'y arrêtera pensif.

Ehrenbreitstein, le 23 août.

J'habite près de la forteresse d'Ehrenbreitstein. Le Rhin
coule sous mes fenêtres, et sur l'autre rive se déploie la
ville de Coblentz. Le soleil descend chaque soir sur les tours
romanes de San Castor, pour s'aller baigner aux eaux
vertes de la Moselle. Mon jardin est orné de statues, de bassins, de volières, et ombragé par des groupes de châtaigniers. Le mystère où la solitude me plonge grandit mes
moindres pensées et leur donne le contour fantastique des
songes. Tantôt je parcours la ville, m'arrêtant sur ses places
plantées de tilleuls, tantôt je suis les rives du fleuve, marchant avec le mouvement de ses flots, jusqu'au joli vallon de
Vallendar. Souvent, à la tombée du jour, je me promène le
long des quais, écoutant les voix graves et indistinctes
des eaux, pendant que la foule circule avec nonchalance. J'y
resterais jusque dans la nuit si les humides brouillards qui
s'accroissent, les brises plus froides et la sonnerie des clo-

ches ne me conseillaient de reprendre le chemin de ma demeure. Hier au soir, passant devant l'église de San Castor, je crus entendre une musique d'anges. J'entrai. Une réunion d'enfants chantaient des cantiques, le prêtre officiait, des nuages d'encens erraient sous les voûtes bleues étoilées d'argent. Au milieu de la grande nef, une femme aveugle s'avançait menée par son fils et s'agenouillait péniblement sur les dalles. Une jeune mère, tenant par la main sa petite fille, qui marchait à peine, lui faisait saluer les images des saints et lui apprenait à prier sur les grains d'un chapelet. Je vis de jeunes étudiants se tenir longtemps prosternés devant la croix. L'âme reflète les lieux qu'elle habite. Dans la vallée du Rhin, l'homme, enfermé entre de hautes montagnes, environné de souvenirs graves, éprouve le sentiment de sa faiblesse et ramène volontiers son amour au ciel. J'écris ces lignes du fond d'un berceau recouvert d'une vigne, au gémissement des eaux sur les cailloux de la rive. A demi voilée par la verdure des arbres, s'élève une maison grise qui m'est inconnue. A travers les barreaux d'une fenêtre, je distingue la tête charmante d'une petite fille qui arrose des giroflées. Se voyant observée, elle s'accoude pour regarder à son tour — image de joie innocente qui ne jette qu'une clarté rapide dans la sombre vision de la vie, et qui m'attriste au sentiment de sa disparition, me rappelant la navrante parole de Schiller, lorsqu'il s'écrie : La beauté, hélas, doit aussi périr !

Le 27 août.

Dans ces enivrantes soirées d'août, j'aime à m'aller perdre aux champs. Les angles des montagnes s'effacent, les bruits du jour s'éteignent, les routes se font désertes. On n'y rencontre plus de ces figures actives qui se croient propriétaires de la voie publique. Les enfants se récréent et se poursuivent autour des arbres, et les fermiers observent leurs blés en calculant les bénéfices de la saison. J'aime à contempler les moissons ; à voir, après la fauche des avoines, reverdir le trèfle dans les chaumes ; à compter aux vergers les fruits déjà mûrs ; à écouter les bruans qui me jettent le bonsoir en revolant au bois, et, dans les foins, le bruyant orchestre des sauterelles qui semblent aiguiser des faux. Je parcours un ravin de la forêt de Laubach. A ma gauche, j'entends le murmure d'un ruisseau que je ne peux apercevoir tant il est aimé des herbes et des branches qui s'y abreuvent à l'envi. A ma droite, se dresse une haute montagne couverte de treilles. Par moments, il s'en élève une longue et harmonieuse clameur : les filles des vignerons s'écoutent chanter en reliant les sarments des vignes. Quelle senteur vivifiante est répandue dans la forêt ! Est-ce d'un arbre? de la rosée? de la terre ou du ciel? Les feuilles pendent endormies à leurs rameaux, l'eau commence à dégoutter des pierres moussues, les bourdons attardés passent avec un murmure grondeur : « Sachez, touriste indiscret, que les fleurs, les arbres et les oiseaux veulent dormir ! Hâtez-vous de reprendre le chemin de la ville que vous vous êtes bâtie. » Il ne faut jamais désobéir aux plus faibles que soi. Je reviens donc sur mes pas, un peu content, un peu triste, et chemin faisant, je me plais encore à contempler toutes ces fleurs sauvages, ces branches, ces tiges d'herbe, qui se penchent l'une vers l'autre. Qu'elles périssent ignorées au fond des bois, heureuses sont-elles de s'être aimées! Voilà des pensées sereines; puis, j'arrive à la grand'route, et j'y vois cheminer un pauvre enfant qui ne sait d'où il vient ni où il va. Aussi dans l'ignorance et porté sur le rapide courant des choses mortelles, je rapproche ma destinée de la sienne, j'oublie la vie pour la mort, et je sens s'évanouir ma joie dans la mélancolie des songes.

Le 3 septembre.

Aimer, croire, espérer, connaître, réfléchir, douter, regretter, ainsi se passe la courte existence. Quand le temps des jeux n'est plus, qu'arrive l'âge des théories et de l'analyse, nous touchons à la frontière triste qui partage la vie. Avec l'esprit de philosophie, nous recevons en nous un avant-coureur de la mort; c'est comme une invasion furtive de l'autre vie en celle-ci. Notre existence est si rapide, notre âme si craintive! Nous serions mille fois plus expansifs, que nous n'exprimerions encore qu'une partie de nous-même infiniment petite. Les prés cachent-ils leurs fleurs? La terre rougit-elle des fruits qu'elle porte? Nous passons nos jours à méditer sur nos joies perdues, et sur les chagrins qui peuvent nous échoir. Le plus souvent même, nous méditons nos propres méditations. Si pourtant il nous arrive de parler franchement, selon notre cœur, c'est alors que nous nous sentons le plus heureux, bien que nous nous sachions frivoles sous le regard du penseur.

Le 6 septembre.

De Pfaffendorf, je gagnai Niederlahnstein par un vallon agreste. Je me reposai dans la maison d'un garde-chasse. Une petite fille y offrait des fruits aux rares passants. La Chimère avait déjà effleuré de son aile son jeune front : par instants, la pauvre enfant joignait les mains et jetait son bleu et triste regard sur l'horizon. Avant de m'éloigner, je lui tendis la main. Qu'elle ne reproche pas cette marque d'affection, à un étranger qu'elle ne reverra plus ! Le soir, je m'arrêtai sous le château de Lahneck. C'est là qu'au xII^e siècle périrent bravement, sous les flèches de l'archevêque de Mayence, douze chevaliers du temple. J'écoutais la grave rumeur du fleuve. La nuit descendait. Trois pauvres femmes, vétues de deuil, s'en alaient vers Ems : la grand'mère, la fille et la petite-fille. La première s'appuyait d'une main sur un bâton de buis, et de l'autre soutenait sa fille malade. Lorsque la jeune femme était saisie d'un accès de toux, la vieille mère s'arrêtait un instant; puis toutes deux reprenaient leur promenade vers la tombe. L'enfant suivait en trébuchant aux pierres du chemin. Je me rappelai avoir vu ces infortunées à Remagen : elles faisaient un pèlerinage à Saint-Apollinaire et gravissaient alors, en chantant des litanies, le sentier escarpé qui mène à la haute chapelle.

Le 8 octobre.

J'ai passé ces huit jours en compagnie de jeunes peintres dans la pittoresque vallée de l'Ahr. Levés avec le jour, nous ne rentrions qu'à la nuit tombante au petit village de Reimerzhofen. Nous parlions de la pauvre humanité, jouet de ses pensées, et des grands arbres, jouets des vents. Je remarquai combien était juste leur appréciation sur le monde. Les formes mouvantes de la nature qu'on doit saisir par le sentiment plus encore que par un calcul de l'esprit, donnent aux peintres cette largeur de vues qui les rend équitables en leurs jugements. Leur raison se forme par la pondération des impressions multiples de leurs sens. Toute leur vie, ne l'emploient-ils pas à traduire fidèlement la réalité en l'animant de leur idéal? Nous allions chaque jour aux ruines du château de l'Are, vaste reliquaire dressé sur le faîte d'une montagne sauvage. Que de dalles funèbres sont ensevelies sous l'herbe des préaux avec leurs inscriptions légendaires! Les gnomes et les oréades ne sont plus là pour nous en dévoiler les secrets : une clarté meurtrière s'est levée qui a fait rentrer au sein des éléments ces êtres chimériques. Il fut une heure tragique où cette vallée retentissait du bruit des armures et où ses échos répétaient des cris de meurtre. Un vieillard à la chevelure blanche, le dernier chevalier d'Altenahr, paraissait monté sur son coursier, au sommet du donjon, et s'élançait dans l'abîme en jetant aux assiégeants cette fière parole : « Libre j'ai vécu et libre je veux mourir! » Le soir, nous nous attardions volontiers au pied des ruines muettes. La lune pâle venait luire sur les hauts décombres, projetant jusqu'à nous ses ombres allongées. Les pierres arrondies, éparses sur le coteau, prenaient les apparences d'ossements blanchis, près desquels les buissons figuraient des bêtes de proie repues de carnage. Le souffle du vent qui, à intervalles inégaux, secouait les arbustes et se brisait aux larges murailles, nous apportait comme des plaintes mortuaires. Des chevêches jouaient autour d'arceaux isolés. Leur piaulement bref répondait au cri déchirant de la fresaie, qui cherchait pâture de ruine en ruine. La nuit, mère des graves fantômes, lie les ténèbres de la terre à celles de notre âme. Nul n'échappe à son prestige, et il n'est point d'orgueil que son mystère ne puisse vaincre.

Le 10 octobre.

Que celui qui recherche les impressions fortes suive, une nuit d'automne, les rives du Rhin. L'imposante nudité du spectacle le reportera, par delà les civilisations, dans l'âme primitive du peuple. Arbres, rochers, collines, s'éclaireront pour lui à une clarté d'outre-siècle. Les eaux noirâtres du fleuve se hérissent sous le vent glacé et vont jeter leurs flaques au fond des criques vaseuses. Les joncs jaunis et brisés s'agitent comme une multitude en détresse. La girouette grince sur la ruine. Le chemin est désert. D'heure en heure, un inconnu fouetté par la bise, marche de cet air concentré d'un prisonnier traversant le préau. Le fleuve lui barre la sortie de la vallée. L'homme fera deux lieues avant de trouver la barque du passeur. Les montagnes l'enferment comme en un vaste Cromlech. Que d'émotions graves et qui réveillent l'hiver moral des temps de barbarie ! Les forêts cessent d'être la volière des oiseaux libres, pour ne plus paraître que le sombre séjour des druides. Sous les rameaux des arbres sacrés, les couteaux de pierre accomplissent leurs meurtres silencieux. Dans la rouille des dolmens, on croit voir les traces de sang des sacrifices inexpiés. Arminius monte sur l'autel d'Esus, où le pontife, couvert du manteau blanc rayé de pourpre, a tantôt interrogé le cœur palpitant de sa victime. On entend les voix hardies des prophétesses Aurinia, Velleda, Ganna, annonçant le trépas aux légionnaires de Rome. Mais la liberté présente s'est dressée sur ce piédestal tragique. Ces voix, qui se faisaient entendre dans la vapeur des meurtres, c'étaient les voix mêmes de la patrie, l'âme du peuple allemand. Dix-huit siècles les ont entendues résonner. Elles se sont humanisées dans les champs des *Minnesinger,* elles ont retenti sur la lyre de l'héroïque Kerner, et le jour viendra où elles répandront, sur le monde latin vieilli, leur hymne d'universel amour.

Le 12 octobre.

D'Oberwinter, je descendis en barque le courant du fleuve. Mon nautonnier était un pauvre vieillard qui agitait les rames de ses mains défaillantes, heureux avec ses faibles forces d'être encore utile. Il me dit qu'il vivait de son métier de passeur ; bientôt, il pourrait se reposer, car il nourrissait une grande espérance : son fils était chercheur de trésors ; et il avait déjà fouillé bien des ruines, remué bien des tertres, percé bien des tombes murées, effondré bien des voûtes, pénétré en bien des oubliettes, vainement il est vrai, mais à présent que par des jeûnes, des prières et des pèlerinages, il croyait s'être rendu le sort favorable, l'heure approchait où il allait recueillir le fruit de tant de fatigues, — et tous deux ils vivraient ensemble, dans une maison entourée d'un beau verger, au pied des collines boisées de Menzingen. Nous abordions à l'île de Nonnenwerth, près du courant du Gottes-Hulfe. Le vieillard amarra sa barque, et je pus me promener librement par la belle île verdoyante qui a gardé un si grand souvenir de gloire, d'amour et de sacrifice. Je me reportais à cette soirée d'automne où le neveu de Charlemagne reparaissait au pied du Drackenfels et allait heurter à la porte du donjon pour accomplir un serment de fidélité. Mais celle qu'il espérait revoir, trompée par un message funèbre, avait quitté le Drackenburg : elle avait ignoré que l'illustre chevalier fût sorti glorieux du sanglant combat livré par l'empereur aux Saxons, et déjà elle était descendue à Nonnenwerth pour y ensevelir son deuil. Elle s'était cloîtrée en ce couvent où d'autres jeunes filles, consacrées à Dieu, achèvent aujourd'hui des prières qu'elle y avait commencées. Rien ne change en nos cœurs. Dieu et la nature, cette double source de nos émotions, perpétuent dans la génération présente des sentiments disparus. Ce fleuve, dont les flots soupirent aux pierres de ses rives, n'a-t-il pas gardé la voix qui berça la rêverie de la vierge du Drackenburg? Ces montagnes arides qui découpent l'horizon, ne sont-elles pas telles qu'au jour où elle les contemplait? La brise, qui en cet instant courbe le roseau et va murmurer aux fenêtres du cloître, n'effleurait-elle pas le visage virginal de la fiancée de Roland, lorsque, en des jours d'été, elle levait les regards au ciel, les genoux ployés sur ce même gazon qui, depuis, a tant de fois reverdi? L'arche du Rolandseck, que l'on voit chaque soir noircir dans la pourpre du soleil couchant, est demeurée sur la haute montagne comme le fantôme du paladin fidèle qui alla terminer sa vie chevaleresque dans le val de Roncevaux. Elle parle encore aux paisibles habitants de ces rivages et aux passants de peu d'heures qui traversent cette noble vallée.

Château d'Acoz, le 26 octobre.

La soirée était douce, l'atmosphère tranquille. Le ruisseau coulait lentement, emportant les feuilles jaunies qui se détachaient des grands arbres. Je suis rentré sans bruit dans ma vallée, comme j'en étais sorti, y rapportant d'autres espérances et des regrets nouveaux. Des villageois qui goûtaient la fraîcheur du soir sur le seuil de leur porte m'ont salué avec surprise et joie. Les enfants se rassemblaient, et je les entendais qui s'entre-disaient mon nom. Quand, au détour du grand chemin, j'ai revu les vergers, les bois et la longue avenue de pins où j'ai si souvent promené mes rêves et mes désirs, j'ai compris l'inanité de ma vie d'aventure. Ce monde heureux qu'on cherche par ses yeux, c'est en son cœur qu'on doit le trouver. La terre est limitée, pleine de contrariétés ; la pensée est sans bornes, toujours vibrante à nos moindres sentiments. Que je suis heureux de me plonger dans la paix des champs et de m'être soustrait aux puérils tourments de la vie externe pour me ressaisir tout entier dans mes premières impressions ! Ce temps qui s'écoula depuis le jour où je m'éloignai de cette vallée a passé comme un éclair de vie. Où sont-ils, ces jours si rapidement écoulés ? Seul, le cahier dans lequel je trace ces lignes en garde quelques vestiges et recèle le fugitif roman de ces deux années de jeunesse.

Le 29 octobre.

Depuis trois jours, je suis de retour en cette demeure qui fut si longtemps pour moi un discret asile. J'y ramène cette âme que j'ai traînée par bien des voies incertaines. Elle tentera d'y apaiser ses troubles. Attentive et laissant tomber le voile sur l'avenir, elle écoutera les voix de ce passé, qui est la seule part de la vie échappée au choc des événements. Les esprits de la solitude chanteront en chœur autour d'elle pour la bercer dans les songes d'autrefois. Déjà, réunis par la chaîne des heures, je les vois former leurs groupes. Tour à tour ils élèvent leurs voix plaintives et caressantes pour endormir sa douleur. Cependant, une note de deuil continue à retentir dans l'hymne des jeunes années. C'est ici que, pendant les longues soirées d'hiver, le regard fixé sur ces statues qui sont encore alignées aux cloisons, je tentais de pénétrer au sanctuaire de la vérité par le chemin de la beauté. Hélas ! le sphinx de marbre, les ailes à demi déployées et la tête impassible, a gardé son mutisme. C'est ici que ma pensée, si faible et si téméraire, osait poser devant elle les problèmes redoutables, cherchant si la froide science ne serait pas plus puissante que l'amour. Mais la statue de Prométhée a gardé son attitude de martyr et le vautour continue à lui déchirer le flanc. Que de fois j'ai contemplé d'un même regard le soleil qui faisait resplendir les pieuses gravures des peintres mystiques, et l'ombre des grands frênes qui, à travers la croisée, venait se jouer sur le sein de Diane et sur l'épaule nue d'Apollon, ne voulant voir qu'une même ascension vers le beau et vers le vrai ! La figure navrée de la vierge chrétienne que je voyais agenouillée devant son Dieu me semblait exprimer cette souffrance et cette humilité qui s'emparent de nous à la vue de formes parfaites. J'ai suivi les sentiers du bois où, par les matinées de printemps, je poursuivais l'ombre du bonheur ; je suis allé au village prochain par le chemin rocailleux du Calvaire pour revenir au parc en traversant le plateau de Monbrival. Il n'y avait plus de primevères au penchant des coteaux, les oiseaux de l'été ne chantaient plus qu'en des régions lointaines, et les charmilles étaient effeuillées ; mais d'autres images et d'autres bruits aussi connus venaient réveiller mes souvenirs : ces jours d'octobre enveloppaient comme d'un voile les belles heures de la saison heureuse et m'y enfermaient avec elles. Châtaigniers, genévriers, bouleaux à la cime frissonnante, tilleuls des clairières, peupliers chargés de gui, arbres de toutes sortes qui tendez vos branches comme autant de bras vers la lumière, je reviens parmi vous, témoin invisible de vos efforts pour atteindre aux sources de la vie. Vous serez désormais mes compagnons de chaque jour, vous serez mes exemples pour que j'apprenne à vivre paisible dans la houle incessante des désirs et des regrets. Plus faible que vous, isolé, privé d'appui à la terre ferme, pourrai-je m'élever en l'unité de mes aspirations, et les événements adverses ne viendront-ils pas briser le rayon de mon regard intérieur? J'ai souvent erré en esprit, prenant mes caprices pour des marques de mon indépendance; ne me faudra-t-il pas errer maintes fois encore, victime de cette liberté même qui pourtant fait notre seule gloire? Aux avertissements de la nuit, je suis redescendu dans la cour déserte, écoutant frémir les feuillages morts et crier le vent aux vitraux brisés de la chapelle. Un feu de pommes de pins avait été allumé dans mon foyer; la lueur de la résine faisait ondoyer les cloisons et les statues sous ses reflets bleuâtres. Ce fut le feu de joie qui fêta mon retour. Je le regardai lentement s'éteindre consumant dans ses flammes bien des espérances chimériques.

Le 30 octobre.

J'ai passé la soirée dans la chambre où ont été réunis les témoignages de tant de vies d'écrivains illustres. Que d'opinions diverses en l'esprit des penseurs! Quel rayonnement multicolore s'échappe de l'âme des hommes! Peut-être beaucoup de ces génies vécurent-ils en hostilité et se crurent-ils ennemis parce qu'ils avaient des vues différentes sur la destinée. Mais la mort a fait taire toutes ces voix discordantes de l'amour-propre. C'est aux survivants à les juger en ne s'inspirant que d'un sentiment d'équité. Tant de poëtes, de philosophes, d'historiens, éloignés par les temps et par les lieux, sont à présent réunis — esprits enjoués et penseurs austères — ceux qui, donnant un verbe aux fugitives amours, trouvaient de la grandeur à courir en chantant à l'abîme, et ceux qui, ne voyant en ce monde qu'un mirage, étaient épris de l'immuable. Près d'Homère, de Platon, de Virgile, voici

les graves chroniqueurs qui écrivirent d'une main froide les
actes de piété et de barbarie, puis voici les poëtes gaulois,
oiseaux de l'aube, qui gazouillèrent aux premiers jours de la
Renaissance. Plus loin, ont été rangées les œuvres du
xviie siècle. Que d'écrivains s'illustrèrent alors en reflétant
l'esprit des Grecs et des Latins ! Occupés de la beauté de
leurs modèles plus que de la vérité présente, et saisissant les
aspects généraux des choses plutôt que leur caractère intime,
ils ont parlé en un langage solennel qui exclut les généreux
élans de la tendresse. Et mêlés à ces nobles œuvres, sont
les Mémoires, livres de courtisans, d'esprits curieux et
aiguisés, qui soulevèrent secrètement le masque à ce grand
siècle. On voit s'y étaler la bassesse des grands et l'éton-
nante vanité de cette cour qui s'imaginait être le monde et
feignait d'ignorer qu'il existait hors d'elle un peuple. Combien se crurent des personnages pour avoir recueilli de leur
souverain une marque d'attention ! O grands hommes anciens,
on ne copia de vous que le style ! La plupart, prenant cette
terre pour tréteaux, y jouèrent leur comédie et ne furent
admirables qu'en leurs écrits. Voici l'œuvre volumineuse des
philosophes précurseurs de la République, de ces grands
esprits aventureux, qui firent sortir l'humanité de la vieille
ornière. Que de veilles n'a-t-il pas fallu pour produire tous
ces profonds et ingénieux écrits ! Avec quelle passion ces
penseurs s'appliquèrent à l'étude de la nature et à celle des
hommes ! Elle reparut enfin, cette terre qu'un beau décor
avait voilée ; il parla, ce peuple dont la voix avait jusqu'alors
été étouffée par des paroles hautaines ! En observant cette
variété de livres, reliques de tant de vies laborieuses, qui
étaient là devant moi, immobiles, muets, comme de pauvres
enfants séparés de leurs pères, et qui attendent qu'on les

interroge pour oser parler, je songeais avec douleur qu'il est donné à bien peu de génies de jouir de leur gloire. Non-seulement les créatures ont disparu, leurs traits même sont oubliés. Combien le lecteur est indifférent à l'écrivain ! Que cherche-t-il dans toutes ces pages, fruits d'amour et de douleur, sinon le plaisir, l'intérêt, la science ? Et ceux qui les écrivirent avaient le pressentiment de cet oubli. Ils savaient qu'ils ne seraient point aimés ; que leur pensée seule serait admirée ; qu'on ne s'éprendrait que pour les êtres fictifs de leur imagination. Néanmoins, avec la conscience de leur vie sacrifiée, ils accomplissaient paisiblement leur œuvre, détournant leurs regards des plaisirs de la terre, et se sentant les porte-voix de la Vérité et de la Beauté qui éclairaient leur esprit. Parmi les rares et fortunés génies auxquels il fut accordé d'assister à leur triomphe, je voyais resplendir le nom illustre de Lamartine, ce chantre de l'amour virginal, qui, aujourd'hui au déclin de sa glorieuse existence, se voit comblé de l'admiration de son siècle. J'ai relu Jocelyn. J'ai parcouru ces pages navrantes qui firent battre tant de jeunes cœurs et furent trempées de tant de larmes. Qui ne chercherait une céleste origine au sens poétique en le voyant se traduire par de tels accents ? Comme une harpe éolienne suspendue aux rameaux flexibles d'un arbre, et qui tour à tour chante et murmure aux brises de la terre, l'âme du poëte ne cesse de retentir et de frémir aux accidents de la vie. Les chansons et les plaintes s'en élèvent, instinctives et profondes, et il semble qu'en ses heures d'expansion elle soit démesurée et touche de ses deux ailes à l'extrême joie et à l'extrême tristesse. Image de la création, où s'accomplit l'hymen de la souffrance et du plaisir, le poëte réverbère en son cœur toute l'ombre et toute la lumière qui se partagent l'univers. Doué d'une double sensibilité, il n'est touché de rien qui ne le fasse tressaillir. Son esprit, ouvert à la fois à l'idéal et à la réalité, parcourt en un instant toutes les cordes de la vie, les faisant diversement résonner. De là, une merveilleuse variété de sentiments, qui fait sa gloire et le rend hostile à la foule des esprits froids chez lesquels la constance n'est qu'indifférence du cœur. Qu'est-ce donc qu'un être ainsi flottant dans la sphère infinie, amant de l'idéal, de la terre, du ciel, de l'immensité qui l'environne, sinon la plus haute expression de l'âme, c'est-à-dire de l'immortelle lueur qui vient trembler en un corps mortel? Là est véritablement la constance du poëte : aimer et souffrir toujours de cet amour qu'il porte en lui, subir toutes les transes que fait naître l'étude d'un monde misérable, et ne jamais se lasser d'aimer, malgré les espoirs déçus et les infortunes renouvelées. Le soleil dardant ses rayons dans la forêt l'illumine souvent de vives clartés, pour soudain s'anéantir sous les nues qui le voilent, et subitement s'éteignent les douces voix des oiseaux ; mais le grand astre n'en demeure pas moins au ciel, fécondant éternellement la terre.

Novembre.

C'est aujourd'hui le jour des morts ; leurs âmes semblent frémir dans les bruits qui m'environnent. J'étends les bras pour y serrer ceux que le destin inexorable a enlevés de ce monde après les y avoir laissés vivre dans l'affliction. O morts, restez doucement couchés où vous êtes, j'irai bientôt m'étendre à vos côtés ! Cette terre oublieuse ne mérite pas qu'on y revienne. Roses et marguerites fleurissent toujours, il est vrai, mais tous les froids insectes ne sont pas morts, et le meilleur n'est encore qu'un papillon. Vous m'entendez, belles fleurs, et vous aussi, chers morts? Restez doucement couchés où vous êtes : je descends à vous par l'escalier des heures. Écoutez chacun de mes pas retentir au clocher de l'église prochaine. Ah! quelle procession variée m'accompagne sur l'escalier funèbre! Tous ces pèlerins, folâtrant sur les marches, pensent monter aux étoiles, et où vont-ils ainsi? O morts, le savez-vous? Vous toutes, générations disparues, vous êtes les vivants d'hier, et moi je suis le mort de demain : un seul jour nous sépare. Ne plus revenir à la surface, voilà ce qui désole! Qui sait si l'existence n'est pas comme une roue, mi-partie dans l'ombre, et toujours en mouvement? Nous descendrions à la nuit pour remonter au jour, et ceux qui se quittèrent ici pourraient se retrouver ailleurs si les derniers disparus hâtaient leurs pas. Mais marcher, gravir, se poursuivre, n'est-ce pas toujours souffrir? Je ne puis voir au Ciel qu'une félicité jamais troublée par le désir ou le regret. Est-ce vivre que d'avoir son bonheur attaché au balancier d'une horloge? Nous qui avons pitié des morts, peut-être sommes-nous les vrais fantômes; spectres inquiets, nous rôdons dans la brume, entre-cherchant l'idéal, et nous égarant au labyrinthe de la pensée, jusqu'à l'instant où les heures finissent. Un jour la dernière seconde a retenti, et nous heurtons fatalement à la porte de l'éternité. Qui nous ouvrira? Connaissons-nous la merveilleuse loi des affinités? N'avons-nous pas des amis dans l'assemblée muette des Ombres? Ceux-là viendront nous accueillir, qui auront partagé nos rêves. Ne sont-ce pas les esprits des morts qui me parlent en ce moment? Que suis-je? De la terre changeante. Mes pensées me viennent d'ailleurs, peut-être des intelligences qui, sous le souffle de Dieu, errent dans l'es-

pace... Avec un peut-être, où n'irions-nous pas? Je pourrais
dire : Où irions-nous? Partout, sauf au bonheur!

Le 4 novembre.

Le brouillard de novembre a tendu son voile, me dérobant
la vue des bois flétris et odorants. Les transfigurations de
la nature sont une source perpétuelle d'enchantements. Les
saisons n'interrompent jamais leur cours, et le temps déroule
devant nos yeux la toile de la vie, de notre berceau à notre
tombe. Quand, par ces vents d'automne, je vois dans la
plaine deux arbres si voisins que leurs racines s'entremêlent,
j'admire ce symbole de religieux amour : deux ifs surtout,
s'élevant côte à côte, sans qu'une seule de leurs branches
s'éloigne du chemin du ciel pour contempler les fleurs du
gazon. J'ai longé le vallon pour m'arrêter près de la roche
isolée, où par les jours de soleil les troupeaux viennent chercher la fraîcheur. Des passereaux transis sautillaient dans la
haie de coudriers ; soudain, au glapissement d'un épervier,
un rouge-gorge, qui chantait sa mélodie argentine, s'est tu.
Les gouttes de la rosée mêlaient leur léger bruit à celui des
feuilles qui pleuvaient sur le gazon blanchi par le givre. Pour
l'âme attentive, que de paroles dans le silence de la nature !
Que de rayons d'amour en cette brume ! Réalité : —immensité.

Le 19 novembre.

Pendant ces derniers jours, bien souvent je me suis promené sous les grands chênes qui défient les vents d'automne,
et sur les pâles pelouses qui comptent les feuilles tombant
des autres arbres, et j'ai réfléchi à la mort et à la vie, à ce qui
pourrait remplir l'une et préparer l'autre. Triste et brève,
mystérieuse et éternelle ! par ces quatre mots nous pouvons

exprimer ce qu'est notre vie présente, et ce que sera celle qui la doit suivre. Les printemps ne verdiront pas ces quatre mots, toutes les fleurs de la terre seront impuissantes à les masquer, et les oiseaux chanteurs ne pourront nous en distraire. Il faut que nous regardions sans regret défiler le cortége des choses passagères, en accomplissant notre destinée dans l'œuvre infinie où nous devons travailler fraternellement. C'est en vain que l'homme orgueilleux voudra se tenir hors de la nature et lui jettera son dédain : l'herbe n'en continuera pas moins de pousser sous ses pieds. Qu'importe à la nature le mépris d'un éphémère? Que le songeur aille se perdre dans l'ombre, et que là il roule en lui-même la chaîne de ses pensées : la nature n'arrêtera pas pour cela ses fatales évolutions et ses métamorphoses progressives.

> Omnia tempus edax depascitur, omnia carpit,
> Omnia sede movet, nil sinit esse diù.

Nous devons nous laisser fuir à la dérive des jours et nous résigner dans l'espoir d'une justice souveraine. En fêtant les étés, pourquoi craindrions-nous les hivers? Le temps qui nous détruit accomplit son œuvre, et cette destruction même doit raviver nos espérances : sous le linceul des neiges, la mousse reverdit.

Le 20 novembre.

Le vent souffle dans la vallée ; le grésil crépite aux vitres de la fenêtre. Quel abandon ! Mais n'ai-je pas les soleils des autres jours et les fleurs des autres saisons? Ne puis-je évoquer toutes les ombres charmantes de ma vie? La neige couvre-t-elle la terre, ma vue commence-t-elle à se lasser de ce morne paysage, je n'ai qu'à m'écrier : Apparaissez, rayons, oiseaux ! Bois, prairies, remontrez-vous ! Et aussitôt, il n'est plus d'apparence d'hiver et de neige : le vent ne souffle que pour caresser les bourgeons, et les stridents insectes murmurent de gourmandise au calice des fleurs. Parfum du foin qu'on amoncelle, triomphe des fleurs dans leur éclat, soupirs des arbres grandissants, murmure de la source cachée, chaud bouillonnement de la sève printanière, — toutes les ivresses de la nature me font goûter, jusque dans les frimas, des heures de joie et d'enchantement. Bien souvent aussi, le chagrin imaginaire, étendant son crêpe sur les saisons en fête, m'en a dérobé la vue ! Par des soirées d'été, j'ai distraitement écouté les voix franches des moissonneurs et les bêlements des troupeaux dans les vallées. Je n'ai pas suivi du regard les deux ramiers volant de compagnie, et j'ai osé lire la tristesse sur des corolles à peine écloses. Ainsi, la trop grande jeunesse s'enorgueillit en son cœur et voudrait traverser la terre en souveraine aveugle. Elle passe tristement dans la nature heureuse et s'écrie : Folle que tu es d'être en joie pendant que j'épanche mes larmes ! Continuent cependant les heures à sonner aux clochers; continuent nos jours à tomber dans l'oubli; et, après maintes années passées en rêves, les adolescents ouvrent enfin les yeux à la claire vérité et, se retournant vers la terre de nouveau florissante, lui disent : Que n'avons-nous l'illusion pour te mieux chérir !

Le 2 décembre.

Quand je regarde tant de choses faiblir autour de moi, verdure qui se flétrit, joues qui pâlissent, fronts qui se creusent; quand j'écoute tant de cris de douleur s'élevant des

foules, tant de sonneries funèbres se répondant d'un temple
à l'autre, je songe à la terre qui doit nous dévorer, amis et
ennemis ; je la vois béante et sourde; le fossoyeur, je le vois,
jetant ses lourdes pelletées sur cette poitrine où tu as tant
battu, mon cœur ; et les assistants aussi, je les considère,
impatients de s'éloigner de ma dépouille. Les jours se succèdent, et au tertre du mort nul ne revient. Sa vie n'est plus
là. L'oubli, la nuit, voilà ce qu'il en reste ! Si mes regards se
promènent sur les heureux du monde, quel plus grand sujet
de chagrin ! Quand j'écoute les fausses paroles, les rires
perfides résonnant comme un glas de mort pour l'honnêteté
et l'innocence, une peur me prend : je crois tous ceux
que j'aime condamnés à bientôt périr pour apaiser la curiosité d'un public avide de tragédies et de ruines. Mais quand,
au printemps, je regarde blanchir les buissons d'aubépine,
et les ramiers voler aux premières branches des ormes ;
quand j'écoute la chanson joyeuse de l'alouette et les gazouil-
lements des hirondelles à ma croisée, j'oublie la mort, le
fossoyeur, les ingrats, toutes les noirceurs de la terre :
l'espoir resplendit en mon âme, et devant l'hiver, je dresse
une haie en fleurs.

Le 3 décembre.

Il a neigé. Les bois ont un aspect féerique. Je m'y suis
promené sans entendre le bruit de mes pas. Nul rameau ne
s'agitait : tout était solennel et recueilli. Le soleil levant dia-
mantait les cassures des branches ; le vent n'avait pas soufflé
de la nuit, et les hêtres semblaient de hauts candélabres de
cristal. J'avais mille prudences en suivant le sentier, tant je
craignais de voir le blanc décor tomber en poussière. Les
grands chemins de terre étaient marbrés des pas de petits

animaux, belettes et campagnols, qui n'avaient pu cacher leurs marches clandestines. Je m'intéressais à leurs souffrances; j'étudiais leurs inquiétudes dans leurs voies tournoyantes et entre-croisées ; je les suivais jusqu'à leur rentrée au gîte. Que savais-je de plus? Rien, assurément; mais je pouvais me redire qu'il est d'autres angoisses que celles auxquelles nous assistons, et qu'à l'heure où les grands astres resplendissent, de pauvres petits êtres, affamés et souffrants, vont et viennent dans les alarmes.

Le 1er mai.

Le printemps est de retour. La nature tourmentée par un long hiver se faisait vieille et chagrine; la voici qui redevient enfant — folâtre enfant qui secoue au vent tiède sa chevelure parfumée, erre partout en son généreux abandon, faisant croître les plantes et les fleurs sous ses pas. Les oiseaux volent devant elle en gazouillant leur chant de joyeuse arrivée. Ils viennent reconnaître les moindres branches des arbustes où, aux étés derniers, ils chantaient la joie de vivre. Que sont devenus pendant l'hiver les oiseaux fidèles? Se seraient-ils éloignés si les souches d'une forêt hospitalière leur avaient offert un doux abri? Mais quand tout est couvert de neige, quand la gelée durcit la terre, comment vivre? Comment se poser sur l'arbre roidi par le givre? Comment éviter l'œil clair de l'oiseau de proie qui plane sur la forêt dépouillée? La saison des périls est passée; le soleil qui fertilise a reparu; l'arbuste bourgeonne; la verdure çà et là obscurcit les branches, et de joyeuses volées emplissent les bois. Fauvettes à tête noire, verdiers, bruans, rossignols, vont et viennent, vivement, d'un arbre à l'autre, et des arbres au sentier, porteurs de fétus, de duvet, de racines. La fauvette à tête noire, la confiante couveuse, amie des jasmins, y attache franchement son nid, qu'à peine elle achève. Les verdiers, ces moineaux des arbres verts, s'accouplent à la cime des genévriers, où ils restent immobiles aux heures brûlantes du jour. Leurs deux notes, jetées sans trêve, sont comme un écho de la sève printanière. Le bruan, chantre des hauts peupliers et de la lisière des forêts, va pondre aux fourrés des ronces, pour déchirer les mains imprudentes qui tenteraient de lui dérober sa couvée. Son cri grinçant s'allie au bruit des ruisseaux sur les cailloux, dans les vallons déserts. Le passereau inspiré, le rossignol, étale son large nid de feuillage dans l'ortie, près de la souche, sans frayeur des bêtes de maraude. Il y dépose, à la garde de Dieu, des œufs sombres d'où doivent éclore des chants limpides qui feront retentir les halliers. L'enthousiasme de son amour le prive de la prudence. Peut-être, dans la paix des nuits étoilées, ses chansons éclatantes conjureront les dangers? Que de fois, enfant, je demeurai attentif aux bruits de la nature, contemplant les grands arbres, et observant les êtres variés qui peuplent les bois ! De belles heures s'écoulaient à chercher les nids à peine formés ; le nombre de mes découvertes faisait mon orgueil ; je me disais que les diligents oiseaux travaillaient pour moi. Chaque jour j'allais voir mystérieusement ma trouvaille, admirer d'un œil avide les progrès de ma trop confiante ouvrière. Au lever du jour, alors que les feuilles étaient encore luisantes de rosée, je courais au nid de ma fauvette, j'écartais le feuillage... Quelle joie de voir le premier œuf, puis le second, le troisième, et jusqu'au cinquième, tous mouchetés de rouge et de brun ! Parfois le nid, à la dernière fourche de l'arbuste, ne me permettait d'y faire le curieux que du bout des doigts ; j'osais les appuyer sur des œufs tièdes encore de la chaleur du pauvre oiseau qui, effrayé, rasait le sol, poussait des cris inquiets, traînait l'aile pour m'engager à le poursuivre. Hélas! je devinais la ruse! Le lendemain, c'était un nid abandonné, des œufs refroidis; c'étaient cinq gentils oiselets, morts avant de naître, et qui ne connaîtraient jamais ni le soleil, ni les bois, ni les prés, ni les délicieuses graines qui parsèment la terre; cinq petits êtres qui ne chanteraient jamais la douceur des printemps? Les bosquets près desquels se passèrent mes premiers jeux me ramènent à ces souvenirs. La frondaison des arbres, les collines reverdies, images d'autrefois, et les senteurs vivifiantes qui m'arrivent de toutes parts, me plongent dans la fraîcheur du passé. Je compte les jours, les mois, les années qui ont fui. Je vois la nature rajeunir pendant que se multiplient en ma pensée les phénomènes de l'automne. Un jour passe, une feuille tombe; des vents s'élèvent, mille soucis naissent; une fleur se penche, une joie s'évanouit; un oiseau meurt, déception nouvelle! Arrive enfin le cortége des autres fantômes : aimons-les vite, puisqu'ils se dissipent! Heureuse nature, toujours espérante et florissante! mais cruelle nature, qui nous regarde souffrir sans perdre une goutte de sa sève, sans ternir une feuille de ses arbres !

Le 9 mai.

Au déclin du jour comme doucement se rendorment les plantes et les arbres, pendant que, par delà les haies, s'éveillent mille joyeux bruits! Ce sont les enfants qui reviennent de l'école, les volées d'oiseaux qui cherchent à grands cris l'arbre où ils percheront; les jeunes filles, chantant, riant; l'harmonie lointaine des autres villages. Alors, les peupliers ivres de sève, les fleurs variées, les prairies moelleuses, sommeillent mollement, et les arbres verts, qui voient avec l'hiver finir leur règne, se rembrunissent aux ombres croissantes de la vesprée, pour former de mystérieux groupes. Quel abîme nous sépare de ces êtres qui végètent où la nature les enracine! Mais végéter ainsi, c'est vivre de sensations; c'est toujours communiquer avec le ciel et la terre; c'est s'émouvoir à chaque souffle du vent et recueillir les moindres bruits de l'harmonieuse nature. O poëte, le buisson des champs en sait plus que toi sur les merveilles que tu chantes! Pendant les froides journées d'hiver, couvert de son manteau de neige, il contemplait la majesté et l'horreur des frimas. Quand les nues se faisaient bien sombres, il interprétait les expressions d'un ciel irrité. Les vents qui avaient incliné les fleurs de l'Orient ont sifflé dans ses branches nues. Il a vu les corbeaux marcher autour de lui en croassant famine. Il a entendu le cri déchirant de la fresaie. Il sait comment, au clair de lune, trottent, le long des sentiers, les souris affamées. Le rat est venu mordre à sa racine. La longue belette, en quête d'une proie, a tournoyé sur la berge. Les pâles fantômes du froid, de la pauvreté, de la douleur, ont tour à tour agité ses branches. L'hiver s'est éloigné; le printemps a reparu. D'autres brises sont venues le caresser, d'autres formes et d'autres couleurs varier ses horizons. Alors le buisson a pris part à la fête, s'est laissé vêtir par le printemps. Chaque jour il s'est regardé germer, verdir, grandir, voyant s'élever autour de lui un monde de plantes. Le soleil, se rapprochant de plus en plus, a couvé des milliers de vies nouvelles. Les insectes engourdis sont revenus au jour, pleins de bourdonnements de joie. Les fleurs ont émaillé les champs; les papillons, au vol incertain, ont voltigé de l'une à l'autre. Les fauvettes chantaient à tue-tête ; les oiselets bégayaient aux plus basses branches ; le ciel bleu riait aux vertes prairies, et les fleurs aux blanches étoiles. C'était déjà le brillant été, l'air chaud, l'âcre parfum, les bruits amortis... Et le buisson des neiges n'a pas quitté sa berge, — et quel voyageur a plus que lui voyagé? Le Nord et le Midi lui sont tour à tour apparus. Que de haines, que d'amours, que de parfums, que de chansons, ont passé en ses branches! Qui se cache pour un buisson? Ce que tel jour l'abeille disait à la fourmi, il le sait. Quel âge a la marguerite rouge? comment l'ignorerait-il, lui qui l'a vue naître? A quelle heure telles fleurs s'entr'ouvrent, telles autres se ferment, il ne lui a pas fallu l'été pour le savoir! Puis, quand est venu l'automne, la saison des rêves; quand l'air plus vif, les vents plus bruyants, dépouillaient la terre de sa somptueuse parure; quand les arbres, secouant leurs feuilles sèches, jouaient leur marche funèbre, le pauvre buisson était encore là, recevant les adieux des feuilles qui le quittaient. Et, dans les nuits de novembre, comme il comptait les étoiles mystérieuses qui éclosent au ciel pâle! Comme il écoutait au loin la chanson des ardoises et les longues histoires que racontent les vents d'automne! Le tourbillon parle des plaisirs de la jeunesse; la rafale apprend un enlèvement en des contrées lointaines ; la brise murmure des fables d'amour ; l'ouragan raconte les luttes surnaturelles. En un instant, les vents d'Afrique arrivent, et peu après ceux d'Asie, et l'effluve universel pénètre l'arbuste compréhensif rivé à la terre. Et toi, poëte, où étais-tu pendant ces sombres nuits, quand le buisson des champs, seul, observant, silencieux, s'instruisait aux paroles de l'air? Une nuit dans la campagne déserte t'eût rempli de frayeur; tu as fermé ta croisée, et ta porte à triple tour;

ton chien, rôdant le long des murs, aboie aux inconnus, et tu te rapproches de ton foyer. Une flamme claire illumine ta chambre d'étude. Attentif à la mélodie qui s'échappe d'un clavier, tu écris tes rêves d'automne. Buisson inaperçu dans la plaine, combien de poëmes ne sais-tu pas sur la nuit, le ciel, la lune, la terre et les étoiles ! Si tu savais écrire, c'est toi qui serais le grand poëte, — et sans rien imaginer, pauvre buisson !

Le 18 mai.

Malgré tant d'objets variés qui, sans cesse frappant mes regards, me sollicitent à la vie active, je me sens volontiers captivé par des images de paix qui expriment la vie dans sa primitive candeur. Ils ont laissé en moi des marques profondes, ces jours de joies instinctives où l'âme distraite thésaurise à son insu, et où la force naît du recueillement des passions latentes. L'esprit, pénétré de contours légers, est comme un aimant qui attire les formes du monde naturel pour se les assimiler. Toute image devient pensée ; toute pensée se formule en image. Il est même des instants où l'âme s'effraie de la transparence des choses et craint de s'évaporer sous l'ardent regard de l'Esprit. — O ma plume, que vous êtes inhabile à retracer tant d'émotions perdues ! Lorsque j'écoutais sonner les heures, je les entendais retentir dans l'éternité attentive, et je croyais pénétrer aux profondeurs du ciel. J'observais ce monde terrestre avec le regard de mon cœur ; agenouillé devant la splendeur qui rayonnait de tous les points de l'univers, je m'égarais aux nues, m'y berçant, et pleurant par-dessus les précipices de la réalité. — Réalité, que cela voulait-il dire, sinon la matière privée de la pensée infinie ? Pouvais-je jamais en ressentir les atteintes? Avais-je garde de m'y laisser prendre quand, plein d'une religieuse attention, je considérais les arbres et les plantes, — mes frères et mes sœurs, — et que je les laissais parler sans les interroger? Plus tard, on se retourne avec chagrin vers le verger solitaire où l'on vécut dans une expansion muette; on revoit l'endroit où l'on s'est jadis étendu, les mousses ployantes sous les pattes des insectes. On entend encore le bruit que fit, en tombant, une feuille sèche oubliée des vents d'automne, et l'émoi qu'elle causa dans le monde des mousses. Un insecte bizarre s'arrêta sur la feuille de colchique qu'il traversait! Quelle joyeuse tournure! Quelle satisfaction en sa démarche quand il descendit sous les tiges d'herbes entremêlées et qu'on le vit gravement disparaître, les ailes croisées! « Va, pauvre éphémère, a-t-on murmuré, emplis-toi de la joie infinie de vivre, rayonne en ton obscurité! Contemple la majesté de la touffe d'herbe, balance ta marche, tu nous charmes par ta confiance en cet univers où tu vas à l'instant t'engloutir! » Paroles intimes adressées à la nature par l'enfance que les songes dépaysent. Que sont devenues ces heures d'innocente contemplation? Anéanties? Non, — éloignées, et comme voilées par les encombres mondaines.

Le 19 mai.

Lorsque nous voulons nous livrer à la surface lumineuse des choses, nous voyons notre ciel bientôt s'assombrir; si alors, un désir ambitieux nous presse de faire entendre l'accent le plus profond de notre vie, nous savons que nous ne pourrons le produire qu'en secouant nos chaînes. Enfermé dans notre prison d'argile, nous nous débattons en présence du Temps victorieux. En croyant déchirer la trame du destin, nous nous y meurtrissons; en voulant échapper à la souffrance, nous y courons. Le chaos gît toujours sous nos pieds, et la clarté luit, bien lointaine, par-dessus nos fronts. Si parfois nous recueillons quelque voix du monde divin, le plus souvent il faut que nous arrachions avec douleur nos pensées du limon, leur faisant rendre le gémissement de la mandragore. Qui nous montrera la limite où doit s'arrêter la pensée exploratrice? Dans quel cercle de joie la tiendrons-nous captive? Placée entre la séduction d'un passé toujours jeune et florissant, et la curiosité d'un avenir inconnu, notre âme se perd dans l'un ou l'autre de ces abîmes. Les plaisirs qui ont fui avivent ses regrets, et le mystère futur, qui recèle en son sein le deuil ou la félicité, l'accable sous les pressentiments. Ainsi, toute la vie se résout en larmes dans l'œil qui veut trop vivement la pénétrer. C'est l'incertitude de ces deux avenirs, dont l'un concerne la destinée des choses, et l'autre celle de notre âme, qui nous refoule vers ce passé heureux et clair où nous entendons bruire encore l'essaim des jeunes années. Nous nous effrayons néanmoins de ce retour à des ombres et des heures qu'il nous ravit. Nous croyons entendre s'élever vers nous, comme un tendre reproche, la voix du poëte de Vaucluse :

> Che fai? che pensi? che pur dietro guardi
> Nel tempo che tornar non pote omai,
> Anima sconsolata? che pur voi
> Giugnendo legne al foco ove tu ardi?

Le 21 mai.

Je me suis attardé à regarder, par delà le vallon, le village en fête. De tous les chemins arrivent des groupes de jeunes filles et de jeunes garçons, qui se réunissent sur la place bruyante. Ils tournoient en un joyeux délire, oubliant pour quelques heures le labeur âpre de chaque jour. Quelle est misérable cette terre sur laquelle l'homme ne peut trouver sa joie qu'en s'éblouissant sur son destin! La musique, les rires et les jeux se sont longtemps prolongés. Voici le soleil qui s'abaisse entre les cimes des arbres mouchetés de gui, pendant que mes chiens blancs vont et viennent dans les trèfles humides, indifférents aux fiévreuses agitations des hommes. Quelle mélancolie envahit le paysage quand la nuit descend sur un village en fête! Les sentiers louvoyant sur les collines, tantôt si animés, sont pâles et déserts; les bruans revolent à leur buisson, et la brise plus froide effleure la lisière des bois en ployant les hautes herbes. Dans quel abandon demeure plongée la campagne, si riante aux heures où l'homme lui donne ses soins! Toute l'âme de la contrée semble s'être réfugiée sur la petite place où l'orchestre retentit. Les haies, les bruyères, les guérets, les larges pierres grises, que tout est triste! Les maisons pauvres, où sont restés les grands parents, dispersées au loin, se couvrent de vapeurs; et pendant que les jeunes gens se pressent dans leurs valses emportées, les arbres de la forêt paraissent se rapprocher dans un morne chagrin. Frémiraient-ils de la légèreté des hommes? Près du Calvaire, un vieillard se promène dans ses jeunes blés, ramassant les cailloux qui pourraient ébrécher les faux des moissonneurs. Autrefois, lui aussi, dansait! Neuf heures ont sonné à la modeste église, qui s'ensevelit dans la nuit du vallon, et déjà, à l'horizon des champs, je vois étinceler les vitres aux maisons isolées. Je reviens par l'allée de peupliers, aux derniers sons de la fête et au bruissement des feuillages; mes chiens transis se pressent sur mes pas : te voilà donc écoulé, soir des songes!

Le 25 mai.

La vie n'est qu'une perte continue : tout pâlit, décroît, s'éteint, — les espérances, les désirs, les illusions. La grande force du sentiment, c'est l'unité. Elle se perd au travail de l'expérience. Les craintes, les soins se multiplient avec les années ; on erre partout sans être nulle part ; on redoute l'immuable et l'on se défie de l'apparence. Le cœur souvent trompé s'étudie avec douleur, et l'âme qui n'est pas tout à l'idéal se dévore. On a cru s'appuyer sur la réalité, mais la réalité s'effondre sous le coude du rêveur. Le rêve qui d'abord exaltait dans la joie, approfondit bientôt dans le chagrin. L'amour du passé qui s'allume aux chocs d'un présent malencontreux s'empare de nous, et l'ombre de l'enfance, s'allongeant sur le champ de la virilité, nous fait regretter nos plus folles chimères. On n'écoute plus que distraitement le murmure des vents, des ruisseaux, des abeilles. Les oiseaux, les nues, les arbres ne sont plus que fantômes. Une seule réalité reste, et toujours présente : le souffle de mort qui nous emporte.

Le 2 juin.

Le spectacle de la nature lentement transfigurée me ramène à la pensée de la mort. Parfois navrante, cette pensée répand néanmoins un charme sur la vie. La Mort devient une compagne attentive à prévenir nos désespoirs et à nous dépouiller de nos frivolités d'humeur. Elle est familière et confidente, dispersant des rêves qui, réalisés, seraient suivis d'amertume. En voyant sous leur aspect périssable les êtres qui m'entourent, je suis porté à les chérir davantage en l'esprit qui les anime et qui, rayonnant du sein de Dieu, brave le flot des jours.

Le 4 juin.

Qu'il aspire au repos, cela est vrai pour tout homme ; mais ce désir même d'atteindre à un asile où plus rien ne le puisse troubler, le porte à s'agiter beaucoup, comme pour avoir des droits à la récompense qu'il se destine. Il recherche la vue des objets les plus vivants, se croyant plus libre s'il a des compagnons d'activité. Pour les sens de l'homme, qu'est-ce que la vie, sinon le mouvement? De là, le plaisir qu'on éprouve à regarder couler les rivières, et à se tenir au bord de l'Océan, en présence du mouvement continuel des flots. L'immobilité dans les formes de la nature ne plaît guère qu'aux esprits détachés de ce monde : elle s'accorde avec leur extase. Pour la foule, elle n'est qu'une expression d'ennui et de chagrin. Lorsque, dans une contrée alpestre, on se trouve sous ces pics altiers que des milliers d'années modifient à peine, on se sent souvent opprimé par ces masses froides qui ne veulent ni vivre, ni périr, et qui se montrent comme éternelles. La lenteur de leurs variations leur donne le caractère de l'immutabilité. Aux premiers âges du globe, ces sommets, tranquilles et déserts aujourd'hui, remuèrent cependant. Ils entendirent la chanson des vagues ; ils furent foulés par les pieds de bêtes monstrueuses. La science seule le sait ; elle ranime par l'étude ces formes endormies. Mais pour le passant, ces hautes montagnes, âpres, dénudées, blanchies par les frimas, sembleront toujours renfermer une plainte, et souffrir de leur perpétuité glacée. On croit entendre s'en exhaler ces soupirs de génie captif, qui sortent du colosse de Memnon.

Le 5 juin.

Les joies du monde, je les ai fuies, et les plaisirs de l'étude souvent je les abandonne, pour me perdre aux champs et aux forêts. Là, du moins, je suis dans le monde inoffensif. Je me livre au bonheur d'écouter les chuchotements inquiets des épis qui attendent les faux alignées, d'interpréter les balancements du roseau, les grands frissons des chênes, les bourdonnements du frelon autour des écorces, une ombre qui passe, un rayon qui s'éparpille. Il ne nous arrive que trop tôt de promener distraitement les regards sur les prés et les forêts sans y distinguer plus de détails que sur l'Océan. Nous finissons par ne plus saisir que l'ensemble des paysages, ce qui nous grandit la pensée en nous privant des joies intimes. L'enfant, qui ignore qu'il y a tant de choses à voir sur la terre, et que la vie est si courte, porte son attention sur le moindre objet qui frappe sa vue. Il étudie chaque feuille de cet arbre, et chaque nervure de cette feuille. Pour nous, nous croyons nos heures trop précieuses pour les perdre en ces remarques ; mais nous ne dédaignons les petits détails de la nature que pour courir aux grandes chimères. Le cercle de la vie reste le même. On fait le tour du monde sans sortir de son jardin, l'infiniment grand se retrouvant dans l'infiniment petit. Il n'y a pas longtemps qu'ayant par hasard porté les yeux sur le pied d'un orme perdu dans la futaie, je reconnus l'entaille que j'y avais faite il y a quinze années. Mille souvenirs oubliés se réveillèrent, et, pour un instant, je rentrai dans mon berceau. L'enfant est heureux de suivre sa nature, qui est de se laisser captiver par des objets que l'homme n'aperçoit plus. Sa curiosité puérile le distrait et l'amuse. Il se voit grand près des riens qu'il contemple, tandis que le penseur gémit de se sentir si faible devant cet univers qu'il voudrait embrasser d'une seule vue. N'est-ce pas une chose merveilleuse que les transformations que le temps opère en notre âme ? Une fois que nous sommes sortis de la chrysalide de l'enfance, comme la sève de la jeunesse nous aveugle et nous emplit de fantaisies ardentes ; comme la conscience s'enivre par la réflexion des forces aimantes ; comme notre atmosphère s'embaume, et comme les moindres objets qui nous entourent prennent une forme heureuse ! Et puis, pour quelques années de plus, comme nous nous trouvons désenchantés ; comme notre esprit se pénètre de craintes, et notre cœur de larmes ; comme nos espérances pâlissent, noyant dans une pénombre le monde qui nous charmait ! Et le regret du passé ne suffit pas à notre chagrin, il faut encore que l'effroi de l'avenir s'y joigne. La fragilité de notre nature bien souvent m'apparaît, et le son de la cloche traversant l'air, m'avertit de la brièveté de notre durée... Parfois, je me repose sur des probabilités ; je lève le front aux astres ; je me promène lentement, avec indifférence, me laissant glisser au pays des chimères. Je n'écoute plus alors ce fatal balancier qui bat à mes tempes pour m'apprendre le néant de cette vie mystérieuse qui coule vers la nuit, le long de mes artères.

Le 11 juin.

Au moment où le soleil s'abaissait comme un brasier dormant derrière les hauts peupliers, jetant ses traînées lumineuses sur les pelouses grises que ses feux ont brûlées, un joueur de harpe s'est appuyé au mur des fossés. De pauvres orphelins, venus de la grand'route, se sont craintivement approchés du joueur. Ils se tiennent immobiles, sous les hautes touffes des jasmins, pendant que le concierge et sa femme, assis sur le seuil de leur porte, regardent jouer leurs enfants, dont l'insouciance contraste avec l'attention des petits infortunés que la misère a rendus observateurs. J'ai parcouru les chemins bordés de buis et de genévriers, au fond desquels les verdiers se réfugiaient. Les ramiers se gourmandaient à la cime des pins, et les voix brèves des moineaux, rassemblés aux pignons des toits, semblaient des bruits de ciseau sur la pierre. Par moments, des volées de martinets tombant comme des tourbillons du fond de l'azur, rasaient les tours à grands cris, et remontaient comme des flèches dans l'espace. J'ai gagné le sommet du parc, aux chuchotements interrompus des petits oiseaux cherchant leur gîte. Les chevêches, sorties des combles, répétaient leur miaulement plaintif en voletant dans les tilleuls. Mes chiens gambadaient sur les feuilles mortes de l'an dernier et se roulaient sur les mousses et les folles herbes. L'ombre et le silence semblaient tomber du ciel et monter à la fois de la terre. Au travers des taillis plus vaporeux, l'horizon des champs ne s'indiquait plus que par une bande d'or, qui brillait entre les rameaux écartés, et sans cesse diminuait. Bientôt les lueurs s'éteignirent, l'arôme de la sève s'épandit dans l'atmosphère humide, et les bosquets disparurent dans l'épaisseur de la nuit.

Le 13 juin.

Les jours passent; on s'oublie, on meurt, ou l'on s'endort — s'endormir, c'est mourir; — mais il est des heures où le feu de la vie frémit en nos veines. Ce matin, je me disais : Demain, tu seras à la ville; tu épancheras ton âme en celle de tes amis. Et maintenant, traversé d'un souffle désenchanteur, je me dis : Pourquoi dérober à tes amis un temps qui leur est précieux? Que restera-t-il de nos folles causeries? Et que sommes-nous quand nous nous voyons de près? Pendant que, créatures inquiètes au sortir du berceau, nous traînons nos sillons sur notre fangeuse planète, les astres scintillent dans l'océan des cieux, indifférents à la poussière qui s'élève de nos pas. Que sommes-nous, pour nous jeter aux divertissements? Une ride, un soupir, un cri. Se serre-t-on jamais la main à la fois dans le présent, le passé et l'avenir? *Tu,* c'est bientôt *vous* et *monsieur. Autrefois,* c'est *sans retour!* Si jamais... un jour... peut-être.... voilà toute notre philosophie !

Le 15 juin.

Je suis revenu dans le cirque désolé du vallon de l'Our. J'ai revu Vianden. Quel mutisme en cette solitude! La petite rivière de l'Our serpente tristement dans la contrée morne, faite, semble-t-il, pour des hobereaux redoutables, mais de bas vol. Le paysage morose n'éveille que des souvenirs d'aveugle domination et de servitude. Seules, les forces guerrières étaient ici en présence. Des nuages lourds pèsent sur ces monts stériles, dont on voit les fronts sourds s'étager sur l'horizon. Les hommes de proie qui y avaient formé leur aire se sont effacés, et la résistance, qui accentue la vie, a disparu avec eux. Les bûcherons continuent de végéter au bord de leurs masures, sous les regards de fantômes de pierres qui les pénètrent de craintes superstitieuses. Si les ruines éveillent des sentiments nobles chez les caractères libres qui les contemplent, elles s'empreignent avec fatalité dans l'esprit faible des pauvres gens : ils croient encore à la résurrection des forces malfaisantes qui épouvantèrent leurs aïeux.

Dans un tel désert, le freux, que l'on voit picorer sur le plateau remué par la bêche, semble plus en son domaine que la craintive famille du laboureur.

Je songeais à l'horreur des nuits d'hiver, qui venait ajouter son surcroît à la monotonie des jours d'été, et, assis au pied de la tour d'Yolande, je regardais fumer les feux que de petits bergers allumaient dans la bruyère. Les pentes des montagnes cependant, et jusqu'aux roches, étaient verdoyantes : le souffle fécondant de juin y avait passé, les diaprant de fleurs : sarriette, menthe, muguet, œillet sauvage, mêlaient leurs divers arômes en une senteur vivifiante. Les hautes vipérines azuraient les murs croulants ; l'orobanche, la germandrée, l'épiaire, marquaient de leurs taches brunes les gazons ombragés, et le faible gazouillis des bouvreuils sortait des buissons touffus. Mais qui pourrait livrer son âme à la riante écorce de la terre quand il sait que ses pieds posent sur un tertre mortuaire ? Toutes ces pierres amoncelées, toutes ces voûtes, répétèrent des milliers de voix, à jamais éteintes. Ici vécurent des hommes, nos frères, comme nous agités par les appréhensions et les désirs. Le vent de la mort a passé, et ils ont disparu. On veut regarder, par la trouée sombre, dans la nuit qui les étreint ; on cherche, dans la pierre à demi ensevelie, un écho à sa curiosité. On ne se baissera point pour cueillir la myrtille ou la fraise mûre : on soulève la ronce, on écarte le houx, pour découvrir l'écusson ébréché et la frise brisée. On voudrait retirer du puits profond tous les cailloux que des mains ignorantes y ont jetés ; on frappe du pied ces décombres qui recouvrent vingt générations, et l'on prête une oreille attentive au bruit sourd qui répond à cet appel. Quels furent les guerriers farouches et balafrés qui s'adossèrent à ce lourd pilier ? Lorsque, attablés dans la salle des Chevaliers, ils vidaient le hanap, empli par de jeunes pages, avaient-ils une pensée de miséricorde pour leurs captifs surpris aux embuscades? Fut-il secourable au manant, le chapelain qui traînait ses pas en cet obscur souterrain? Agenouillé dans la chapelle, penchait-il parfois la tête par-dessus la margelle de l'oubliette? Mourut-elle prisonnière, la jeune châtelaine qui osa adresser une parole d'amour au pauvre pâtre qui paissait son troupeau dans la vallée? Où la plante vénéneuse élargit aujourd'hui sa feuille, le putois a-t-il rongé la chair d'une victime? La herse fut-elle levée par la sentinelle, lorsque vint demander un gîte le voyageur attardé? A quoi songeaient les enfants frêles, au bruit des balistes? Leurs larmes innocentes ont-elles laissé une trace sur l'embrasure des meurtrières? Que sont devenues les cloches qui mesuraient les heures à ces profonds désespoirs et à ces joies sauvages? Où sont les paroles testamentaires? Où sont les ossements? Où sont les épitaphes? Le temps et les incendies ont anéanti le témoignage de tant d'existences mystérieuses. La plume des chroniqueurs et des antiquaires n'a guère retracé, hélas! que des actes de violence et de hautains caprices. Elle a décrit la bannière éclatante, le panache du heaume, la hampe de la hallebarde, le harnais d'acier et le caparaçon du destrier; les sombres chevauchées des chefs à la poitrine de fer, leurs paroles d'arrogance, le son provocateur de l'olifant, et le discours craintif d'un abbé timoré; elle a décrit, sans la flétrir, et avec une sorte de révérence, la belle œuvre des coulevrines, des lances et des pierriers : Tel seigneur a guetté sa proie dans le chemin creux; tel autre est sorti soudain par la poterne, avec sa bande, pour massacrer les manants rebelles, et leurs rustiques cadavres jonchèrent les guérets. Victoire mémorable! — Mais le cri de reconnaissance au chevalier généreux et le cri d'indignation au guerrier impitoyable, qui les jetèrent? Les poëtes! Eux seuls, en leur divin langage, ont fait entendre la plainte de la légion inconnue des victimes oubliées ; embrassant dans un même amour le passé et l'avenir, ils ont jeté la lumière dans cet abîme qu'on nomme l'âme de l'humanité.

Le 27 juin.

Je me rappelle la dernière soirée passée avec un ami en critiques littéraires, et la trop grande valeur que nous attribuions aux grâces du style. Qu'on est loin de l'homme discret qui enferme en lui son amour ou ne le laisse échapper qu'en paroles sévères ! Il y a toujours comme deux personnes qui se partagent notre âme : l'une insouciante, frivole; l'autre, éprise de vérités et chercheuse de sacrifices. C'est cette dernière que nous devons sentir triompher, l'étude des événements assurant sa victoire. Parfois des images d'élégance nous entraînent loin d'elle ; mais tôt ou tard nous devons y revenir pour nous vouer à son culte. Le temps, foulant à ses pieds nos illusions, se hâte de nous découronner des fleurs de la vie. La grande poésie est celle du malheur, — simple, naïve, penchée vers les douleurs humaines.

Le 28 juin.

On parlait de l'illustre poëte en exil. Quelques beaux-esprits, rappelant ses œuvres glorieuses, disaient : Les images se heurtent, les sentiments sont outrés; ni l'humanité ni la nature n'offrent d'aussi violents contrastes...

Hélas! pour ne plus les entendre, ces obscures paroles, je gagne la forêt et je cherche à m'y distraire. C'est le luxuriant mois de juin, qui fait dans la pénombre des arbres une délirante mêlée de fleurs et d'oiseaux. Ma vue s'arrête sur la cardamine, que le soleil coupe en deux ainsi que le vieux chêne : partout j'admire le mariage de l'ombre et du rayon. Un reptile glisse sous le gazon, et le lichen commence à s'étendre au tronc fendillé de l'orme. Voici mon sentier brusquement fermé par les jets courbés d'une ronce. J'admire l'indépendance de la plante sauvage qui ne se range pas au passage de l'homme. L'eau, qui tombe d'un roc verdi par les pluies, jaillit sur les pierres dispersées ; les pierres résistent, et l'eau frémissante court se perdre dans les ombres du ravin, pendant que, gaîment perché sur une racine, un roitelet chante. Plus loin, je m'assieds au plus fourré des taillis : les plantes et les arbres, avides de lumière, s'y livrent une muette bataille. Parmi les arbustes, noisetiers et viornes, s'allongent les herbes ; le lierre monte en spirale au tronc poli des hêtres et, aux plus hautes branches, les feuilles arrivent brillantes de leur triomphe. A mes pieds, toute cette fête de la vie répand la nuit. L'obscurité règne sur les plantes étouffées. Les racines, pour élever les cimes, rampent aveuglément et se déchirent aux rocs ; la mousse embrasse pour toujours l'arbre mort qui l'a fait naître, et la rainette des bois plonge dans la rosée du matin, qui croupit dans l'ornière. L'univers tout entier n'est-il pas ici, et du fond de cette forêt ne puis-je voir se déployer les mille perspectives de notre âme ? Où trouverai-je la vérité, sinon dans les expressions naturelles de l'Être ? Je songe au Poëte, et la nature s'ouvrant à moi, me fait lire sur chaque feuille des arbres les lumineuses paroles de ces *Contemplations* où l'éphémère dialogue avec l'immensité. J'y retrouve cette primordiale et divine passion, cette fertile ébullition, où la nuit et le jour, entrant comme éléments, balancent sans cesse, par leur union mystérieuse, le cœur de l'humanité entre l'amour et la haine, la foi et le désespoir, et lui communiquent la profonde et universelle palpitation... Et alors, j'oublie les obscures critiques que je voulais combattre, et je contemple la petitesse des uns et la grandeur des autres !

Le 3 septembre.

Combien de régions diverses notre esprit ne doit-il pas franchir avant d'arriver au repos ! et encore, en quelque lieu qu'il s'arrête, le trouve-t-il jamais à l'abri des désirs, et fait-il jamais autre chose que transmigrer dans l'inquiétude, se consumant en folles alarmes! Où est le fier sommet d'où, privé de tout souci, il portera paisiblement les regards sur les contrées parcourues, sans que la vue de ses premières empreintes vienne le troubler dans sa hautaine retraite? A peine est-il fixé en sa philosophie, comme sur une cime isolée, atteinte après un douloureux pèlerinage et des sacrifices journaliers, qu'il se sent envahir par l'ennui d'une sagesse encore mal assurée, ennui démesuré comme l'espace, et qui l'entoure d'un vide immense. Les voix joyeuses montent vers lui de la vallée abandonnée. Elles le convient à redescendre vers les humbles plaisirs qu'il a trop tôt méprisés ; mais déjà ce temps n'est plus! Le chêne ne rentre pas dans son germe, ni le ruisseau dans le creux de sa source. C'est renversé que le chêne mêle ses rameaux noueux aux buissons dans lesquels naguère il était perdu ; c'est en s'évanouissant dans la plaine submergée que le torrent rappelle son obscure origine. L'esprit de l'homme ne peut davantage retrouver la paix que la curiosité lui a fait perdre ; il ne peut, sans malheur, redescendre le versant qu'il s'est hâté de gravir, et s'aller de nouveau baigner à la vapeur des vallées. L'inquiétude, fruit de la méditation hâtive, l'y accompagne, lui voilant les objets qui charmaient son innocence. En partageant ses aspirations entre le ciel et la terre, il mêle en lui deux vies hostiles. Son orgueil et son sentiment d'amour sont dans la souffrance : le premier, de ne pas être demeuré sur la cime conquise par un travail opiniâtre ; le second, d'avoir trop tôt méprisé ces joies qui nous élèvent à Dieu, c'est-à-dire à la paix. Heureux les esprits modestes, reposés en leur croyance : seuls ils goûtent le bonheur parfait, jamais troublé par les voix discordantes de la terre et les songes irréalisables !

Le 14 septembre.

Que de fois on profana la nature en voulant l'embellir ! Orties, saules, genévriers, syllabes du discours universel, poussez à l'aventure, c'est-à-dire selon la loi inconnue ! on ne vous troublera plus à main armée. J'efface les traces de cet architecte ignorant, ennemi du lierre et de la mousse, qui vint ici, escorté de quelques bûcherons, hommes d'armes de ce vilain qui voulait corriger l'œuvre de Dieu. Arbustes et rochers ont été transplantés, abattus. C'est ce bois que je veux faire revivre en le rendant à sa terre natale ; ce sont ces roches que je veux transformer en pierres pensives en les orientant pour qu'elles se couvrent de rouille. Je détruis l'alignement artificiel des plantes ; je cherche à retrouver l'esprit du site agreste ; j'écoute mes instincts pour exprimer la nature libre, et alors plus rien n'échappe à ma vue : je vois l'herbe froissée où a louvoyé la bête de rapine, la branche qui plie sous le poids d'un oiseau, la motte de grains de sable, et la fourmi besogneuse qui chemine... Et cependant, des milliers de guerriers fourbissent leurs armes, des flottes couvrent les mers, les tyrans s'observent, et, d'une parole, peuvent faire couler des flots de sang ! Je me ferais honte de mon indifférence, si le temps que je consacre en ce moment aux genêts et aux pervenches, je ne le consacrais plus souvent à l'humanité, et si en m'indignant contre ce paysagiste, destructeur des arbres, je ne maudissais tous les malfaiteurs et tous les sinistres ouvriers du néant.

Le 15 septembre.

La gloire des armes, le prestige des conquêtes, tous les triomphes de la force, combien n'ont-ils pas trompé la pauvre humanité ! On admire les splendides monuments, témoignages de victoires, sans songer que, pour la plupart, ils se sont élevés sur la perfidie, et que chacune de leurs pierres est cimentée par le sang. Le succès, quel qu'il soit, gagne les cœurs. La foule, livrée à ses instincts, aime à s'abriter sous la bannière d'un chef victorieux ; elle s'y croit en sûreté, et ne prévoit point l'heure où elle sera elle-même sacrifiée à un caprice. Elle ignore qu'elle est le marche-pied de la fausse grandeur à laquelle il lui plaît de s'éblouir, et qu'il lui suffirait de jeter un regard pénétrant sur sa martiale idole pour en reconnaître la difformité. Que vienne le jour de payer la gloire du maître, elle gémira de se sentir opprimée ; et la confiance en elle-même lui manquera pour croire que, par sa seule volonté, elle puisse réduire le tyran à l'impuissance. La persévérance, l'unanimité, manqueront aux efforts des victimes, que la crainte aura dispersées. C'est en parcourant l'histoire, que l'on voit cette fascination exercée par le génie de la guerre, — amour de la violence et de la ruse, respect du plus fort, entretenus par les livres que l'on met encore de nos jours aux mains des écoliers. Oh ! comme alors on chérit le spiritualisme partout où on le rencontre : chez les poëtes, les artistes, les penseurs, les religieux, — tous admirables quand le sentiment de l'amour spirituel les anime ! Et combien davantage, lorsque cet amour, porté jusqu'à l'enthousiasme, se montre en des génies ardents qui, pleins de généreuses espérances, tentent de faire fleurir en ce monde le sentiment de la fraternité ! La lecture des hymnes de Synesius m'a fait vivre toute cette soirée aux temps de la primitive Église, parmi ces poëtes inspirés qu'éclairait encore la clarté de la Grèce expirante. Avec quel étonnement on écoute parler le bel idiome de Platon sur la terre d'Égypte, aux divinités monstrueuses, non loin de la sombre Memphis et des monuments funéraires des Pharaons ! Le sphinx, dressant sa tête noire au-dessus de la mer de sable, et le fils de Typhon, Anubis, à la tête de chacal, l'interprète des mondes, devenaient les témoins des efforts de Psyché s'élevant aux sphères de l'idéal. La lyre harmonieuse de l'Apollon chrétien venait étouffer le son strident de la flûte du faune de Libye. Pendant que le Nil traînait ses eaux limoneuses aux seuils de ces palais qui avaient été si longtemps hantés par les esclaves des Ptolémées ; pendant que les chameliers sillonnaient le désert fauve de leurs caravanes trafiquantes, Synesius, enfant de la colonie grecque de Cyrène, enchantait de ses pieux cantiques les villes de Bérénice, d'Apollonie et d'Arsinoé. Ces rêves charmants, dont les sculpteurs grecs arrêtèrent les contours dans le marbre, pénétraient la pensée de ce chantre chrétien. Toutes les belles formes de la terre devenaient les ornements de ses éloquents discours ; mais en ces beautés terrestres, il ne voulait voir que les floraisons fugitives de l'idéal dans la matière. Il y trouvait un sujet de douleur, non que ce ne soit déjà une consolation de voir des rayons de la beauté éternelle luire sur ce monde, mais parce que toutes ces images attrayantes deviennent les dominatrices des âmes en leur faisant souvent oublier le foyer qui les projette. C'était la profondeur même de son amour pour elles qui l'obligeait à s'en défier. Serait-il vrai, ô mortel, que tu n'ouvrisses les yeux que pour les refermer bientôt en des ténèbres éternelles? Formes charmantes, vous passeriez donc devant le regard de l'homme pour l'altérer d'une soif qu'il ne pourrait jamais étancher? L'amour a d'autres destinées : l'âme, portée sur l'aile des célestes désirs, doit remonter au foyer de la Beauté, pour y palpiter éternellement dans une divine extase. Le descendant des Héraclides ne s'endormait pas néanmoins aux accords de sa lyre. La philosophie spéculative des Grecs était passée dans le domaine de la pratique, et aussi toute la poésie des esprits. L'âme de Jésus avait embrasé de sa flamme ces religieux poëtes, leur donnant l'expansion charitable et la compassion universelle. Le monde mythologique, ciel de créatures idéalisées, mais séparées, et qui diversifiaient les sentiments des hommes, s'évanouissait devant un Dieu réunissant en lui seul tous les attributs de la perfection et ne s'offrant que sous la forme de l'amour héroïque. Tous ceux qui semèrent par le monde des images de beauté pure ou exprimèrent des maximes de justice et de résignation furent les précurseurs de l'enfant qui devait naître à Bethléem. Par le travail opiniâtre de leur pensée et par la délicatesse de leur instinct, ils parvinrent à ce sommet, éclairé des rayons de la Vérité, d'où l'esprit voit resplendir l'unité éternelle. Mais lui, le sublime enfant, il l'avait trouvée en son cœur, cette suprême vérité d'amour! Il ne cherchait point, il n'expliquait point : il disait. Et ses paroles, recueillies avidement et religieusement accomplies, enfantaient des prodiges. Il se produisit un mouvement dans l'axe du monde moral, jusqu'alors un peu incliné vers l'abîme ; il se remit droit, à l'impulsion de la charité infinie. Les âmes des plus pauvres et des plus ignorants purent se mesurer avec celles des plus puissants par la fortune et par la science. On ne voulut plus qu'une hiérarchie, qui reposât sur le sentiment, et les plus simples de cœur furent reconnus les plus proches de la divinité. La pudeur, la modestie, l'humilité, eurent des ailes ; elles planèrent au-dessus de toute force qui n'avait point pour base l'amour des hommes et de Dieu. Lorsqu'on fait reparaître à ses yeux ces siècles qui furent l'aurore du christianisme, on est frappé d'étonnement en voyant la merveilleuse énergie déployée par cette misérable créature de fange qu'on appelle l'homme. Qu'est-ce donc qui retrempait ainsi les caractères, sinon le profond bouleversement social et le rappel incessant du grand sacrifice ? C'est aux jours de désastres que les âmes se montrent dans toute leur grandeur ; c'est à l'heure du péril qu'on reconnaît l'héroïsme. Combien, qui aujourd'hui nous semblent indifférents, nous enchanteraient par leurs vertus s'ils assistaient à la chute d'un monde ! Le sentiment divin s'éveille au spectacle de l'adversité. Il cherche, pour y germer, les cœurs labourés par le chagrin. Cependant, le travail de mort, qui désagrège, avait déjà enfanté une stérile scolastique. Les esprits, rendus subtils, s'égaraient en leurs détours ingénieux. Privés, pour la plupart, du soutien d'une âme embrasante et unificatrice, ils se débattaient dans les minuties de l'analyse, appliquant la dialectique grecque à tous les mouvements de la passion. Feuilletant les livres sacrés où les âmes prophétiques ont jeté, dans toute leur crudité, leurs sentiments multiples — livres qui doivent être jugés d'ensemble, et par le sens poétique — les philosophes posaient doctoralement le doigt sur des textes isolés, voulant, à l'aide du raisonnement, les opposer en leurs apparences contradictoires. Et à ces fleurs sauvages de la passion transcendante, ils trouvaient à reprendre si elles étaient irrégulières, bariolées de limon et d'azur. Ils secouaient d'une main froide ces hautes frondaisons de la pensée délirante d'un céleste amour, étonnés s'ils en voyaient tomber des insectes. Ce procédé d'analyse étroite, dont ils s'étaient servis pour juger les lumineux philosophes d'Athènes, ils croyaient pouvoir l'appliquer aux Isaïe, aux Job, aux Daniel, à ces sombres poëtes qui avaient pris leur vol de l'âpre cime du Sinaï. La limite où doit s'arrêter l'investigation, ils ne la voulaient point reconnaître, et ils s'affaiblissaient la vue en fixant de trop près l'objet de leurs études. L'humanité ne lit plus ces œuvres de philosophie subtile sur lesquelles se sont consumés tant de beaux génies. Elle ne veut garder la mémoire que des grandes paroles qui ont trouvé un écho dans son cœur.

Le 25 septembre.

Ma volonté tente de fixer les ombres de ma pensée : lent et dur labeur dont je ne recueillerai sans doute jamais le fruit, mais qui m'enlève à l'uniformité des jours. Ce corps, interprète de la nature, m'inquiète dans ses perpétuelles métamorphoses. Il me tient en éveil sur les événements qui le menacent. La réflexion m'apprend que tôt ou tard il sera renversé dans la nuit. Je crains de l'ébrécher aux chocs d'une vie désordonnée ; cependant, je veux vivre à flots pressés : la rouille aussi abrège les jours. Je pensais autrement lorsque je considérais comme un long avenir d'atteindre l'année présente. Je sentais mon sang battre si vite, que je croyais qu'il ne tarderait pas à épuiser ma vie. Je ne demandais pas au ciel de vivre jusques aujourd'hui, et j'eusse voulu m'éteindre avec toutes mes espérances. Hélas! les années sont accourues sans bruit; elles ont passé sur moi sans me le laisser apercevoir; et maintenant, que j'ai perdu la blanche lumière d'un premier idéal, je sens que le songe ne me sied plus, qu'il ne s'accorde qu'avec le premier enthousiasme de la vie — et je continue pourtant à le suivre, le sentier du passé, m'arrêtant aux vestiges que j'y retrouve. Dresserai-je une digue aux flots journaliers qui m'éloignent de ma source? Inutile labeur! Les larmes, amassées par l'expérience, fermentent et cherchent à se répandre. C'est alors un fiévreux désespoir qui ne me montre le repos ailleurs que dans la tombe. J'en ai peur néanmoins, et quand les contrées et les créatures connues reparaissent à mes yeux, pour me faire comprendre le charme de l'existence, je pleure en songeant à la destinée des hommes, et je me tiens sur le présent comme sur un tertre ensevelisseur. Un seul espoir survit: si je n'accomplis rien, si ma jeunesse pâlit comme une ombre, cet espoir demeure, d'être utile demain. J'aimais à parcourir les bois; là, dans la variété des plantes, je me berçais aux frémissements de vie qui s'élevaient de la terre odorante. L'enfant d'alors n'est pas celui qui trace ces lignes; une vallée profonde, creusée par l'expérience, l'en sépare et ne se comblera pas. Que de fois aussi, cherchant la rêverie, j'entrai dans ces enclos d'où l'on ne peut sortir qu'avec des larmes! Je me penchais vers des morts inconnus, m'apitoyant ainsi, rien que pour le vent. Il m'arriva parfois d'être là, quand l'ardent soleil, impuissant à ranimer les morts, brillait sur les pierres longues, à l'heure où les mouches s'y étalent sans bruit. Mais tout ce brillant-là ne m'empêchait pas d'être triste. Je m'arrêtais de préférence devant les pierres où je voyais gravé un petit nombre d'années, trouvant la poésie en des trépas prématurés. Je voyais entrer lentement, par la grille entr'ouverte, une pauvre vieille, qui venait joncher d'immortelles les tombes de ses enfants. Après qu'elle s'était éloignée, je m'approchais à mon tour pour témoigner ma pitié aux êtres disparus. Cette émotion me troublait salutairement, et quand je repassais le seuil du funèbre enclos, je me sentais plus paisible pour me mêler à la foule joyeuse. Le jour vient où les réalités nous assiègent et nous détournent du monde idéal. Il nous faut toute notre philosophie pour ne pas succomber à nos propres tourments : nous nous livrons alors au monde vivant qui nous réclame, nous éloignant du royaume des ombres où flottait notre âme.

X..., le 27 septembre.

Nous ne devrions plus revoir, après des années d'absence, les lieux qui nous enchantèrent : les premières admirations du cœur ne se renouvellent pas. Nous devrions plutôt laisser dormir la belle apparition au berceau du passé, et ne pas la réveiller pour la redresser en présence d'une réalité plus pâle. Mais notre destin nous ramène volontiers, avec des pensées graves, aux lieux qui furent la source de nos beaux songes. Nous sommes condamnés à juger ce que nous n'avions qu'aimé. Et combien s'accroît notre tristesse si nous nous retrouvons en une cité qui nous combla d'illusions ! L'ardeur de vie qui nous emportait naguère s'étant calmée, nous sommes navrés, nous qui avons changé, de revoir des formes qui ont bravé les années. L'indifférence du monde extérieur semble nous isoler : les arbres ont gardé leur verdure, les rues leur rectitude, les édifices leur muette apparence. Les cloches, qui retentissaient dans l'air en sonnant des heures d'espérance, ne sonnent plus que des appels aux regrets ; cette foule oisive n'est plus celle qu'on a connue : à peine y reconnaît-on quelques figures, à demi voilées par l'oubli. Elle nous est devenue étrangère, mais non indifférente. Nous la considérons de loin, comme le marin qui, de sa hutte bâtie sur la falaise, contemple la mouvante arène où s'engloutirent sans y laisser de traces les années courageuses de sa vie.

Le 28 septembre.

Bien souvent, rappelant les jours passés, j'y cherche les créatures modestes que j'ai entrevues, pour les rassembler toutes comme en un seul bouquet ; je me plais alors à interroger les fleurs absentes. Que sont-elles devenues ? Ont-elles été sincèrement aimées ? le sont-elles encore ? et les papillons sont-ils toujours aussi folâtres ? Bonne fleur de la vallée de l'Ahr, es-tu encore aussi pâle qu'en cette soirée d'été où je m'assis dans la cabane de ton vieux père ? T'arrive-t-il encore de contempler le ciel en joignant les mains ? Et vous, muletiers et pêcheurs d'Ischia, avez-vous guidé cette année de belles étrangères au mont Epomeo ? les avez-vous débarquées au rivage de Procida ? Crescenzo, toi que je voyais errer le long des falaises de l'île, pleures-tu encore des parents qu'un naufrage t'a ravis ? T'accable-t-il encore d'un rude travail, le marin auquel le sort t'a confié ? Lorsque je te demandais s'il était bon pour toi : Signore si, me disais-tu ; mais, pauvre enfant, tes épaules déformées par la fatigue, et tes amis, les autres petits pêcheurs, me dévoilaient ton généreux mensonge. Vous continuerez, petites filles des côtes de Baia, à tresser des joncs en corbeilles, à recueillir les coquillages et les débris de marbres que les vagues roulent à vos pieds, et vous grandirez aux caresses du soleil pour devenir un jour les fiancées des hardis pêcheurs de Procida ou des intrépides marins de Sorrente et de Massa. Et vous, enfants d'Ischia, vous continuerez à offrir aux jeunes Anglaises vos mules coquettement enharnachées, jusqu'au jour où vous vous embarquerez pour pêcher le thon et le corail parmi les écueils de Sicile. Et les mois et les années se succèderont, et vous n'aurez plus souvenance du jeune étranger qui vous aura connus ! Quand sonnera pour lui la cloche funèbre et qu'un drap noir recouvrira son corps inanimé, vous serez à jouer avec les eaux bleues du golfe, qui murmurent sur les galets de la côte une si harmonieuse chanson ?

Le 29 septembre.

Si l'on cherche à déchirer le voile tendu devant ses yeux et qui dérobe le spectacle de l'avenir, on croit profaner la vie par une curiosité indiscrète et appeler sur soi les chagrins que son esprit évoquerait. On fait taire une curiosité sacrilége qui colorerait l'existence d'un jour plus sombre. D'autre part, la douleur s'élargissant avec la science, on pressent les dangers plus nombreux et les accidents plus funestes, à mesure que l'on multiplie les rapports qui lient sa destinée à celle des créatures. Plus on avance sur le sol de la réalité, plus on amasse à ses pieds de cette terre de malheur qui alourdit la marche. Mille soins tiennent l'âme en alerte sous l'ombre d'une fatalité inattendue. On s'aventure ainsi dans l'avenir, oppressé par une sensibilité fertile en frayeurs, et le cœur troublé par de vagues espérances. N'emportons-nous pas en notre sein tous les êtres qui ont éveillé notre compassion? Après les avoir d'abord traités en étrangers, nous nous croyons obligés de leur rendre un culte ; mais nous ne tardons pas à reconnaître leur importunité, étonnés subitement du temps qu'ils nous ont pris. Le sentiment d'humanité nous charge d'entraves qui ne nous permettent plus de défier l'avenir et nous font retomber vers les jours accomplis. Nous envions alors l'indifférence de ces hommes pour lesquels la terre et ses créatures, le ciel et ses astres, ne semblent que des formes destinées à les réjouir. Mais une voix secrète nous dit que nous sommes voués à cette humanité douloureuse, objet constant de soucis et de troubles, et que nous l'honorons bien mieux que ces esprits impassibles qui ne peuvent remuer que des pensées frivoles. Pourquoi nous affliger à la vue de ces liens que l'amour nous a tressés? Captifs volontaires, pris dans le réseau des affections humaines, ne craignons pas de nous pencher sur le présent, en nous laissant entraîner vers un avenir qui doit nous être favorable. Semblables à ces victimes, ceintes de bandelettes et déjà couronnées des fleurs de la tombe, sachons attendre avec confiance l'heure du dernier sacrifice.

Le 2 octobre.

En vain les voix de la jeunesse me convient à la joie : je demeure indifférent à leur tendre appel. Tantôt, j'abandonne les plaisirs qui me cherchent, pour aller me perdant en des ombres adorées ; tantôt, rougissant de la paix qui m'envahit, je m'éloigne de la simplicité, pour me jeter en je ne sais quel abîme que ma curiosité creuse. De la fleur, je descends à la tige, de la tige à la racine, — et de cette racine, je voudrais découvrir le germe. Aimerons-nous, agirons-nous, chercherons-nous? et par quel amour, par quel acte, par quelle science? Mille voies s'ouvrent à nos yeux et se perdent en carrefours multipliés. Sera-ce au seul monde des phénomènes externes que nous puiserons l'idée éternellement vivante de la réalité absolue? Y recueillerons-nous autre chose qu'une science morte? Si nous voulons trouver, sachons chercher en nous. Là gît le grand secret: là nous verrons la lumière divine au doux foyer de la conscience. Penché sur le miroir du passé, perdu dans la profondeur du sentiment, et à la fois attentif à l'inspiration de Dieu toujours présent à l'homme sincère, nous nous emplirons de la joie ineffable de sentir vibrer en nous les voix de la Vérité. Connaître ne sera plus que reconnaître. Nous verrons le monde essentiel dans la transparence de la réalité, et nous entendrons l'écho de l'Esprit qui sans cesse nous transfigure. O recherches! c'est avec un sentiment d'humilité et d'amour qu'on doit vous faire, avec la curiosité d'un cœur ardent à s'instruire et à s'incliner.

Le 3 octobre.

J'aime à regarder les vapeurs de la nuit envahir le paysage, quand les formes des objets deviennent confuses et ne sont plus que des expressions. Les arbres semblent des ombres arrêtées dans la plaine, et à travers les haies qui s'allongent brille la vitre de la chaumière isolée. Toute la nature s'emplit alors de pensées; les plus légers bruits deviennent des avertissements. Le jour, c'est le plaisir du moment, la dissipation, le bruyant labeur. Avec le soir naissent les fantaisies qui nous font errer en compagnie des souvenirs qui nous sont chers; les événements les plus lointains se rassemblent au foyer de notre cœur, et nous font entrevoir la nuit comme la conscience du jour. J'aime surtout le soir succédant à une lourde pluie d'orage, quand les arbres tout à l'heure en émoi se rendorment ; quand, sur le ciel, aux reflets de métal, s'accentue vivement le frêle clocher de l'église. Les lueurs rasantes du soleil qui décline colorent de teintes fauves les briques des maisons ; ses rayons glissent par les éclaircies des nues, pour s'éparpiller sur les rameaux humides des arbustes, pareils alors à des bouquets d'étincelles..... Et à mesure que l'obscurité s'accroît, les voix de la terre s'éteignent les unes après les autres, — et disparaissent tour à tour les insectes, les oiseaux, les hommes et les chars : c'est l'heure où les arbres recueillis, à peine remués par la brise nocturne, semblent de bienveillants fantômes qui nous invitent aux confidences.

Jour des Morts.

Après un été resplendissant, où tout était chanson, senteur et sève de vie, l'automne est arrivé ; les vents déchaînés ont emporté la verdure, et les insectes s'engourdissent dans les mousses pour attendre le soleil du printemps. Voici de nouveau revenu le Jour des Morts, — des morts qui sont des milliers de fois plus nombreux que tous les vivants ensemble ; des morts auxquels nous serons bientôt forcés de nous mêler... Encore quelques années, et quand, dans les églises, des psaumes funèbres seront chantés, les chants seront aussi pour nous. Peut-être les fidèles agenouillés pleureront-ils ? Mais qui pleureront-ils ? Tous les morts ne deviennent-ils pas des étrangers ? Pendant que nous courons aux fêtes, les trépassés s'anéantissent sous le gazon du cimetière. Par ces nuits de givre et de brouillard, comme la terre doit leur être froide et lourde ! Nous fermons notre porte et attisons le feu de notre foyer : les morts ne peuvent souffrir ! Ah ! s'il nous était donné de connaître les générations écoulées, que de trépas prématurés ne verrions-nous pas ? De joyeux enfants ravis à leurs premiers plaisirs ; de pauvres mères éteintes dans le deuil aux étreintes de la misère ; une malheureuse, descendue à la tombe par la trahison d'un indifférent ; de jeunes garçons et de jeunes filles, disparus sans s'être connus jamais, et dont les âmes pourtant semblaient l'une à l'autre destinées ; — tant de martyrs du devoir et de l'amour ! Si nous pouvions vivre parmi les Ombres, quel est l'idéal auquel nous ne pourrions trouver sa réalité dans les siècles qui ne sont plus ? Si nous pouvions redonner la vie à toute cette poussière, rassembler toutes ces chairs évaporées, refaire toutes ces beautés mortes, que d'amour nous y verrions revivre ! Combien nous aurions élargi le champ des passions ! Les générations éteintes pourraient tendre la main aux générations vivantes. On verrait, jouant ensemble, les enfants de Paris et ceux de Lacédémone ; de jeunes Allemands d'autrefois, aux sentiments chevaleresques, rencontreraient peut-être aujourd'hui seulement le rêve de toute leur vie ! Combien ces deux obstacles à l'union des âmes, la distance des lieux et des temps, ne font-ils pas de malheureux sur cette terre ! Il me semble voir une belle Égyptienne du siècle de Sésostris, seule et songeuse, s'allant asseoir au bord du Nil ; tristement, elle regarde couler les eaux et s'enfuir les heures, se sentant un cœur fait pour aimer et n'en trouvant point pour être aimée. Franchissant les siècles et les contrées, je vois un enfant de la Venise moderne errer pensif dans les lagunes silencieuses ; il dépérit chaque jour pour une chimère, car ce qu'il aime, c'est un être idéal, un rêve... et dans ce rêve, je reconnais la belle Égyptienne qui, dès milliers d'années auparavant, s'en allait, seule aussi, souffrir de son amour en poursuivant sa chimère. Peut-être, après la mort, les distances n'existant plus, et toutes les âmes se trouvant réunies dans l'Éternité comme dans une même patrie, seront-elles dégagées de toute entrave? Peut-être, par l'essor de la sympathie, les âmes concordantes voleront-elles l'une vers l'autre pour ne jamais s'abandonner? On verra alors des alliances que la diversité des lieux et des temps n'eussent pas permises à des âmes prisonnières. Serions-nous le jouet d'une illusion nouvelle en le croyant? Que sais-je, sinon que j'entends le triste glas des clochers; que le vent est glacial, qu'il vient gémir à ma croisée, et que nous prions pour les frères innombrables qui écoutent nos prières. Je ne veux savoir que cela! C'est pour les morts que j'écris cette page; j'ai voulu vivre au milieu d'eux, pour qu'ils sachent que le monde des vivants ne leur est pas indifférent. Ne serait-ce pas une consolation pour nous, pauvres absents, d'espérer que l'on évoquera encore notre souvenir, et que des vivants prendront un jour la plume pour animer nos cendres? Nous avons peut-être des amis inconnus dans la congrégation des morts, et nous serons portés à les chérir, si nous songeons qu'ils n'ont pas trouvé sur la terre toute l'affection qu'ils y cherchaient.

Le 3 novembre.

Je me lève chaque jour avec une pensée de remercîment. En revoyant la lumière du ciel, je songe aux nombreux accidents auxquels nous sommes soumis : le corps est fragile, l'univers plein d'embûches, et, quelle que soit la volonté de notre âme, elle ne peut conjurer les fléaux qui nous menacent. Pareils à des voyageurs insoucieux en leur témérité, nous ne cessons de côtoyer des précipices : un abîme de nuit nous accompagne, bordant nos pas. Si nous n'y glissons point, c'est qu'un esprit protecteur nous favorise. Tributaires de la mort, nos dettes s'accroissent à mesure que notre vie se prolonge. Les jours que nous consumons après la vingt-cinquième année nous semblent ravis à ceux qui se sont éteints en leur enfance. Nous vivons comme d'un funèbre héritage, enrichis des ruines de la vie.

Le 4 novembre.

L'automne n'est-il pas pour la nature comme une longue agonie, pleine de rêves et de drames? Voici, mourantes et flétries, les éphémères qu'on a aimées! Adieu, roses et marguerites des prés! Avant de vous revoir, quel hiver me faudra-t-il passer? L'hiver sera moins triste. Je sentirai presque les fleurs du printemps prochain. Déjà, je les vois poindre à l'horizon; — et le printemps de retour, l'oubli ne voilera-t-il pas les ennuis passés? Qui se souviendra des neiges? Mais en l'automne, l'espoir n'est pas même permis. Il faut se résigner à la froidure qui approche, oublier les beaux jours de soleil où les abeilles bourdonnaient autour des fleurs. Chaque journée d'automne est pour nous comme un nouvel avertissement... Hélas! nous avons beau regarder, beau promettre, beau entreprendre une ascension au ciel! nous retombons sur nos traces, pour vivre de nos caprices. Par ces pâles soirées d'octobre, nous devrions n'avoir que des songes religieux en écoutant les voix confuses répandues dans l'air, et les longs gémissements qui s'élèvent de l'horizon. Ne dirait-on pas des plaintes, des menaces, une lutte désespérée entre la vie et la mort? Les vents se relayent; ils accourent à tour de rôle pour emporter les derniers feuillages. — Si les sapins sont respectés, c'est peut-être que léur verdure, toujours funèbre, plait à la Mort. — Tous ces bruits sourds, tous ces souffles, toutes ces voix qui, le soir, crient aux vitres de nos fenêtres, passent à la débandade par-dessus les toits, parfois même descendent à notre foyer irriter la braise, ne viennent-ils pas nous apprendre que le véritable bonheur ne se peut fonder sur des joies fragiles? Pourrions-nous voir avec une parfaite sérénité, sous nos pieds, ces flaques d'eau où vont s'engloutir les feuilles des arbres, et au ciel, le vol des sombres nuées? O journées menaçantes! Les vents, dans la futaie, courbent les cimes, qui s'entremêlent comme pour s'entr'aider; les forêts en convulsion font entendre un fracas plaintif qu'on prendrait pour le bruit d'une cascade éloignée; de longs gémissements ondulent dans l'air : c'est, tantôt l'harmonie brisée des cloches d'un village, tantôt le cri étouffé d'un oiseau qui s'épuise à voler contre vent... Une hirondelle, qui n'a pu suivre ses compagnes, vient mourir sur la pierre de la croisée. Aujourd'hui, à un tel spectacle, nous étudions les phéno-mènes d'une saison mourante, en méditant sur la fuite des jours. Autrefois, l'automne était pour nous la saison de tendre ses filets aux passereaux, de faire des chapelets rouges avec la graine du cormier et de guider un cerf-volant de carton que nous envoyions au ciel pour le voir s'agiter sous l'effort des vents. Alors du moins, nous mordions de franc appétit à la grappe de la vie, sans songer aux insectes qui s'y cachent. Souvent aussi, nous avions des instants de rêverie en regardant les bandes de freux picorant dans les prés hu-mides. Nous suivions du regard, jusqu'à perte de vue, les cygnes émigrants qui voguent comme de blanches gondoles dans les nues mouvantes, et les grues bavardes, et les bandes silencieuses de sarcelles poursuivant au ciel leurs longues silhouettes. Emporté par la passion, ne nous sommes-nous pas maintes fois écrié : Pourquoi la poésie de l'automne ne dure-t-elle pas toujours? Pourquoi le jour vient-il où les plantes bourgeonnent et où les chagrins de la veille sont brusquement congédiés par la nature en fête? Pourquoi, nous dépouillant de notre deuil, nous faire renaître des espérances qu'un autre hiver s'apprête à détruire? Que nous voudrions voir passer toujours des bandes d'oiseaux émigrants, volant comme à la poursuite du bonheur : perdant la vie, nous croirions nous envoler avec eux.

Le 6 novembre.

Il ne peut y avoir de joies parfaites sur cette terre : elles sont toutes troublées par le passé ou par l'avenir. Ces plaisirs d'enfant, c'est vainement que l'homme cherche à en retrouver la saveur. Ce sont des joies qui arrivent alors qu'on n'en peut apprécier le prix, et qui s'apprécient quand il n'est plus permis de les ressentir. Il faut avoir vu périr des illusions pour comprendre le charme de l'innocence. Dieu dissimule aux enfants la valeur de leurs plaisirs, pour qu'ils ne s'effraient point de la bande noire des années qui montent de l'horizon pour les ensevelir. Si, plus tard, il nous rappelle des bonheurs disparus, c'est pour que nous ne nous forgions pas de folles espérances en considérant l'avenir. Qui n'a éprouvé, certains soirs, lorsque la nature s'enveloppe d'ombres, une joie secrète à réveiller les premières impressions de sa vie? Ne croyons-nous pas revivre en deux âmes différentes : l'une toute neuve aux émotions ; l'autre, calme et réfléchie? Ne nous semble-t-il pas qu'une partie de nous, la partie imaginative, redevient enfant, tandis que l'autre demeure simple spectatrice, se complaisant à voir renaître les impressions oubliées? La sonnerie des heures vient nous réveiller de ces songes; elle nous chasse hors de l'ombre endormeuse des jours évanouis.

Le 8 novembre.

Je suis monté sur la haute colline qui domine les alentours. Le plateau inculte est semé de pierres et hérissé de sauvageons. Un chêne, qui marque la lisière d'une forêt défrichée, y élargit sa cime flétrie. Il est le seul abri contre le vent hivernal pour les pauvres enfants qui font paître leurs chèvres dans la bruyère. C'est ici que j'ai passé tant de jours, dans le doux tourbillon des souvenirs et des songes. Le regard s'étend au loin sur les lignes heurtées du paysage, sur les champs cultivés, sur les groupes de maisons rustiques formant les hameaux; il s'abaisse sur les deux vallons qui se joignent à mes pieds : l'un, s'enfonçant dans les rochers, mène au village prochain, dont l'église ogivale, ombragée par un tilleul, se détache sur un rideau de peupliers; l'autre, fermé au nord par un bois de pins, est un gouffre de verdure d'où s'élèvent des tours grisâtres, la croix de fer d'une chapelle, et des toits aigus, dorés par les pluies. On croit voir un monastère abandonné, qui ne serait plus hanté que des martinets et des chevêches. J'y ai caché maintes années de jeunesse, berçant ma pensée à la sonnerie des cloches et aux chants des laboureurs. La fraîcheur balsamique des bois, la variété des plantes croissant à l'abandon, l'éloignement des importuns, le recueillement dans la solitude, tant de charmes qui se prêtent appui n'ont pu me retenir toujours en cette vallée. L'homme ne peut se satisfaire de son horizon habituel? Il a hâte de franchir les étroites frontières qui l'enserrent, car il ne peut s'ancrer sur rien avec un parfait contentement. Je me suis mêlé aux foules étrangères, mais le souvenir de la contrée que j'avais abandonnée m'accompagnait, et bien souvent je revins errer en esprit dans ce parc ombreux, où tant de fois j'écoutai les bruits furtifs du ruisseau de l'Ormalheur sous les tremblants peupliers. Que n'y suis-je demeuré toujours? Le souvenir de tant d'êtres charmants, admirés au passage, ne serait pas venu accroître la somme de mes regrets. Hélas ! ces regrets, en quel lieu ne pourraient-ils s'accroître? Rêvant à la permanence comme au souverain bien, nous ne pouvons nous résigner à l'absence de ce qui a charmé notre vue. La nature insensible elle-même nous inquiète en ses destinées. Nous voudrions assurer la durée de chacune de ses formes qui a sa consonnance en notre âme. Viviers ombragés de saules, d'où émerge d'une eau cristalline la pointe des joncs, colombier dont les colombes regardent aux meurtrières et dont la mobile bannière se couvre de moineaux au jappement des éperviers, hautes fougères balancées à la crête des murs, ce n'est pas sans tristesse que je songe au jour où vous serez à la merci des inconnus! O mes arbres, que deviendrez-vous ! Mes vieux tilleuls bardés de mousse, mes larges pommiers empanachés de gui, et vous, sombres pins, qui rougissez de votre menu feuillage l'allée où je me suis tant promené, écoutant la plainte des ramiers nichant à vos cimes, que deviendrez-vous? Le lierre continuera-t-il de monter paisiblement à vos troncs séculaires? Ne serez-vous pas victimes d'un de ces hommes que la majesté des vieux arbres effraie, et qui ne peuvent se complaire que parmi les plantes chétives disposées en un ordre banal par un jardinier ignorant? La trace de mes pas sur les chemins verts s'effacera. Mes désirs n'auront point de défenseurs. Des villageois, assis sur le banc de pierre où je trace ces lignes, s'entretiendront quelques instants de ma disparition ; puis, des créatures indifférentes viendront peut-être ici, et vous frapperont de la cognée, grands arbres, pour élargir leur horizon ! Puissiez-vous, campagnes et forêts, peupler de sentiments généreux le cœur de celui qui me succèdera en ces lieux, pour que, au siècle prochain, le pâtre assis au versant de la montagne revoie les mêmes arbres, les mêmes sentiers, les mêmes horizons que ceux que je contemple aujourd'hui et auxquels je dois les pensées qui enchantèrent ma solitude.

Le 10 novembre.

Lorsque de toutes parts la vie facile m'attrait, et que les vergers, que je vois de ma croisée, me convient à jouir des derniers beaux jours de la saison, je demeure prisonnier en ma chambre d'étude ; je me courbe sur le papier pour le marquer de deuil, regrettant à peine les heures que j'y perds. Pendant que je travaille ainsi, je me sens surveillé par la Mort. Elle me guette sous ma table obscure, me pressant d'exprimer ma pensée. Aux champs, elle chemine avec moi le long des haies touffues, et peut-être n'est-elle pas loin, la trouée où elle doit m'apparaître. L'enfance fuit, comme l'eau de la ravine en l'obscure forêt. La jeunesse la suit, entraînant avec elle jeux, sourires, tendresses. Voyant s'évanouir tant de choses adorables, je m'habitue à leur disparition rapide. C'est sans doute lorsque je suis le plus menacé que je me montre le plus indifférent, et que, dans une paisible complaisance, je me repose sur le tertre que la marée du temps doit bientôt emporter. Cependant, les heures qui retentissent éveillent en mon esprit des lueurs profondes, éclairant un monde de fantômes, gracieux jadis, et que l'expérience a comblé de disgrâces. Pauvre poésie, serais-tu déjà livrée au sourire du penseur? Vaincue par la science, t'envolerais-tu déjà du cœur de celui qui voulait vivre pour te glorifier? Sans doute, ces pages de ma vie, bientôt reléguées dans un coffret, y vivront en recluses, jusqu'au jour où je serai glissé dans l'éternel oubli.

Le 12 novembre.

Joie d'avoir ce complaisant papier, joie de pouvoir dire : Ici se grave ton cœur avec ses défaillances et ses aspirations. Je m'allége des chagrins que j'exprime; je me fortifie des plaisirs disparus que je médite. Puis-je jamais espérer que le monde m'offrira le bonheur que j'y cherche? Est-ce en escaladant de grandes roches froides, est-ce en cheminant sur les rives des fleuves, que je le trouverai? Sera-t-il au fond de l'ermitage que je me serai choisi? Mes conjectures sont tristes lorsque je revois tous les sentiers que je suivis. Aujourd'hui, qu'à la tombée de mes illusions, le ciel de ma jeunesse s'empourpre des teintes fiévreuses du soir, je voudrais répandre ma vie à flots pressés, la réalisant par une volonté prompte. Je m'effraie de voir comment un sentiment qui veut trop s'étendre approfondit la pensée, l'attriste, l'immobilise, la plonge dans l'abstraction; comment les illusions se perpétuent, malgré les révoltes de l'expérience; comment l'on peut s'éprendre de ses propres sentiments, et comment, pour avoir voulu embrasser des horizons trop vastes, on gémit de ne pouvoir être partout à la fois. Il m'arrive de déployer la carte du monde, et d'aller d'un seul regard d'un pôle à l'autre. Ainsi, me dis-je, je ne verrai jamais ces lointains parages; ainsi, des milliers de belles âmes sont, à cette heure, répandues sur le globe, qui me seront toujours étrangères... Hélas! la brièveté de la vie nous laisse à peine entrevoir le coin de terre sur lequel nous vivons!

Le 13 novembre.

Aurais-je atteint ma vingt-sixième année pour ne produire que de l'ombre? Mes paroles, qui s'adressèrent à tant d'infortunés, leur ont-elles été un encouragement à vivre? Les paroles de compassion n'enrichissent que certains pauvres : les âmes ouvertes à la bienveillance et à la fraternité. Les autres n'ont que faire de nos sentiments! Je songe au temps où je laissais s'accumuler les jours et où je tourbillonnais en mes rêves, me disant à moi-même : Le temps viendra où tes pensées, fruits de tes instincts, s'élucideront; et alors, ton âme tout entière, tu la dévoileras! — Voici mortes pourtant, ces belles années pleines de généreuses promesses. Tant d'heures de jeunesse auraient-elles été en vain sacrifiées? Et ce plaisir que j'éprouve en dévoilant mes pensées n'est-il que le fruit trompeur de l'amour-propre? Je ne me rassure qu'en me disant que mes sentiments se sont formulés par la seule force de ma vie; qu'ils sont en consonnance avec les phénomènes extérieurs qui éveillèrent mon imagination. Je ne suis que le patient traducteur de la double vie naturelle et spirituelle. Si le travail des lettres ne m'était qu'un jeu, il y a longtemps que, honteux de mon métier, j'aurais brisé ma plume! Que ne puis-je écrire des pages marquées du sang de mes artères et dictées par les battements de mon cœur! Que ne sont-elles remplies d'amour et de mélancolie! La grande famille des morts viendrait y serrer la main à tous les vivants. Mais l'ascension que l'on commence vers les régions tranquilles de la poésie et de l'art s'interrompt par la contemplation de l'humanité. Cette unité que l'on cherchait, la voilà donc détruite, et l'on se voit se diversifiant à son insu. Celui qui eût voulu sommeiller dans les songes, par-dessus une terre muette qui ne le réveillât jamais, doit un jour se tourner vers les luttes de la vie. C'est là que le mène l'étude des hommes : à multiplier ses angoisses, à inquiéter sa poésie, à troubler sa philosophie. S'il s'arrête à contempler les fleurs du gazon, une voix lui crie : « Qu'importe la fleur ; songe à l'humanité ! » S'il observe les misères humaines, une autre voix, bien plus douce, lui dit : « Tourne-toi vers la Beauté; elle seule mène au bonheur. » Il va ainsi de la fleur à la plaie et de la plaie à la fleur, hésitant entre la contemplation de la beauté et la compassion des infortunes.

Le 14 novembre.

Quelle chimère que ce rêve de durée qui nous fait espérer de longtemps nous survivre! Que restera-t-il de nous, au siècle prochain? Notre nom, qui nous semble si profondément gravé dans le présent, sera effacé à jamais. Les brises, qui agiteront la surface de la terre, ne rediront pas nos souffrances aux générations nouvelles. Tout sera muet, et l'éternité nous plongera en son éternel silence. Les hivers et les étés se succèderont; les nues vogueront au ciel; les rivières rouleront aux fleuves, les fleuves à la mer; l'herbe poussera, l'oiseau chantera, et la fleur s'ouvrira aux soleils de mai. Le soir, au village, les cloches tinteront ; de frais éclats de rire s'élèveront des jardins… et, depuis des siècles, engloutis dans la froide nuit de la tombe, nous dormirons. Les années innombrables s'appesantiront sur nous. Les autres de l'avenir viendront s'étendre sur nos cendres, nous éloignant encore de ce monde que nous avions injurié, tant nous l'aimions! Terre, disions-nous, n'est-ce pas à nous tes fleurs et tes chansons? Pourquoi viens-tu nous les ravir? Mais la terre, esclave sans volonté, n'a pu nous répondre. Elle n'a pas fait taire la fauvette babillarde le matin où notre corps était sur la civière; le soleil l'éclaira de ses plus joyeux rayons, à l'heure où, dans ses flancs sombres, on creusa notre fosse. Sur notre froide dépouille, cette terre où nous avons vécu tomba sans pitié, et nous couvrit la figure. Le soir, des indifférents imprimèrent leurs pas sur le tertre fraîchement remué, et, quelques jours plus tard, l'herbe pointa sur notre tombe, pour mieux nous effacer. Quand, par une journée de printemps, je me promène dans la campagne, que je regarde l'alouette courir le long du sillon vert et que je respire les senteurs végétales qui annoncent la saison nouvelle, il me semble que je vivrai toujours! Je jouis en espérance de milliers de printemps. Je sens la sève qui remue la nature couler en mes veines et monter à mon front en parfum d'amour. C'est comme une vie d'expansion infinie, qui me fait oublier que l'on ne s'élève que pour décliner, et qu'après avoir grandi, on doit diminuer jusqu'à la mort; c'est une ivresse pleine de trouble, qui me voile la misère de ma condition. Je ne songe pas alors à ce que je suis en réalité. Je n'analyse pas ces diverses parties qui forment cet ensemble qui s'appelle de mon nom. Aucun dégoût de cette vie corporelle ne vient m'accabler : — j'ai perdu le sentiment de ma dissolution inévitable. Êtres passagers, nous sommes faits pour nous éprendre de choses passagères, certains que notre amour perpétuera notre vie, si nous le rapportons à Celui qui nous l'a inspiré. Nous sommes des infiniment petits, un instant animés, dont les tristesses et les joies peuvent passer comme un frisson dans l'herbe, ou retentir au cœur de l'humanité. Comme le ruisseau, il faut parfois savoir babiller en courant, avec ses rives; car, au printemps prochain, si tous les hommes s'accordaient pour mépriser ce monde, on verrait encore la nature se préparer à la fête, les papillons déployer leurs ailes, le soleil briller aux pierres du chemin, et l'alouette s'élever en chantant par-dessus la terre reverdissante !

Le 15 novembre.

Nos jours de désespoir ne sont-ils pas encore des jours de vie? Le plus infortuné des mortels voudrait-il acquérir le bonheur au prix de ses rêves? Toi qui, par tes paroles, voudrais faire retentir le verbe de ton amour, sois fier de ta seule bonté et de ton âme intelligente. Laisse aux hommes vains les désirs de renommée. Tu souffres; mais à qui est-il donné d'être calme en ses aspirations? Au sommet de la montagne, l'arbre est battu des vents et menacé par les orages. Le repos parfait ne s'accorde pas avec l'activité des cœurs et la passion des âmes. Arrête-toi à cette pensée d'un écrivain charmant : « L'homme dont le passage en ce monde est éclairé par un bonheur, ce bonheur fût-il le plus petit de tous, a perdu le droit de se plaindre. Combien est-il de pauvres âmes affligées, dont la route commence et s'achève dans une nuit complète. » Quand nous ne songerions qu'à la pauvreté d'argent, et à tous ses esclavages; quand nous ne songerions qu'à tous ces infortunés qui s'épuisent courbés sur leur sillon; quand nous ne prendrions, pour relever notre courage, que l'exemple de ces laborieux mineurs qui, après avoir vécu le jour en un étroit souterrain, regagnent paisiblement, aux ombres de la nuit, leur pauvre chaumière !

Le 16 novembre.

Que de figures tristes parmi ces enfants assis sur les bancs de l'école! Quel brouillard de mélancolie s'est répandu sur ces pauvres créatures! La misère et la peur ont assombri leurs fronts déjà pensifs, et comme empreints de noirs pressentiments. L'un craint son père, homme farouche, qui, le soir, s'en revient ivre à la maison. Un autre songe à ses longues nuits sans pain, aux méchantes paroles de sa mère, au vent cruel soufflant par la vitre brisée. Un troisième est sans mémoire! Le maître le frappera peut-être, s'il hésite à répondre. Pauvres enfants! le sort vous a noyés dans son ombre. A quinze ans, l'âge des jeux, il vous faudra, au sortir de cette école, user vos frêles membres au travail, pour payer vos parents impitoyables de la nourriture qu'ils vous ont prêtée. Il faudra que vous soyez aux prises avec la dure réalité : « Si tu veux manger, de tes deux bras arrache ton pain, dit-elle; si tu veux boire, répands ta sueur pour acheter ta boisson! » Et d'autres viendront encore, affamés de vie, vous disputer votre chétif salaire. Comme vous, ils ont quinze ans; ailleurs, ils seraient vos amis: mais ici, sur le champ du labeur, ce sont des rivaux avec lesquels, hélas! vous devrez lutter. Demain, les voilà donc tous ces enfants, aujourd'hui encore sur les bancs de l'école, les voilà faiblissant à la peine, et passant de l'enfance à la virilité sans avoir connu les plus douces joies de la vie. Que leur a servi d'acquérir une science que l'on se hâte d'étouffer? Bientôt leur taille se déforme, et leur regard exprime une froide dureté, car la misère a tué en leur âme les vertus originelles. Ah! que vous autres du moins, enfants que la fortune favorise, n'alliez point mépriser ces innocentes victimes du sort!

N'ayez point honte de saluer ces enfants pauvres et de presser leurs mains dans les vôtres. Peut-être alors une larme jaillira-t-elle de leur œil, qui vous semble dur parce qu'il a vainement cherché la pitié chez des hommes rendus insensibles par leur propre infortune.

Le 18 novembre.

A la tiède chaleur du printemps, tout germait, végétait sans bruit, et le matin nous étions bien surpris de voir écloses les fleurs encore fermées la veille. Aujourd'hui, la nature devient animée, bruyante, parce qu'il faut toujours plus grand fracas pour détruire que pour bâtir. Bientôt, la terre sera assoupie sous son manteau de neige. Aux jours de l'été, on craint de trop vivre : le rapide développement de tous les germes semble précipiter nos heures ; tandis que les phénomènes de l'hiver, venant comme pour arrêter les progrès de la vie, nous permettent de regarder en arrière. « Nous avons marché bien vite pendant la saison chaude ! Reposons-nous, pour refaire nos forces. » Voilà ce que dit la Nature quand est venu l'hiver ; et maintenant qu'elle éprouve déjà ses approches, elle dit : « Faisons, par les sentiers, des tapis de feuilles d'or ; secouons nous-mêmes les fruits des arbres, pour éviter aux hommes la fatigue de les cueillir ; faisons revoir aux passereaux les pays connus, et donnons au monde notre sauvage et funèbre concert ! Que les vents s'entremêlent pour bruire aux cimes des chênes ; que les eaux s'agitent pour battre leurs rives ; que les seuls cris des oiseaux émigrants retentissent dans l'air, et que tout bruit artificiel aille se perdre dans notre vaste harmonie. » Par ces jours orageux, je m'arrête volontiers à la lisière des bois, à contempler les arbres qui se dépouillent. Je vois les feuilles

20

exprimer comme nous diverses natures. Les unes se laissent emporter sans murmure ; les autres résistent, collées à la branche ; quelques-unes sifflent de douleur en un feuillage serré. J'admire la richesse des tons qui varient le paysage. A travers le clair taillis, apparaissent les troncs argentés des bouleaux, et sur le coteau roussâtre, les bosquets de hêtres semblent des gerbes de fleurs rouges. Les mésanges à longue queue, touffes de plumes, tournoient aux branches des chênes en poussant des cris inquiets ; de l'ornière inondée, la grenouille des bois lève son museau noir pendant que l'écureuil croque sa faîne à la fourche du hêtre et que les hautes herbes languissent à l'ombre du rocher. Quelle grave intimité ! — mais cette intimité s'enveloppe de la majesté des nues errantes et de la sombre harmonie de l'ouragan.

Le 20 novembre.

La certitude de la présence d'un Dieu au-dessus des phénomènes apparents est notre seul soutien dans les étonnements que nous cause la vie présente. Que devenir sur cette terre fragile, parmi les fatalités, si nous ne nous donnons le recours spirituel ? La seule vue des créatures ferait notre désespoir, si nous ne leur prêtions, par notre foi, une vie infinie et communicative. Qui se perdrait aux foules sans devenir la proie de sombres présages ? Nous pleurerions sur ces vieillards que le prochain automne doit retrancher du nombre des vivants, et nous nous affligerions à la vue même de la joyeuse jeunesse, car sur la terre, elle aussi aura une fin ! Sur cet océan du temps, toujours ondulant avec les heures, toujours troublé par les métamorphoses, rien ne peut nous affermir en la sécurité que la croyance en l'éternité des vies. Rien ne peut combler le vide que l'amour produit en nous, que la conscience d'une Volonté maîtresse et directrice des lois de l'univers. Les mortels que nous rencontrons, que nous aimons pour les avoir entrevus, et qu'il ne nous est pas permis de connaître, nous les accompagnons du cortége de nos sentiments pieux, leur donnant ainsi comme une garde protectrice qui nous rassure sur leur destinée. Ce témoignage d'affection spirituelle nous enlève le regret de leur disparition et fait taire les inutiles désirs.

Le 21 novembre.

Est-ce que la mort aurait déjà triomphé de mon âme, qu'enivré d'un fatal pressentiment, j'éprouve tant de charme à m'aller promener par les bois qui se dépouillent, en compagnie de mes plus tristes pensers? Les cloches tintent lentement au village voisin pour les vieilles gens qui s'éteignent ; les hirondelles ont émigré, et les joyeux cris des enfants, retournés aux écoles, on ne les entend plus. Je m'assieds sous le tilleul de la clairière. Pendant que les pies jacassent dans les hautes branches et que le rouge-gorge voltige au-dessus des mousses, je regarde dans les nues le vol de la bondraie, et aux arbres, les lacets du tendeur. La moindre brise glissant à travers les taillis couvre le sentier d'une pluie de feuilles : ce sont comme les joies de l'été, qui, fatiguées de vivre, tombent pour bientôt s'ensevelir au limon. En les foulant, je contemple leur bigarrure, et je les entends soupirer la chanson des jours écoulés : « Pourquoi serions-nous tristes, disent-elles? Nous avons vécu les grands jours de soleil, protégeant les nids des fauvettes. Les jeunes filles se sont reposées à notre ombre. Nous leur avons voilé les ardeurs indiscrètes du jour ; et aujourd'hui que nous avons été saluées par des paroles d'amour et des chants d'oiseaux, notre destinée est accomplie. Que les vents déchaînés nous détachent de nos branches ! Résignées, nous couvrirons les sentiers solitaires, et là, avant que la terre nous dévore, nous étalerons au passant la variété de nos couleurs, heureuses du moins s'il se plaît à y lire la courte histoire de nos plaisirs évanouis ! » Ainsi chantent-elles ; et moi, me promenant sur ces pâles feuilles qui se colorent une dernière fois, je considère avec mélancolie ce journal des saisons, y cherchant une conformité à ma destinée. N'ai-je pas eu comme elles mon printemps, alors que germaient mes espérances? Ne les ai-je pas vues s'épanouir, et mes illusions fleurir avec elles, et sourire à ma folle présomption ? Il approche aussi l'automne de ma jeunesse ; je suis l'arbre battu des vents, qui bientôt se dépouillera. Les claires heures de l'enfance se sont un jour troublées, et les heures brûlantes de l'adolescence, les voici à mes pieds, parmi ces feuilles rendues expansives par la mort pour que j'y lise les émotions d'une jeunesse qui s'écoule. Que la nature se console puisque ses espérances ne peuvent périr ! Aux branches nues la verdure reviendra ; aux prairies les herbes repousseront ; les plantes refleuriront dans les parterres et les oiseaux reparaîtront dans les forêts avec leurs joyeuses chansons. Pour moi, hélas ! les premières fêtes de la vie pourront-elles se renouveler? D'autres générations de désirs et d'espérances viendront-elles réjouir mon âme dépeuplée ? Peut-être quelques printemps encore se succéderont avant que j'aille m'étendre sous l'herbe ; mais les songes qui renaîtront dans mon âme me consoleront-ils des illusions que j'ai vues s'évanouir ?

Le 22 novembre.

Si tout m'afflige, tout me charme. Cette douleur, de voir tant d'objets naître et mourir, est calmée par le sentiment de l'infini. La réalité de la terre, tour à tour pulvérisée et reformée, s'illumine au foyer de mon cœur; elle n'est plus qu'apparence spirituelle que mon amour éternise. Si la forme est malheureuse, j'y cherche le fond, et j'y trouve toujours quelque douleur imméritée : la matière victime d'une faute étrangère, et l'âme infortunée, douloureuse et fière dans sa prison fragile, mais confiante en la justice à venir. Si l'apparence est heureuse, je suis ravi de la concordance, et je contemple Dieu en regardant sa créature.

Le 23 novembre.

Ce soir, le soleil a lentement décliné derrière la colline, empourprant les pâturages. Je me suis rappelé mes promenades dans la campagne romaine. Je suivais la voie Appienne, longeant des champs d'orties et de décombres, et m'interrogeant sur l'obscure destinée de l'homme. Je m'attendrissais en songeant à tous les sentiments d'humanité qui demeurèrent inconnus et s'ensevelirent en des tombes ignorées. Un jour, dans le jardin du Quirinal, je vis entrer un collége de jeunes prêtres accompagnés par un vieillard à la figure vénérable. Ils se répandirent par les allées en se parlant à demi voix : les uns cueillaient des rameaux aux buis qui croissent le long des parterres ; d'autres, accoudés sur le mur de la haute terrasse d'où l'on découvre les nombreux clochers de Rome, contemplaient la tranquille étendue. Il y avait une si noble sévérité dans les attitudes de ces jeunes gens, que je songeai au bonheur que devaient goûter ces âmes pieuses sevrées des frivolités du monde. En cet instant aussi je me disais que l'homme n'est grand que par l'espérance d'éterniser son amour. On s'allége de ses chagrins en les vouant à Dieu, on affermit ses joies en les lui offrant. C'est aussi une consolation de prévoir que notre tombe ne sera pas abandonnée, et que des amis, fidèles à notre souvenir, viendront y prier pour nous.

Le 24 novembre.

On se résigne à vivre, on s'éloigne du désespoir en se reportant aux siècles qui ne sont plus et en parcourant pensif ce champ de mort qu'on nomme le passé. Nos souffrances, des milliers d'autres ne les ont-ils point ressenties, qui s'agitent maintenant dans les ténèbres ou contemplent l'éternelle lumière ? Les paysages variés de la terre ont passé devant leurs yeux ; ils ont espéré, prié, pleuré, et ces ombres se sont évanouies ! C'est en vain que nous redemanderions leur image aux lieux mêmes où ils vécurent. La rafale mortuaire a soufflé sur toutes ces générations, et le passé n'est qu'un vaste désert où çà et là apparaît quelque grande figure de conquérant, de poëte ou de penseur. Autour d'eux, tout est morne comme une lande stérile. Parfois on éprouve un regret de ne pas vivre en ces époques reculées où tout était foi, amour, chevalerie, et où la barbarie même avait sa sauvage grandeur. On se voit en une contrée perdue, montant le sentier escarpé qui mène à l'église romane. Au loin, résonne la clochette de l'ermitage dont le chaume blanchit à la forêt profonde ; des enfants sont à cueillir l'épervière et la rougette des blés autour de l'oratoire, et, pendant que la chèvre de la pauvresse mord aux buissons, des pèlerins se reposent à l'ombre de l'orme séculaire. Ils vont prier au reliquaire voisin, pour leurs parents infirmes, leurs amis, leurs frères en religion. Ils vont prier pour nous, tous ces êtres disparus, et leurs prières sont toujours présentes à Dieu. Temps de pauvreté, de sauvagerie et de foi, votre barbarie se voile au souvenir de votre piété, et le sang répandu par vos guerriers cruels, nous l'oublions en nous rappelant l'enthousiasme de vos plus saintes créatures.

Le 25 novembre.

L'incertitude des jours, la perte des espérances, les chagrins que l'avenir prépare, tant de sources de pleurs s'ouvrant sans cesse devant nos pas, devraient nous dépouiller de nos audaces en pénétrant nos joies de mélancolie, tristesse fécondante qui n'a point la stérilité du chagrin parce qu'elle divinise la souffrance en l'idéalisant. Les plaisirs sans ombre et les joies emportées ne s'accordent pas avec la grandeur des âmes et la majesté de la pensée. La feuille volante n'est pas un arbre : elle jaunira, sera vite ensevelie dans le limon. Le profond côté de l'arbre, c'est la racine ouvrière, — la douleur. Vivons profondément, sereins, mais laborieux au fond de notre âme !

Le 26 novembre.

Où trouverai-je l'origine de ce charme que j'éprouve à me perdre dans l'infini? Serait-ce l'ombre d'une enfance trop recueillie qui se projetterait sur ma jeunesse, ou bien, assombri par des pensées aventureuses, me serait-il donné d'avoir une perception claire de notre néant et d'apprécier, mieux que d'autres, la pauvre fumée que font les plaisirs de la terre en s'évanouissant? Je me tourne parfois vers eux cependant, applaudissant à tous les sourires éphémères. J'y applaudis de cette partie superficielle de mon âme, mobile, variable, toute retentissante de secousses externes ; voisine de moi sans m'être identique, et bien différente de cet abîme spirituel où ma pensée se réfugie quand je veux contempler ma destinée. Il est des jours où les rayons du soleil, largement épandus sur la surface d'une mer resplendissante, scintillent à la pointe des vagues. Qui croirait que sous cette lumière, sous ces flots qui semblent bondir d'allégresse, s'approfondit un océan recueilli dans les ténèbres, et comme accablé sous sa propre immensité. Cette immensité, tout homme la porte en soi : c'est l'âme tout entière avec ses profondeurs infinies, ses écueils, et ses ondulations invisibles. Mais qu'il est restreint le nombre de ceux qui osent y jeter la sonde ! Tant que l'océan est paisible, le nautonnier n'interroge point le gouffre sur lequel il vogue. Ses rames battent en cadence l'onde endormie, et sa barque, portée par la brise à fleur de mer, glisse comme un doux songe. Ce n'est qu'aux jours de détresse, alors que perdu dans le morne espace, il ne sait vers quelle grève naviguer, que le marin s'arrête et interroge les deux abîmes entre lesquels il flotte, dans l'incertitude. Ainsi, n'appartient-il qu'à ceux qui ne peuvent atteindre à la félicité qu'ils entrevoient, de sonder l'énigme de leur destinée. Cette recherche, souvent enfantée par le sentiment d'une injustice du sort, et qui semble cruelle d'abord, finit par nous attraire ; car l'inquiétude elle-même, par sa palpitation, entretient en nous une vie profonde et affective. Après des pleurs longtemps versés en silence, arrive le jour où, penchés vers le gouffre interne, nous contemplons notre âme endolorie, en étudiant ses blessures. La pitié n'est pas loin de la caresse. Ce qui n'était qu'objet d'étude devient objet d'amour ; nous nous chérissons dans nos infortunes, et nous nous sentons quelque fierté à la vue des cicatrices que le destin nous a faites.

Le 27 novembre.

En relisant le premier journal de ma vie, je m'aperçois avec chagrin de l'influence que peuvent exercer les écrivains sceptiques qui se sont joués de l'âme en tournant sa gravité en dérision. On ne fait d'abord que sourire aux saillies de ces esprits railleurs ; mais bientôt on se laisse séduire par le charme d'une ironie élégante qui a certaine marque de génie. On la croit puissante parce qu'elle ne respecte rien et qu'elle a pu mener à la renommée. La véracité cependant, la bonté, l'expansion généreuse, ne sont pas du côté des amuseurs ; elles sont plutôt chez ces hommes qui ont beaucoup souffert parce qu'ils avaient sincèrement aimé, et qui surent chanter leurs souffrances d'une voix grave et résignée. On ne reconnaît que trop tard cette vérité! Dans les premières années de la jeunesse, on ne voit le bonheur ailleurs que dans les jeux ; tourmenté d'un esprit puéril, on cherche l'originalité, et l'on croit la trouver dans l'étrangeté des sentiments. On ignore que l'individualité réside dans la franchise de l'esprit et dans la simplicité du cœur. Il faut bien des jours et des douleurs comprises pour apprendre à se garder des livres qui nous dénaturent. L'enfant et l'adolescent ne peuvent saisir la vie sous son aspect sévère. Ils s'imaginent que tout plaisir est consolation ; ils ne devinent pas combien sont cruels aux infortunés les rires stériles du front, qui osent retentir en présence de leur misère. Le jour vient cependant où, portant un regard réfléchi sur le monde, ils ont cessé de croire au printemps perpétuel.

Le 28 novembre.

A mesure que le souffle orageux de la vie s'apaise, on distingue mieux ses alentours ; on goûte devant la mort une sécurité autrefois impossible. Tout est mal peut-être, mais tout sera bien. On se le persuade pour relever son âme en ses heures d'abattement. Cette confiance au milieu de la fuite rapide des êtres, on ne peut la ressentir qu'en se réfugiant en son cœur. Lui seul enseigne le sacrifice et nous donne une grandeur privée de troubles. Par la bonté réfléchie, nous sommes portés comme sur un fertile sommet, indifférents aux petites passions aussi bien qu'aux bouleversements de la terre. Quelle joie d'échapper aux vanités de la vie ! Que le corps se traîne avec ses instincts, l'âme volera. Le plus grand nombre se laissent égarer : au soleil, toute fange reluit, comme, par le titre et l'argent, tout naturel obscur. Si l'œil intelligent analysait ces grandeurs apparentes, c'est la nudité affreuse et repoussante, qui lui apparaîtrait. Nous ne devons chercher que le contentement intime, sévère, profond. Ce qui est adorable, c'est la simplicité, la complaisance des âmes tendres. Celles-ci sont aimées de ceux-là mêmes qui vivent dans l'inquiétude et la haine. Si nous voulons dominer, un plus fort nous surpassera. Il n'y a nulle fin à un tel jeu, à moins d'être empereur du monde ; et encore, chaque citoyen maltraité nous jettera sa pierre et nous ensevelira. Que l'homme ait la bonté profonde qui le garde des extrêmes : la bonté faite de passion et de science. La passion, privée d'appui, le fait vivre en soubresauts ; la science isolée le diversifie et ternit la fraîcheur de ses sentiments. Telle poésie l'exalte par son embrasement en l'isolant de ses semblables ; telle sagesse le glace en l'accablant sous les défiances. Qu'en sa bonté, née de la passion et de la science, la prudence et l'expansion se pénètrent ! Qu'il aime d'abord, et que sa réflexion s'unisse à son amour, pour l'affermir en le perpétuant ! Qu'une chaleur puissante ne cesse de le mouvoir, et que, s'il est prompt au dévouement, il possède la clairvoyance dans le sacrifice ! Qu'il raisonne, puisqu'il le faut, mais que ce soit de la haute raison, fruit de la bienveillance et de la générosité, qui n'est pas la réflexion flétrie du pédantisme, mais la raison juvénile et chaleureuse de ceux qui sont pénétrés de la divinité des âmes. Tu te complais en tes charmes, belle créature : c'est avec raison qu'on s'incline devant ta beauté ! Tu injuries les faibles, mortel arrogant : c'est avec raison qu'on te combat ! Tu calomnies, homme perfide : c'est avec raison qu'on ne se vengera point ; car la haute raison, c'est la réflexion de l'amour, père des arts, du courage, de la miséricorde, et de toute humanité !

Le 8 décembre.

Lorsque nous avons conscience de la fugacité des jours, nous sentons croître en nous, avec le nombre des années, les sentiments de bienveillance. Nous nous effrayons de notre faiblesse, de notre solitude ; nous voudrions exprimer et répandre ce cœur qui palpite encore, mais dont les derniers battements nous sont annoncés. Mieux nous voyons les ravages du temps, plus nous tentons de nous dérober à lui, en vivant de la vie spirituelle. En reconnaissant notre petitesse, nous affirmons notre grandeur. A mesure que nous sentons se ralentir le sang en nos veines et nos traits s'obscurcir, nous désirons davantage, vivre, jouir et souffrir dans les autres. Nous coulons notre vie en la leur, la mettant ainsi à l'abri et cessant de craindre sa perte inévitable. Que nous mourions, les survivants auront souvenance de nous ! Ils rediront à d'autres nos sentiments. Vivre pour le corps, c'est journellement périr ; vivre pour l'âme, c'est chaque jour élever notre esprit, élargir notre cœur et éterniser notre amour.

Le 10 décembre.

Les images du cloître, le désir de la souffrance, la recherche du malheur, la majestueuse unité de l'âme, le silence, le désert, d'où s'élève l'harmonie des voix intérieures, nous attraient et nous ravissent, alors surtout que la brièveté des jours de frimas nous rappelle notre courte durée. Mais le cloître, faut-il qu'il soit de pierre ? Le vrai cloître, c'est la conscience, illuminée de la clarté de Dieu. Elle aussi, a ses dalles sonores où résonnent les faits accomplis, et sa cour carrée où germe la mauve salutaire, et où des croix rendent témoignage des illusions disparues ; et c'est le plus sûr enclos quand il est fermé par une haute volonté. *Etiam in turbâ solitudinem* — solitude de l'âme dans le renouvellement des vies innombrables. Il nous arrive d'errer dans les landes désertes en songeant au bonheur des créatures qui s'éblouissent en Dieu. Que fait alors qu'il y ait des rois, des palais, des étoiles, une terre, — fragments épars ? On est joyeux de sa fugitive étincelle. La vie s'écoulerait en un seul flot, qu'on serait insensible à sa perte. On a concouru à la grande œuvre : on a vécu. Pierre du pavement, ou fresque du plafond, on a rempli son obscure destinée, et l'on se laisse glisser à l'abime. Hélas ! que cela dure peu ! Au moindre nuage qui se forme en notre âme, les pensées sereines s'en évadent. Alors, tous les jours malheureux de la vie apparaissent et nous reprochent notre oubli : les marches folles dans une solitude désespérée, les longues heures de sacrifices muets ; ce qui est mort et devrait seulement fleurir, ce qu'on a tu et qu'il fallait dire ; tout le passé est là, refluant au cœur, tel qu'un torrent qui remonterait son cours ; — et un nuage de larmes vient obscurcir la vue. Indignation tardive des irrésolutions juvéniles, pleurs répandus devant une réalité malencontreuse ou hostile ; amer souvenir de la surabondance d'une vie, autrefois inexprimable, aujourd'hui en fuite rapide ; flottantes nuées appesanties, parfums évaporés, voiles tombés, fleurs pâlies à la morsure des abeilles, mépris des gloires à venir, meurtrissures aux heures présentes : voilà ce qu'il reste de nos rêves aventureux ! Nous avons vu les chimères fuir à tire-d'ailes, suivies de la bande agile des illusions, et toutes les joies passagères nous ont paru vaines. Mais cette fleur de vie, qui voulait s'épanouir au soleil meurtrier et endurer le sort commun, nous l'avons renversée, pour la tourner vers la lumière de l'idéal, et la garder en nous, éternellement florissante.